四柱命理學正解 **I**

명리학 입문 총론

이 탁 감 편저
이 민 지

㈜이화문화출판사

머리글

　젊은 시절 내 인생의 미래가 너무 궁금하였다. 나 자신은 물론 아내, 자식들의 미래 또한 절실히 알고 싶었다. 수많은 역학자들의 간명을 통해 얻은 결과는 의외였다. 내용이 각각 다르기도 하거니와 길흉이 서로 상반되기까지 해서 궁금증은 더욱 커졌다.

　내 인생의 미래라는 화두(話頭)를 잡고 구도의 길을 나선 지 오랜 세월이 지나서야 어렴풋이 보이기 시작했고, 지나온 길 또한 어렵고 험난한 길임을 뒤늦게 깨달았다.

　학문 자체가 어렵고 난해하기도 하지만 내용도 광범위한데다, 많은 부분이 책에 따라 학자들에 따라 견해가 다르고 논리적 설명이 부족해 이해가 어려웠다. 특히 미래의 길·흉을 정확히 예지(豫知)하여 삶의 방향을 안내하는 사명이 본 학문 수학자의 핵심목적이라고 볼 때, 운세 적용과 해석에 있어 정확한 방법과 해법을 제시한 안내서나 안내자를 찾기란 쉽지 않았다.

　이러한 문제는 사주명리학에 입문한 많은 사람들의 공통과제이고, 본인 또한 겪었던 문제였음을 솔직히 고백하고 있는 것이다. 따라서 일정수준의 단계에 도달하기까지는 많은 시행착오와 노력의 허비가 수반되었음을 강조하고 싶다.

따라서, 본 학문을 공부하고자 하는 사람에게 '보다 시행착오를 줄이고 지름길로 안내할 수 있는 방법은 없을까?' 하는 관점에서 그간 공부하고 노력한 결과, 충분하지는 않지만 나름의 방법을 찾았고, 이를 바탕으로 다년간 강의를 통하여 후학양성에 참여하고 있는 중이다.

그런데 많은 후학들의 좋은 평가에 작지만 자신감도 생겼고, 또 이 학문에 입문하고자 하는 분들께 지름길을 안내하는 것도 선학자로서의 작은 임무라 판단되어 자료들을 정리하고 책을 집필하기 시작한 지 어언 7년이 지나서야 어느 정도 꼴을 갖추게 되었다.

그러므로 이 책은 사주명리학에 관한 심오한 이론서가 아니라 일정 수준의 실력에 빨리 도달할 수 있는, 쉽고 빠르게 내용을 습득할 수 있는 길을 안내하기 위한 학습서이자 안내서로 이해해 주기 바란다. 그렇다고 이론을 무시하고 논리성이 배제된 채 학습을 위한 요령만 나열했다는 것은 아니다.

탄탄한 이론을 기반으로 이론마다 실전을 가미하여 응용력이 제고되도록 편집되었고, 서로 다른 견해가 있는 많은 부분들은 논리적인 설명을 통하여 교통정리를 함으로써 수학자들의 고뇌와 시간을 덜어줄 수 있도록 노력했다.

특히 격국, 용신, 통변을 삼위일체로 공부함으로써 소기의 목적을 조기에 달성할 수 있도록 심혈을 기울였음을 강조하고 싶다. 통변은 본 학문의 핵심이다. 그러나 이 문제가 만만한 게 아니다. 일백만 개가 넘는 사주가 있는데, 하나 하나 어떻게 정통할 수 있겠는가? 유사한 사주들을 묶어 유형별로 나누고, 이의 특징을 효과적으로 익히는 방법이 유일한 지름길임을 입증하고자 했다.

그러나 천학비재(淺學菲才)한 본인이 무지의 소치(所致)로 많은 수학자들께 누를 끼치고 혼란을 드리지 않을까 심히 염려된다. 또한 많은 선학들과 제현(諸賢)들께 질정(叱正)을 바라마지 않는다.

모쪼록 이 책이 많은 수학자들에게 작은 도움이라도 될 수 있다면 더 이상 바랄것이 없다. 이 학문을 공부하는 모든 분의 건투를 빈다.

그리고 이 책이 나오기까지 따뜻한 격려와 아낌없는 정성으로 이끌어 주신 (주)이화문화출판사의 이홍연 회장님, 박수인 사장님, 원일재 사장님과 엄명호 차장님께 진심으로 감사의 말씀을 드린다.

끝으로 평생을 사랑과 헌신적인 내조로 곁을 지켜주는 아내에게 깊은 고마움과 함께 이 책을 전한다.

이 탁 감 배상(拜上)

목 차

제 1 편 기본이론

一. 사주명리학의 이해 / 16

二. 음양오행론 / 29

제 3 편 신살론(神殺論)

一. 형·파·해·원진살법(刑·破·害·怨眞殺法) / 252

일러두기

1. 이 책은 한글로 기술함을 원칙으로 하였으나 사주명리학의 학문적 특성상 꼭 필요한 용어의 경우는 한자를 병기하였다.

   그러나 사주명리학은 우주변화의 원리를 인간의 길흉화복과 연결시켜 해법을 찾고자 하는 학문이니 우주변화의 원리를 형상화, 부호화하는 근간들인 목(木), 화(火), 토(土), 금(金), 수(水)의 오행(五行)과 하늘의 기운인 갑(甲), 을(乙), 병(丙), 정(丁), 무(戊), 기(己), 경(庚), 신(辛), 임(壬), 계(癸)의 천간(天干) 10자와 땅의 기운인 자(子), 축(丑), 인(寅), 묘(卯), 진(辰), 사(巳), 오(午), 미(未), 신(申), 유(酉), 술(戌), 해(亥)의 지지(地支) 12자를 한자로 기술하였다.

   따라서 독자들은 이 책을 읽기 전에 우선 오행 5자, 천간지지 22자는 한자를 반드시 익혀서 책을 읽고 공부하는 데 차질이 없도록 하여야 할 것이다.

   그럼으로써 글자가 함축하고 있는 내용과 의미도 같이 이해할 수 있을 것으로 사료된다.

2. 반면에 다음의 한자는 꼭 필요한 경우 이외에는 한글로 기술하였다. 乾(건), 坤(곤), 氣(기), 合(합), 冲(충), 生(생), 尅(극), 年(년), 月(월), 日(일), 時(시) 등이다. 그리고 숫자 一(일), 二(이), 三(삼), 四(사), 五(오), 六(육), 七(칠), 八(팔), 九(구), 十(십)은 가급적 아라비

아 숫자로 기술하였으나 꼭 필요한 경우 한자로 기술하였다.

3. 사주명리학을 제대로 이해하기 위해서는 올바른 이론과 원리를 제
시하고 이 이론과 원리를 이해할 수 있도록 사주 예시를 들어 설명
하는 것이 중요하다. 따라서 많은 사주 예시가 수록되어 있는데 다
음과 같은 원칙하에 기록하였다.

●사주는 년·월·일·시를 우에서 좌로 기술하였다.

예를 들면 경자(庚子)년 정해(丁亥)월 갑인(甲寅)일 경오(庚午)시
생이면 $\overset{\text{시 일 월 년}}{\underset{午寅亥子}{庚甲丁庚}}$ 로 표기하였다.

●그리고 평생의 운의 흐름인 대운도 1세 甲子, 11세 乙丑, 21세 丙
寅, 31세 丁卯, 41세 戊辰, 51세 己巳, 61세 庚午의 운행이라면 역시
우에서 좌로

61세	51세	41세	31세	21세	11세	1세	
庚	己	戊	丁	丙	乙	甲	식으로 표기하였다.
午	巳	辰	卯	寅	丑	子	

●또 사주의 일간 즉 일주의 천간은 어떤 경우라도 ⑪과 같이 원
(○)으로 표기하였다. 따라서 천간을 원(○)으로 표기한 것은 일간
을 나타낸다.

4. 이 책은 총 6권으로 편집되어 있다.
Ⅰ권에는 사주명리학의 기본이론, 오행의 생극론, 육친론, 지지암
장론, 합·충론, 십이운성법, 신살론이
Ⅱ권에는 간지의 생사체성 및 응용으로서 천간10기(氣)와 지지12

기론과 육십갑자의 내용이 기술되어 있다.

Ⅲ권에는 사주분석론으로서 일주강약구분, 오행 생극제화의 원리, 격국과 용신총론 등을 논리적으로 체계있게 논술하였고, 대운법의 계산원리를 예를 들어서 알기 쉽게 정리하였다.

Ⅳ권과 Ⅴ권에는 육친통변론으로 육친의 활용과 변화를 사주통변에 실제적으로 활용할 수 있도록 상세하게 정리 해설하였으며, 육친의 응용과 추리를 부부관계, 자손론, 선조관계, 부친관계, 모친관계, 형제·자매관계 등으로 세분하여 기술하였고, 직업관계, 건강과 질병, 재난관계 등에 대하여도 상세히 기술하였으므로 사주통변에 크게 기여할 수 있을 것으로 본다.

마지막으로 Ⅵ권에는 격국별로 격국의 특징과 용신, 그리고 통변의 실례를 삼위일체로 상세히 기술함으로써 격국, 용신, 통변을 유기적으로 이해함은 물론 사주통변에 절대적으로 도움이 될 수 있도록 하였다.

5. 사주명리학의 공부방법을 제1편 제1장 6항에 기술하였으니 이를 먼저 잘 숙독하여 주기 바란다.

6. 끝으로 이 책은 단원 이병렬(檀園 李炳烈) 선생님의 『알기 쉬운 실증철학(實證哲學)』상·중·하 3권과 자강 이석영(自彊 李錫暎) 선생님의 『사주첩경(四柱捷徑)』6권을 기초로 하여 일부 내용을 현재의 상황에 맞춰 수정 보완하여 재편집하였음을 밝혀 둔다.

제 1 편
기 본 이 론

一. 사주명리학의 이해

1. 사주명리학의 개념

사주명리학은 일명 사주학(四柱學), 명리학(命理學), 추명학(推命學)이라고 칭한다. 인간의 운명을 추론하는 학문이므로 명리 · 추명이라 하고, 인간의 탄생 년월일시 4개의 간지로 명(命)의 이치를 강구하므로 사주학 또는 사주명리학이라 한다.

본 학문은 대자연 즉 우주변화의 이치를 인간의 삶과 연계시켜 상관관계를 도출하고 이를 일반화하여 학문으로 발전시켰고, 이 학문을 바탕으로 인간의 미래를 예언하고 있는 것이다. 따라서 인간의 삶의 지표를 안내하는 행동철학이요 실증철학이다.

그러나 본 학문의 목적은 한 인간의 운명감정에만 국한되어 있는 것이 아니고, 대자연과 우주변화의 원리를 터득하고 이를 발전, 승화시킴으로써 각자의 실생활에 응용하고, 나아가 폭넓은 사회관, 국가관, 세계관, 우주관을 형성함으로써 국익과 세계공존에 이바지할 수 있는 위대한 학문인 것이다.

여기서 대자연의 이치라 함은 인간이 살고 있는 지구를 중심으로 태양과 달의 자전과 공전에서 발생하는 기(氣)의 변화를 말하는 것으로, 이 기(氣)의 음(陰)·양(陽)을 바탕으로 분열, 유전, 순환, 연쇄, 반응 등의 제 현상을 인간의 삶과 접목시킨 것은 어찌 보면 당연한 것이고, 나아가 현대과학을 뒷받침할 수 있는 삼재(三才) 원리를 근간으로 형이상학(形而上學)과 형이하학(形而下學)을 겸비한 학문이다.

따라서 본 학문은 만학의 제왕이라고도 일컬어지며, 이를 통하여 자아(自我)를 발견하고 삶의 방향을 설정할 수 있는 유일한 학문으로도 인정받고 있는 것이다.

그러나 본 학문은 그 내용이 어렵고 광범위한 점, 인간의 길흉화복의 안내자 역할을 할 수 있다는 점 등을 고려할 때 본 학문을 공부하고자 하는 사람은 정신자세부터 참되어야 하고, 꾸준한 노력과 인내를 가지고 임해야 소기의 목적을 달성할 수 있다는 것을 강조해 두는 바이다.

2. 사주명리학의 범위

사주명리학은 동양철학의 진수(眞髓)인 역(易)을 바탕으로 발전하여 왔고, 또 앞으로도 계속 발전해 갈 것이다. 이 역학에서 파생된 학문이 사주명리학을 비롯하여 주역(周易), 관상학, 성명학, 기문학(奇門學), 구궁학(九宮學), 육임학(六壬學), 수상학(手相學), 풍수지리(風水地理), 하락이수(河落理數), 육효학(六爻學), 월영도(月影圖) 등 수없이 많다.

따라서 사주명리학은 범위를 넓혀서 크게 보면 역학이나 음양오행학의 한 분야라 할 수 있다. 역(易)이란 자전(字典)에서의 의미로 바꿀 역이고, 변화 역이다. 또 역(易)을 파자(破字) 하면 해(日)와 달(月)을 나타내니, 역학이란 해와 달과 지구에 의한 기(氣), 기류(氣流)의 변화를 학문화시킨 것이다.

여기서 기(氣)의 변화란 하루로 보면 아침·낮·저녁·밤의 변화요, 일년으로 보면 봄·여름·가을·겨울의 변화다. 이 기(氣)의 변화를 아침과 봄을 목기(木氣), 낮과 여름을 화기(火氣), 저녁과 가을을 금기(金氣), 밤과 겨울을 수기(水氣)로 바꾸어 변화과정을 연구하는 것이 역학이다.

이 역학 속에 주역도 있고 사주명리학도 있다. 즉 역학과 사주와 주역은 서로 관계가 깊은데, 주역과 사주는 완전히 다르다고 할 수 있다. 사주명리학의 원리는 주역을 포괄하는 데 반하여 주역 속에는 사주의 원리까지 포용하지 않는다는 것이다.

주역과 사주명리학은 서로 따로 발달되어 왔고, 기의 변화를 보는 관점에서 중요한 차이가 있는 것이다. 주역은 음과 양, 즉 金기·水기의 음과 木기·火기의 양으로만 보는 관점이고, 사주명리학은 큰 음과 양의 변화 중에 중간 역할을 하게 되는 土의 기(氣)를 접목시켜 변화를 읽어내는 관점인 것이다. 따라서 土를 포함한 木·火·土·金·水의 오행론의 출발이 사주명리학이다. 그러므로 사주명리학은 모든 역학의 출발점이고 기본이고 기초인 것이다.

또한 사주명리학은 통계학이 아니라는 점이다. 통계는 통계일 뿐이지 그 이상도 이하도 아니다. 이 학문은 모두 수학처럼 공식적으로 설명될 수 있다.

예를 들면 이렇다. 양의 木기를 甲이라 해서 큰 木으로 보고, 음의 木기를 乙이라 해서 작은 木으로 보면, 이 둘이 만나면 甲+乙=甲乙木이다. 그러나 이 두 기가 만나면 乙木기는 소멸되고, 甲木기만 남는다. 이것을 운명감정과 연결하면 乙木으로 태어난 사람이 甲木운을 만나면, 乙木은 없어지고 甲木이 모두 뺏어간다. 그러므로 재수가 없다. 서방, 자식, 직장도 모두 뺏겨 버린다. 이것이 공식이다. 이치는 복잡한 것이 아니고 간단한 것이다. 바로 이러한 이치를 공부하는 것이 본 학문이다. 그래서 실증철학이다.

'뭉치면 살고 흩어지면 죽는다.', '적선지가(積善之家)에 필유경(必有慶)', '착한 일을 하면 복 받고 악한 일을 하면 벌 받는다.' '희생(犧牲)은 갱생(更生)이다.'라는 삶의 철학이 이 학문을 통해서만 증명이 된다.

따라서 사주명리학은 과학자가 보면 과학이고 철학자가 보면 철학, 경제학자가 보면 경제학, 병법가가 보면 병법, 의사가 보면 의학, 수학자가 보면 수학, 심리학자가 보면 심리학, 물리학자가 보면 물리학이 되는데 인간사의 모든 분야에 맥이 통하고 있는 것이다. 그러므로 본 학문을 만학의 제왕이라고까지 일컫는 것은 당연한 일이다.

3. 사주명리학의 발전

오늘날의 사주명리학은 약 3천년 전부터 고대 중국에서 시작되었다는 것이 정설이다. 오랜 기간에 걸쳐 많은 학자들의 연찬에 의해 얻어진 결과이겠으나, 이를 하나의 체계로 세워 연해자평(淵海子平)이라는 책을 통해 세상에 공표한 서공승(徐公升)의 공이야말로 본 학문의 원조로서 대접받는 것은 마땅한 일이다.

서공승은 서자평(徐子平)이라는 이름으로 세상에 알려져 있는데, 여기서 '자평'이라는 말은 사람의 생애를 마치 물의 표면이 평평한 것처럼 평온하게 하려는 학술이므로 자평이라는 말이 생겼고, 서공승의 통칭이 된 것이다.

연해자평은 약 천년전 송(宋)나라 때 발표된 것으로 사주명리학의 원전으로 대접받고 있는데, 중요한 핵심의 하나가 그때까지는 당(唐)나라의 이허중(李虛中)이 완성하여 사용하던 사주팔자 중 년간(年干)을 중심으로 한 추명방법을 오늘날의 추명방법인 일간(日干)을 중심으로 해서 오행의 생극을 구명하는 법을 처음 창시했고, 전반적인 이론까지 집대성한 최초의 저서라는 점이 높이 평가된다.

서공승 이전에는 전국시대에 낙녹자(珞琭子), 귀곡자(鬼谷子) 등이 이 학문을 상당한 수준까지 발전시켰고, 한(漢)나라 때에는 근중서(董仲舒), 사마이(司馬李), 동방삭(東方朔), 엄군평(嚴君平) 등이 있었고, 한 말 삼국시대에는 관로(管輅), 진유곽(晉有郭), 박북재(璞北齋) 등이 당시 대가로 알려졌으며, 그 뒤 당(唐)나라 때에는 원천강(袁天綱), 일행선자(一行禪子), 이허중(李虛中) 등이 더욱 연구하여 실용화 시켰다고 한다.

연해자평 이후 신봉장씨(神峰張氏)가 쓴 명리정종(命理正宗)과 명(明)나라 때 만유오(萬有吾)가 편찬한 삼명통회(三命通會) 등이 나왔고, 역시 명나라 때 유백온(劉伯溫)이 쓴 적천수(滴天髓)가 약 사오백

년 동안 비전(秘傳)되어 오다가 청(淸)나라 때 세상에 알려져 일대 약진을 가져왔다.

우리나라의 경우 일관(日觀), 소경(小卿), 당상복자(堂上卜者) 등의 직함으로 국사에도 참여하였고, 조선시대에는 토정비결(土亭秘訣)이 나올 수 있었던 것처럼 성행(盛行)하였고, 특히 김일부(金一夫) 선생의 정역론(正易論)은 오늘날에도 귀중한 자료가 되고 있다.

구한말(舊韓末)과 일제(日帝) 하에서는 전백인(全白人) 선생님이 동양의 명인(名人)이었으며, 김선형(金善瀅), 이명학(李鳴鶴), 채한구(蔡漢龜), 여자로는 조낭자(趙浪子), 근년에 와서는 서울의 김동초(金東楚), 이석영(李錫暎), 대전의 박재완(朴在琓), 부산의 이남원(李南園), 박재현(朴宰顯) 선생님들이 본 학문 발전에 크게 공헌했다.

특히 이석영 선생님께서는 사주첩경(四柱捷徑)의 명저를 남기셨고, 후학양성에 힘쓰셔서 우수한 제자들이 많았고, 이 중 단원(檀園) 이병렬(李炳烈) 선생님은 발군(拔群)이셨을 뿐 아니라 실증철학(實證哲學)이란 저서를 통하여 논란이 많은 부분의 이론들을 명쾌히 정리해 주신 공이 크다 하겠다.

이밖에도 많은 분들의 노력과 공이 이어졌고, 오늘날에는 본 학문을 공부하시는 분들의 학력이 대단히 높아졌고, 많은 분야와 연계해서 연구하는 열과 성이 고조되고 있음은 무엇보다 반가운 일이며, 본 학문의 앞날에 서광이 비치고 있다 할 것이다.

앞으로 계속 훌륭한 학자들이 많이 배출되어 이 위대한 학문을 올바르게 응용·발전시켜 국가 발전은 물론 세계 인류 구제에 큰 기여를 하였으면 하는 것이 바람이다.

4. 사주명리학의 현재

사주명리학의 현실을 조용헌 선생의 『사주명리학이야기』 내용 중에서 요약하면 다음과 같다. 동양학의 3대 과목은 사주·풍수·한의학이고, 조선시대 잡과(雜科)에 속하는 과거시험이기도 하였고, 오늘날의 시각에서 보면 실용적인 과목들이다.

사주·풍수·한의학은 천(天), 지(地), 인(人) 삼재사상(三才思想)의 골격에 해당되기도 한다. 천문이란 바로 때(時)를 알기 위한 학문이고, 천문(天文)을 인문(人文)으로 전환한 것이 사주명리학이다. 하늘의 문학을 인간의 문학으로, 하늘의 비밀을 인간의 길흉화복으로 해석한 것으로 한자문화권의 역대 천재들이 고안한 방법이 사주명리학이다.

지리는 풍수이다. 공간의 문제를 다루고 지령(地靈)과 관련된 학문이다. 천문, 지리 다음에는 인사(人事)이다. 인사는 존재이고 시간과 공간이 있어도 존재가 없으면 소용없다. 존재는 바로 인간이고, 인간을 구체적으로 연구한 분야가 한의학이다.

풍수와 한의학은 제도권에 진입했고, 이 중 한의학은 학문적 시민권을 딴 셈이고, 풍수는 영주권을 받았다고 볼 수 있다. 가장 불쌍한 처지가 사주명리학이다. 아직도 미아리골목에서 방황하고 있다. 불법체류자인 셈이다. 불법체류자는 국가로부터 사회복지의 혜택을 전혀 받을 수 없다.

실제로 어중이떠중이가 득실거린다. 불과 몇 달 공부해 가지고 개업하는 사람도 있는 게 현실이다. 따라서 신뢰도에 문제가 많고 함량미달 제품이 양산되고 있다.

사주명리학의 현재의 실상을 잘 요약한 대목이다. 이렇게 된 이유 몇 가지를 보면, 첫째 학문의 논리성과 과학성이 미흡함을 들 수 있다. 즉 음양오행의 기의 변화는 물론 기타 많은 이론들을 논리적이고 과학적으로 증명할 수 없기 때문일 것이다. 미래에 응용물리학의 발전으로 이를 증명할 수 있게 된다면 본 학문은 새로운 전기를 맞이할 것이다.

둘째, 사주팔자를 보는 데 있어서 작은 실수가 큰 결점으로 나타나는 특징이 있다. 운명감정을 요하는 사람들이 완벽한 신의 경지를 요구한다는 것이다. 세상에 완전한 것은 없다. 완벽함이란 어쩌면 존재하지 않는지도 모른다. 최고의 첨단과학으로 만든 로케트도 공중분해되고 첨단 의술로 진찰해도 오진이 많은 등의 사례가 있지 않은가.

실력이 부족한 사람들이 혹세무민하는 것도 문제지만, 유독 운명 감정에는 작은 실수를 크게 부정하는 풍조 또한 본 학문이 발전해 나가는 데 한계요인이 되고 있다고 본다.

셋째, 사주명리학에 일정 수준 도달하는 것이 쉽지 않다는 데 문제가 있다. 풍수와 한의학은 단기간에 공부할 수 있는 과목이 아니라는 것을 모두 알고 있는 것 같은데, 사주명리학은 몇달만 공부해도 되는 걸로 착각하고 있는 사람이 많다. 현재 이 공부를 가르치는 기관들이 몇 달 과정 완성식의 광고로 교육하는 것도 문제로 지적할 수 있다. 결코

이 학문을 몇달 공부해서 일정 수준까지 도달한다는 것은 불가능하다.

　이외에도 여러 이유가 있겠지만 사주명리학의 현주소가 안타까운 현실
인 것만은 분명한 것 같다. 반면 본 학문의 발전 여지가 큰 것도 주지의 사
실이다. 따라서 본 학문에 입문해서 수학하고자 하는 사람들은 향후 학문
발전에도 기여할 수 있는 큰 장점이 있다는 것을 강조하는 바이다.

5. 사주명리학의 활용

　인간의 삶은 의사결정 과정의 연속이고, 판단의 일생이라 해도 과언
은 아닐 것이다. 성공할 수(數)…?, 취직할 수…?, 돈을 벌 수…?, 만날
수…? 등의 수많은 수(數)의 물음에 스스로 결정을 해야 하는 의사결
정의 주체이다. 합리적 결정은 성공을 보장하고 잘못된 판단은 그 대
가를 혹독하게 치러야 한다.

　여기서 수(數)란 곧 운수(運數)를 의미하며 판단의 문제인 것이다.
인간이 성공하기 위한 가장 중요한 덕목도 판단력에 따라 좌우된다. 판
단에는 두 가지 차원이 있다. 이판(理判)과 사판(事判)이 있고, 이 둘
을 합쳐 '이판사판'이라 한다. 이 말은 불교경전『화엄경』에서 유래된
말로 인간사를 이(理)와 사(事)로 파악, 완전한 결론을 도출하는 것을
의미한다.

　사판이란 현상의 세계이고, 경험과 데이터 분석에 의한 사실적 판단
이고, 이판이란 눈에 안 보이는 본체의 세계이고, 직관적이고 영적인
차원에서 내리는 판단이다. 전자는 형이하(形而下)의 범위이고, 후자

는 형이상(形而上)의 범위이다.

~수?의 문제에 부딪쳤을 때, 먼저 사판으로 결론을 내게 마련이다. 보통사람 누구나 그렇다. 그러나 과거나 현재에 많은 현자(賢者)들이 사판을 거친 다음 이판을 보완하여 결론을 내림으로써 보다 현명한 결과를 얻은 사례는 무수히 많다.

물론 선(先) 사판 후(後) 이판이다. 그리고 이판의 가장 핵심이 사주명리학이다. 사주명리학만이 인간의 문제해결에 합리적 결론을 유도할 수 있다. 길·흉·화·복(吉·凶·禍·福)을 예지(豫知)할 수 있고, 피흉취길(避凶就吉)할 수 있는 유일한 학문이다. 사주명리학 외에 점성술(占星術) 같은 다른 분야도 많다. 점을 무시한다는 얘기는 아니다. 점의 역사도 5천년이 넘는 민속신앙이다. 나름으로 이판의 세계에기여하는 바가 있다. 그러나 사주명리학이 보다 과학적이고 논리적임을 강조할 따름이다.

이판의 결정에 사주명리학적 판단이 필요할 경우, 상당한 수준의 전문가의 도움이 필요한 것은 물론이다. 아무나 도움을 줄 수 있는 것은 아니다. 그러므로 본 학문의 목적이 타인의 합리적 의사결정에 이판 측면에서의 역할이 지대하고 그 책임 또한 막중하므로 사주명리학을 수학하는 사람은 그 역할과 책임을 잘 알고 공부해야 함을 강조해 둔다.

6. 사주명리학의 공부방법

본론에 들어가기 전에 공부방법에 대해 먼저 언급하는 것은, 머리글에서도 강조한 바와 같이 사주명리학은 그 내용이 광범위할 뿐 아니라 난해해서, 일정 수준에 빨리 도달하기 위해서는 좋은 내용의 교재를 가지고 효과적인 방법으로 공부를 해야 가능하기 때문이다.

첫째, 사주명리학 공부에도 왕도(王道)는 없다. 내용을 이해하는 것만으로는 활용이 안되는 학문이다. 수많은 반복을 통하여 완전히 자기 것을 만들어야 통변이 되기 때문이다. 또한 사주를 보는 순간 미래를 예찰하여 상담을 해야 하기 때문이다. 천재가 아닌 이상 반복 밖에 다른 방법은 없다는 것이다. 보통 일만독(一萬讀)을 해야 한 경지를 이룬다는 말이 있다. 역학 공부의 지름길이 반복이라는 말이다.

물론 정선된 내용을 전제로 공부해야 한다. 어렵게 공부해서 자기것을 만들었는데 다시 공부해야 하는 불상사가 있어서는 안되겠다. 따라서 본서에서는 논란이 되고 있는 이론들에 대해서는 나름의 정리된 방향을 제시, 시행착오가 없도록 노력하였다.

둘째, 사주명리학은 이론과 실제를 같이 연계시켜 공부해야 한다. 학창시절 공부한 수학과목과 같다. 사주가 곧 수학문제다. 문제를 못 풀면 0점인 이치와 같다.
따라서, 작든 크든 이론이 있으면 반드시 실전 사주와 접목시켜 공부해야 이해도 되고, 응용력도 생긴다는 것이다. 그러므로 이론마다 사주를 예로 설명하지 않은 책은 읽고 공부해도 내것이 되기 어렵다.

그러므로 공부하는 방법도 수학공부하는 식으로 해야 된다. 눈으로만 공부한 학생은 수학 성적이 올라가지 않는 법. 사주명리학도 제시된 사주 예나 실전사주를 상담하는 자세로 먼저 심도있게 분석하고 최종적으로 풀이를 참고하는 식으로 공부해야 한다. 보통 이 공부를 시작해서 2만개의 사주를 임상해야 하산할 수 있다는 얘기가 있다. 언제 2만명의 사주를 임상할 수 있겠는가? 위에 제시된 공부 방법으로 하면 충분히 커버할 수 있다고 감히 제언하는 바이다. 이 책에서 예시되거나 제시된 사주풀이를 반복 공부해서 내것으로 만들면 부족한 임상부분을 어느 정도 해결 할 수 있다고 본다.

셋째, 사주명리학도 다른 학문과 마찬가지로 주변 학문까지 넓게 공부해야 깊은 경지에 도달할 수 있다. 사람의 운명을 감정하는 일이고, 특히 미래에 피흉취길의 제 방안을 제시해 줘야 하는 중차대한 일이기에, 학문 자체의 깊이도 있어야 됨은 물론 사회 전반에 관한 폭넓은 지식과 식견까지 갖춰야 되는, 즉 만물박사의 경지까지 요구되는 학문이다.

본 학문을 공부해서 상담 가능한 수준에 도달하기 위해서는 주역에 관한 기초이론은 물론 풍수, 관상, 택일, 궁합, 작명 등의 주변 학문을 연계시켜 공부해야 한다는 것이다. 어느 것은 공부의 깊이를 위해서이고, 어느 부분은 상담의 방향을 올바로 안내해 주기 위해서이다. 따라서 주변 학문이나 이론과 관련해서는 별도의 내용으로 설명하는 식이 아니고, 관련되는 이론과 연계해서 그때 그때 포함해서 기술해 놓았음을 밝혀둔다.

예를 들면, 작명 즉 성명학에 관해서, 별도의 장을 나누어 설명해 놓지는 않았다는 것이다. 물론 작명원리나 이론과 실제에 대해서는 별도로 공부해야 되는 사항이나, 작명의 원리에서 가장 중요한 것은 수리

오행, 음(音)오행, 자변오행 등을 고려하는 것도 중요하나 사주에서 부족한 부분이나 충(冲)·형(刑) 등 오행의 충돌로 인한 폐해 그리고 그 사람의 운행에서 흉운을 보완할 수 있는 해법을 찾아 이에 가장 적합한 작명을 하는 것이다.

따라서, 작명은 아무나 할 수 있는 것도 아니고 아무나 해서도 안되는 것이다. 사주에 맞지 않는 작명은 죄업(罪業)을 짓는 것과 같다 할 수 있다.

그러므로 본서에는 특정한 사주의 경우, 작명해법은 무엇인지를 관련 이론에 연계해서 많은 양을 포함 기술하였으므로, 상당한 경지의 작명가 수준에 도달 가능할 것으로 감히 확신하는 바이다. 택일이나 궁합 등의 경우도 마찬가지이다. 별도의 장으로 구분 기술하지는 않았지만 관련되는 부분을 공부하면 자연스럽게 수준 높은 경지에 도달할 수 있을 것이다.

넷째, 사주명리학은 암기를 위주로 공부하는 학문은 아니다. 물론 암기해야 하는 내용도 많은 것은 사실이다. 반복을 해서 자기것을 만들어야 하는 것도 암기라면 암기다. 그러나 본 학문은 기(氣)의 흐름과 변화를 읽어내는 학문이다. 외운다고 모두 해결되는 것은 아니라고 본다.

열심히 공부하다 보면 활연(豁然)의 경지에 이르는 것이 사주명리학이다. 그러나 기본적으로 외워야 하는 내용도 많다. 수첩에 적어 놓고 수많은 세월에 걸쳐 암기하느라 고생들 한다. 따라서 본서에서는 암기비법을 곳곳에서 밝혀 놨다. 큰 문제가 없도록 수고를 덜 수 있게 했다.

특히 통변과 관련해서 많은 부분 심혈을 기울여 기술했으므로 사주 유형별로, 특징별로 바로 상담 가능하는 데 불편이 없을 것으로 본다.

二. 음양오행론(陰陽五行論)

1. 사주명리학의 구성원리

사주(四柱)는 사람의 생년(年)·월(月)·일(日)·시(時)를 60갑자(甲子)의 간지(干支)로 놓고, 태어난 일(日)의 간지, 즉 일주(日主), 일원(日元), 일간(日干), 신주(身主)를 기준으로, 각기 발생하는 오행의 생극제화(生剋制化) 원리로 응용추리하여 길흉화복(吉凶禍福)과 영고성쇠(榮枯盛衰)를 선천적인 본명과 후천적인 운을 대비하여 규명하는데, 년(年)에 해당하는 60甲子를 년주(年柱), 월은 월주(月柱), 일은 일주(日柱), 생시(生時)는 시주(時柱)로 네 기둥과 같다 하여 사주(四柱)라 하고, 각 기둥은 천간(天干), 지지(地支) 두 자씩이므로 8자(八字)로 하여 사주팔자(四柱八字)가 된 것이다.

우주변화의 원리는 무(無)에서 유(有)가 창조되고, 다시 유(有)에서 무(無)로 귀일(歸一)되며, 유(有)는 음(陰)과 양(陽)으로 나누어지는 것이 대자연의 법칙이며, 사주명리 또한 이와 같은 원리인 것이다.

사주 전체가 하나이면 년·월주는 양(陽)이 되고, 일·시주는 음(陰)이 되는데, 년은 양(陽) 중의 양(陽) 태양(太陽), 월은 양(陽) 중의 음(陰) 소음(少陰), 일은 음(陰) 중의 양(陽) 소양(少陽), 시는 음(陰) 중의 음(陰) 태음(太陰)으로 분열되고, 이를 자연과 연결하면 년주는 태양(太陽)으로 해, 월주는 소음(少陰)으로 달, 일주는 소양(少陽)으로 지구, 시주는 태음(太陰)으로 지구가 자전하면서 발생하는 시간이 되고 있고, 이를 도표로 정리하면 다음과 같다.

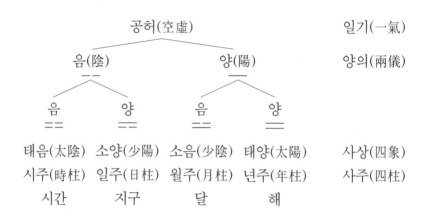

따라서 사주는 단지 여덟 자 밖에 안되는데도 그 깊은 뜻은 우주의 삼라만상(森羅萬象) 구성 원리가 집약되고 있어 인간의 운명은 물론 모든 사물에 견주어 응용되고 있고, 또 적중하고 있는 것이다.

일기(一氣), 즉 모든 것의 시작인 공허(空虛)에서 음·양이 발생하고, 다시 음은 음과 양, 양도 음과 양으로 시생(始生)·변화(變化)하니 이가 사상(四象)이고, 사주와 같다. 이와 같은 분열과정에서 음과 양의 많은 변화 법칙들이 함께 일어나게 되는데, 음과 양의 공존(共存), 상대(相對), 유전(遺傳), 순환(循環), 진화(進化) 등의 제 법칙들이다.

이와 같은 변화 원리는 주역의 사상팔괘(四象八卦)와도 정히 부합되고, 원자학에서의 분열 원리와도 연결되니 이 학문은 철학이면서도 형이상학(形而上學)과 형이하학(形而下學)을 겸비하고 있어 어떤 학문과도 통하게 되어 있다.

시주	일주	월주	년주	사주(四柱)
태음	소양	소음	태양	사상(四象)
⚏	⚍	⚎	⚌	
↓	↓	↓	↓	
간(艮)	손(巽)	이(離)	건(乾) 천간(양)	팔자(八字) 팔괘(八卦)
곤(坤)	감(坎)	진(震)	태(兌) 지지(음)	

결론적으로 사주명리학의 구성원리는 우주의 역학을 응용하여 그 변화하는 과정을 상대성이론과 분열, 순환, 유전의 제 법칙 등으로 정립하면서 한치의 오차도 없이 질서정연하게 역의 이치를 그대로 반영해 놓은 것이다. 따라서 철학이건 과학, 수리학이건 모두 부합되고 있으므로 사주명리학의 위대함이 여기에 있는 것이다.

2. 음양의 이론과 변화법칙

역(易)의 원리는 일기에서 시작되고, 음양으로 분열되면서 상대, 유전, 순환, 연쇄반응 등의 변화원리가 동시에 존재하는 것이다.
60갑자(六十甲子)는 천간(天干)과 지지(地支)에서 나왔고, 천간과 지지는 오행에서 나왔고, 오행은 음양에서 나왔다.

음을 음전자로 보고, 양을 양전자로 보는 관점이 원자학이고, 모든 만물이 水에서 진화했다고 보는 것이 진화론이요, 木·火·土·金·水의 오행을 水·火·木·金·土의 진화순서로 연결하는 것이 수리학이고, 눈에 안 보이는 봄의 기운을 木기로 보는 것이 형이상학이요, 이 木기를 눈에 보이는 나무의 개념으로 파악하는 것이 형이하학이다.

따라서, 모든 변화의 원리가 음양에서 시작되고 음양으로 귀결되는 것이다. 시작과 귀결의 과정에는 일정한 패턴과 원칙이 존재한다.

가. 음과 양의 상대적 개념

음양은 서로 별개이면서도 공존하고 있다. 여기서 공존은 상대적 공존이다. 양이 있으면 음이 있어야 하고, 음이 있으면 양이 있어야 한다는 것이다. 음양을 상대성으로 보는 관점으로 중성자가 빠져 있다. 음과 양을 어느 면으로 보느냐에 따라 달라지는데 상대성으로 보느냐, 공존으로 보느냐, 변화의 법칙으로 보느냐에 따라 달라진다.

음	양	음	양	음	양
땅(地)	하늘(天)	모(母)	부(父)	암(暗)	명(明)
지지(地支)	천간(天干)	여(女)	남(男)	반(反)	정(正)
가을	봄	딸	아들	속(裏)	겉(表)
겨울	여름	小(소)	대(大)	충(沖)	합(合)
金	木	내(內)	외(外)	흉(凶)	길(吉)
水	火	하(下)	상(上)	화(禍)	복(福)
추력(推力)	인력(引力)	허(虛)	실(實)	잡(雜)	순(純)

1) 첫째, 음과 양의 상대성을 반대의 개념으로 파악하는 방법이다. 위의 비교를 통하여 이해에 도움이 될 수 있다.

2) 둘째, 음중양(陰中陽), 양중음(陽中陰)이다. 음 속에는 양이 있고, 양 속에는 음이 있다. 서로 공존(共存)하고 있다.
여름에는 더운데 습(濕)이 당권하고 있고, 겨울은 추운데 건조(乾燥)가 지배하고 있다. 만남 속에 헤어짐이 있고, 헤어짐은 만남을 의미한다. 여자 속에 남자가 있고, 남자 속에 여자가 있다.

3) 셋째, 외음내양(外陰內陽), 외양내음(外陽內陰)이다. 공존 속의 상대성이다. 겉이 음이면 속은 양이고, 겉이 양이면 속은 음이다.
겨울에는 지상은 춥지만 지하는 따뜻하다. 여름은 지상은 따뜻하지만 지하는 서늘하다. 겉이 강하면 속은 약하다. 남자는 외양내음이고, 여자는 외음내양이다.

나. 음과 양의 변화성

음과 양은 언제든지 변화한다. 모든 변화를 그 과정에서 생(生)으로 보느냐, 변(變)으로 보느냐의 관점으로 나누어 볼 수 있는데, 생은 자연적인 변화라고 한다면 변은 인위적인 변화다. 음양의 변화를 생은 순환의 개념으로, 변은 변화의 개념으로 파악하는 것이다.

1) 첫째, 음변양 양변음 즉 변화의 개념이다.
음이 변하면 양이 되고, 양이 변하면 음이 된다. 밤이 변하면 낮이 되고, 낮이 변하면 밤이 되며, 가을과 겨울이 변하면 봄과 여름이 되고, 부자가 변하면 빈자가 되고, 악(惡)이 변하면 선(善)이 되고, 한 때의

이(利)가 미래에는 화(禍)가 되고, 그 화는 다시 복(福)이 되기도 한다. 인간의 삶도 새옹지마(塞翁之馬)다. 항시 변화에 대응할 줄 알아야 한다는 것이다.

2) 둘째, 음생양 양생음 즉 순환의 개념이다.

음은 양을 생하고, 양은 음을 생한다. 낮은 밤을 생하고, 밤은 낮을 생하며, 유(有)는 무(無)를 생하며, 우연(遇然)은 필연(必然)을 생하고, 필연은 우연을 생하니 세상사 모두가 우연과 필연이 공존하면서 돌아가고 있는 것이다. 생과 사, 행복과 불행, 걱정과 기쁨은 모두 생과 순환의 개념으로 파악할 수 있고, 위기(危機) 다음에는 기회(機會)가, 기회 다음에는 위기가 찾아오므로 언제 어느 곳이든 희비(喜悲)는 있기 마련이다.

3) 셋째, 음생음 양생양 즉 유전의 개념이다.

음은 음을 생하고, 양은 양을 생한다는 것이니 음과 양의 유전(遺傳)성의 원리를 말하는 것이다. 음생양 양생음은 순환성을 의미하는 것이나 음생음 양생양은 음과 양의 절대적인 변화의 원리이다. 공존 속에서 음과 양, 각각의 시생(始生), 분열(分裂), 연쇄반응 등의 변화가 유전적으로 일어나는 것이다.

콩 심은 데 콩 나고, 팥 심은 데 팥 나는 원리와 같다. 선(善)은 선을 낳고, 악(惡)은 악을 낳고, 길(吉)은 길을, 흉(凶)은 흉을 생함이라. 세상사도 좋을 때는 좋은 일만, 나쁠 때는 나쁜 일만 계속해서 발생하기 때문에 흉을 길로 바꾸어 놓을 수 있는 힘과 지혜가 필요하다.

다. 음과 양의 환경성

음과 양은 환경에 따라 생과 사의 변화가 일어난다. 순환이냐, 공생이냐, 상대성이냐, 과다냐, 어느 환경이냐에 따라 달라진다.

1) 첫째, 음생양사 양생음사이다. 음양의 순환에 따른 생사의 변화다.
음이 살아나면 양이 죽고, 양이 살아나면 음이 죽는다. 낮이 살아나
면 밤이 죽고, 밤이 시생하면 낮이 죽으며, 봄이 살아나면 겨울은 가고,
가을이 살아나면 여름은 물러서게 되어 있는 것이 자연의 이치이다.

악(惡)이 사는 곳에 선(善)은 죽고, 선(善)이 살아나면 악(惡)은 죽어
가며, 강자는 약자에 의해 죽고, 약자는 강자에 의해 죽어가며, 내가 살
아나면 남이 죽고, 남이 살아나면 내가 죽고, 즐거움이 살아나면 슬픔
은 가게 마련이니 영원한 승자도 없고, 영원한 패자도 없는 법이다.

2) 둘째, 양봉음생(陽逢陰生) 음봉양생(陰逢陽生)이다. 즉 음과 양의
공생(共生)의 법칙을 말한다.
양은 음을 만나야 살고, 음은 양을 만나야 산다. 서로가 상대이면서
도 필요로 하기 때문에 공생하면서 발전하고 있는 것이다.
남자는 여자를 만나야 살고, 여자는 남자를 만나야 살 수 있으며, 부
자는 빈자를 만나야 편하고, 빈자는 부자를 만나야 수입이 는다. 진짜
는 가짜를 만나야 구별된다.

3) 셋째, 음다양사(陰多陽死) 양다음사(陽多陰死)이다. 즉 음양 과다
의 환경에 따른 변화다.
음이 많으면 양이 죽고, 양이 많으면 음이 죽게 되어 있음을 말함이
니 무엇이든 많고 강왕(强旺)함에 의해 적고 허약(虛弱)한 것은 소멸
(消滅) 된다는 것이다.

흑색이 많고 백색이 적으면 백색이 죽고, 부인이 지나치게 드세면 남편을 꺾게 되고, 큰 나무 밑에는 잡초마저 살 수 없고, 잡초가 많으면 농사가 안되고, 선(善)이 많으면 악(惡)이 없어지는 것이다.

세상사도 똑같은 이치로 선(善)을 추구한다. 선(善)은 다다익선(多多益善)이다.

4) 넷째, 음극즉시양(陰極則始陽), 양극즉시음(陽極則始陰)이다. 즉음과 양의 극단(極端)의 환경에 따른 변화다.

음이 극에 달하면 양이 시생(始生)하고, 양이 극에 달하면 음이 시생되는 것이니 하루도 낮은 밤의 극(極)인 자정(子正)에서 시생하고, 밤은 낮의 극인 정오(正午)에서 시생하며, 밤의 길이가 가장 길어지면, 즉 동지가 되면 낮이 길어지기 시작하고, 반대로 하지부터는 밤이 길어지기 시작하는 것이 자연의 이치이다.

행복이 극에 달하면 이미 불행이 싹트기 시작하니, 행복은 바로 행복하고자 노력할 때 진정한 행복이 있으며, 불행이 극에 달하면 행복은 시작되고 있는 것이니 항상 어렵다고 자포자기하지 말고 최선의 노력을 다하는 것이 성공의 원리요 진리인 것이다.

모든 것이 끝인가 하면 시작이요, 시작인가 하면 끝이 되고 있으니 무엇이든 끝없이 순환하고 있으므로, 이를 시(始)도 종(終)도 없다고 하고, 다른 말로 극즉변(極則變)이요, 변즉통(變則通)이고 절처봉생(絶處逢生)이라고도 한다.

라. 음양의 중화지도(中和之道)

음양의 가장 바람직한 형태는 중화이다. 사주명리학의 원리도 음과 양의 중화와 균형점을 찾아 규명하는 학문이다. 중화지도가 핵심이다.

중화지도라 함은 음과 양 어디에도 치우치지 말고, 균형을 유지함을 의미한다.

인간사도 중화를 이루지 못하면 항상 편견(偏見)에 치우쳐 독주(獨走)에 모략으로 흉사(凶事)가 거듭되고, 실덕(失德)으로 참된 삶이 어려울 것은 당연할 것이다. 지나치게 많거나 큰 것은 없다는 것과 같다. 공기 속의 산소가 없으면 인간이 살 수 없으나 너무 많이 있기에 그 고마움을 잊고 살고 있으며 태양과 물, 부모의 은혜, 자유 등도 마찬가지 이치다.

이를 다른 표현으로 하면 다자무자(多者無者)이고, 태과불급(太過不及)은 개위질(皆爲疾)이다. 지나침도 모자람도 모두 병(病)이라 중화를 이루어야 하는데 이것이 바로 정(正)이요, 도(道)에 이르는 경지인 것이다.

이는 유교(儒敎)에서의 중용(中庸)이고, 불교(佛敎)에서의 마음자리이며, 날줄과 씨줄의 만남이고, 종(縱)과 횡(橫)의 교차점이 중화의 자리이다.

종과 날줄을 ㅣ로 횡과 씨줄을 ㅡ로 표시하면 이의 교차점이 중화의 자리인데 기독교의 十자가(字架), 불교의 卍자(字)와 같은데, 이를 어찌 우연이라고만 할 것인가.

중화를 지키거나 구(求)하는 것은, 말은 쉽지만 실행에 옮기는 것은 어렵다. 귀중한 것일수록 얻고 행하기 어려운 것이다. 따라서 얻기 힘들다고 포기하고 실망해서는 발전이 없다. 모든 면에서 중화지도를 쫓아 정신적, 물질적 성공을 이루는 것이 삶의 목표가 되어야 할 것이다.

3. 오행의 생성과 근원

가. 오행의 생성

음과 양이 분열하여 음은 음과 양으로 양도 음과 양으로 파생되니 이 것이 곧 사상(四象)이다. 음변음은 태음(太陰), 음변양은 소양(少陽)이고, 양변양은 태양(太陽), 양변음은 소음(少陰)이니, 태음은 겉과 속이 모두 차가운 성질로 밤과 겨울로, 소양은 겉은 차가우나 속은 따뜻한 성질로 저녁과 가을로, 태양은 겉과 속이 모두 따뜻한 성질로 낮과 여름으로, 소음은 겉은 따뜻하나 속은 차가운 성질로 새벽과 봄으로 각 각 연결할 수 있다.

이를 알기 쉬운 부호로 바꾸어 태음은 水, 소양은 金, 태양은 火, 소음은 木자(字)로 응용되는 것이고, 여기에 중성자 土 하나를 더하여 오행(五行)이라 한 것이다.

여기서 행(行) 자를 사용하는 이유는 지구는 끊임없이 자전과 공전을 하고 있고, 오행 또한 지속적으로 생성(生成), 소멸(消滅)을 반복하기 때문이며, 음과 양은 분열하나 중성자는 분열하지 않으므로 그대로 응용하는 것이다.

또 중성자를 土로 한 것은 木 · 火 · 金 · 水의 기(氣) 즉 난(暖) · 서(暑) · 양(凉) · 한(寒)을 많이 장축(藏蓄)하여 중화를 하는 데 기본이 되는 것이 흙이기에 흙土자(字)로 한 것이고, 물이 겨울과 연결되는 것은 흐르는 물은 氵변, 얼기 시작한 물은 冫변, 완전한 얼음은 물水에 점을 가한 얼음 빙(氷)이라는 것을 생각하면 이해가 될 것이다.

여기서 중요한 것은 오행을 형이하학적으로만 생각하여 그저 눈에 보이는 나무, 불, 흙, 쇠, 물 등으로 알기 쉬우나, 실은 木기・火기・土기・金기・水기로 형이상학적 개념도 있음을 유념해서 응용해야 한다는 점이고, 4계절의 순환은 지구의 공전 때문에 생기는 木火土金水의 시생(始生), 성장(成長), 소멸(消滅), 순환(循環)의 과정인데 여기서 중성자 土는 오행의 변화가 중화에서 벗어나지 않도록 조절 작용을 해주고 있다는 점이다.

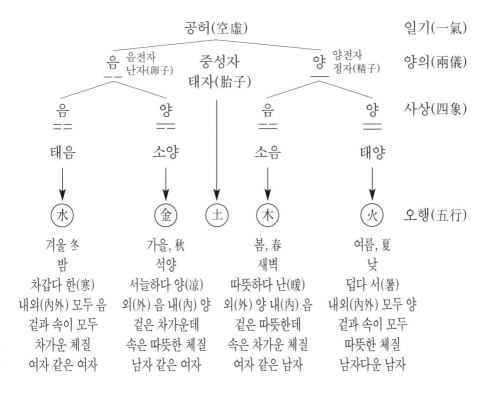

나. 오행과 인간의 생성

원자학설과 인간의 생성과정을 오행과 연결해 보자. 一양이 시생하여 二음에 짝이 되고, 二음이 시작하여 一양에 짝이 되니 여기서 합 三의 인간세계가 구성되는 것이다.

양전자 一은 정자(精子)와 같고, 음전자 二는 난자(卵子)와 같으며, 중성자 三은 태자(胎子)로서 이 삼자(三者)가 결합해야 비로소 원자(原子)라고 하는 태아(胎兒)가 생기며, 원자와 원자가 합하여 원소(元素)가 됨은 태아가 출생하여 하나의 인간으로서 시작됨을 말하고, 원소와 원소가 합하여 하나의 개체가 됨은 남녀가 성장하여 부부로 결합, 비로소 완전한 인간이 되는 것과 같으니 원자학설과 인간의 생성과정은 같은 이치로 맞아 떨어지고 있다.

또 정자·난자가 합하면 一水가 되는 것이고, 다음 피(血)는 二火에 속하며, 즉 태반에 열기가 생기므로 잉태 2개월 째는 입덧이 일어나며, 3개월 째는 三木이니 모발이 생기고, 4개월 째는 四金으로 뼈 골격이 형성되며, 5개월 째는 五土이니 피부가 형성되어 형체를 갖추게 되므로 잉태 5개월이 되면 낙태시키기 어렵고, 10개월이 되면 출생한다.

한편, 인체는 이(耳)·목(目)·구(口)·비(鼻)·사지(四枝)·골절(骨節)과 365혈(穴)로 생(生)하는 것이니, 이는 4계절 365일의 천지의 이치와 오행과 합치되고 있다. 인간의 눈은 해와 달에 해당하고, 피는 수맥(水脈), 신경·모발은 나무, 입은 호수(湖水), 코는 산(山), 五장六부는 五대양六대주와 같기에 인간은 소우주(小宇宙)가 되고, 자연의 이치에 부합되어 역학의 원리가 인간의 삶과 직결되어 있는 것이다.

다. 오행과 삼재원리(三才原理)

천지만물은 천(天)에서 시작하여 지(地)에서 인간과 만물이 생성되니 천(天)・지(地)・인(人)이 진리가 되는 것이고, 양전자(一), 음전자(一), 중성자(一) 각기 一이 합하여 원자, 원소, 개체가 되듯이 三원리가 근본이고, 이 중 하나만 빠져도 완전한 것으로 형성될 수 없다.

이 三원리는 수리학, 원자학은 물론 정치・경제・사회 등 인간사회 모든 부문에 부합되지 않는 것이 없고, 상대성에서 중(中), 즉 중성자를 연결하여 셋이 모여 완전한 하나가 되니 인간사 모두와 밀접하게 연결되고 있는 것이다. 예를 들면 어떤 일이 성공되기에는 반드시 시기(양)와 장소(음)와 노력(중성자)이 맞아야 하고, 범죄가 성립하는 데도 피해자(양), 피의자(음), 원인(중성자)이 있어야 하고, 한 나라의 구성요건에도 국민・영토・통치, 나라를 다스리는 데도 입법・사법・행정 등 삼권이 있어야 하는 것과 같다.

오행의 수리(數理)도 천(天)一, 지(地)二, 인(人) 三의 합수가 六이 되니, 三원리가 수리학의 원조이고, 六으로 완성되니 六수가 성수(成數)이고 五수까지가 생수(生數)의 개념으로 파악하는 것이고, 오행의 발생 순서는 水火木金土의 순이니
水는 1에서 생(生)하여 6에서 성(成)하므로 1・6수(數)가 되고,
火는 2에서 생(生)하여 7에서 성(成)하므로 2・7수(數)가 되고,
木은 3에서 생(生)하여 8에서 성(成)하므로 3・8수(數)가 되고,
金은 4에서 생(生)하여 9에서 성(成)하므로 4・9수(數)가 되고,
土는 5에서 생(生)하여 10에서 성(成)하므로 5・10수(數)가 되는 것이다.

4. 오행의 특성과 응용

가. 오행의 특성

오행은 木·火·土·金·水인데, 이들은 다시 분열, 음과 양으로 변화되어 양木·음木, 양火·음火, 양土·음土, 양金·음金, 양水·음水 등으로 열이 된다. 또 보이는 것과 보이지 않는 것, 작은 것과 큰 것, 적은 것과 많은 것, 살아 있는 것과 죽은 것, 하늘과 땅, 상과 하 등의 여러 면에서 응용되는 것이다.

예를 들면 木의 경우, 나무에 비유한다면 양지 나무와 음지 나무가 있는가 하면, 큰 나무와 작은 나무가 있고, 생목(生木)과 사목(死木)이 있으며, 습목(濕木)과 조목(燥木)이 있고, 강한 나무와 유연(柔軟)한 나무가 있고, 수명이 긴 나무와 짧은 나무가 있으며, 하늘과 땅의 나무가 있는가 하면, 보이는 나무와 보이지 않는 나무, 즉 목기가 있다. 나머지 오행도 같은 방법으로 분류 응용된다.

여기서 중요한 것은 보이지 않는다는 것은 형이상학적으로 느끼는 기운으로 따스하다. 덥다, 춥다, 서늘하다 등을 의미하는 것이고, 각기 오행 속에는 타오행의 기운도 장축되어 있는 것으로 이해해야 한다. 다시 말하면 土라 하는 것은 土기를 가장 많이 갖고 있어 土라 하는데, 흙 속에는 수분이 있어 뭉쳐지고, 火기가 있어 만물을 성장시키며, 木기가 있어 소토(疏土)되어 숨을 쉴 수가 있고, 金기가 있어 결실되고 견고하여지나 그 중에서 土기가 가장 많아 土라 하는 것이니, 타오행도 같은 차원에서 이해해야 함을 강조한다.

나. 오행의 변화

一기(氣)에서 음과 양이 변화되고, 음과 양이 다시 오행으로 변화되었고, 오행에서 다시 음양으로 변화되니 천간과 지지가 되고, 다시 천간과 지지가 각각 음양으로 변화되니 다섯 번의 변화로 끝나는 것이고, 수리학에서도 一에서 五까지가 생수(生數)이고, 六에서 十까지가 성수(成數)이므로 여섯 번째는 성(成)이니 더 이상의 변화는 없는 것으로, 모든 사물의 변화는 다섯 번의 과정을 거쳐서 비로소 성(成)이 됨을 알 수 있다.

오행이 변화해서 음양이 되니, 양은 천간(天干)이고, 음은 지지(地支)로 또 천간은 간(干), 지지는 지(支)로도 사용하는 것이고, 천간의 木이 다시 음과 양으로 지지의 木도 음과 양으로 변화되니, 천간 木의 양은 甲, 음은 乙, 지지 木의 양은 寅, 음은 卯, 나머지 오행도 같이 변화되는데, 천간을 모두 모으면 甲乙丙丁戊己庚辛壬癸가 되고, 모두 十이기에 十간(干)이라고 하며, 지지는 子丑寅卯辰巳午未申酉戌亥로서 十二가 되고, 十二지(支)라고 한다.

여기서 천간이 甲에서 시작됨은 계절의 시작이 봄이기 때문이며, 지지의 시작이 子로부터인 것은 하루의 시작이 子시(0시)부터요, 동지(子월)를 지나면서 낮이 길어지는 것을 응용한 것으로 이해할 수 있다.

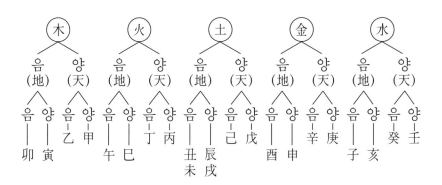

다. 오행의 응용

사주의 구성은 천간과 지지의 조합이고, 천간과 지지는 결국 오행의 변화로 이루어진 것으로 오행의 특성을 이해하고, 이를 응용할 수 있도록 하는 것은 사주의 분석과 통변에 있어 기초가 되고 기본이 되니 아주 중요하다. 따라서 잘 기억하고 활용에 만전을 기해야 함은 물론이다.

그러나 오행이라 해도 시기와 장소, 상대에 따라 달라지게 되고, 많고 적음에 따라서, 또 오행 상호간에 생(生)과 사(死)에 따라 그 응용과 변화는 다양하게 쓰이는 것이니, 이는 계속해서 공부하게 될 사항이고 우선은 단순한 오행의 특성과 응용을 공부하고자 하는 것이다.

	木	火	土	金	水
계절	봄(春)	여름(夏)	긴여름(長夏)	가을(秋)	겨울(冬)
인체	좌측	이마	중앙	우측	턱
지구	동양권	더운지방 (아랍, 아프리카)	중국	서방	소련
방위	동(東)	남(南)	중앙(中央)	서(西)	북(北)
수리	3·8	2·7	5·10	4·9	1·6
맛(味)	신맛(酸)	쓴맛(苦)	단맛(甘)	매운맛(辛)	짠맛(醎)
색(色)	청(靑)	적(赤)	황(黃)	백(白)	흑(黑)
오각(五覺)	촉각(觸)	시각(視)	미각(味)	취각(臭)	청각(聽)

오성(五性)	인정(仁情)	예의(禮儀)	신용(信用)	의리(義理)	지혜(智慧)
	강직(剛直)	조급(燥急)	후중(厚重)	냉정(冷情)	원만(圓滿)
	희(喜)	락(樂)	사(思)	노(怒)	애(哀)
	경사(慶事)	명랑(明朗)	건체(蹇滯)	급속(急速)	포용(抱容)
	정도(正道)	달변(達辯)	허경(虛驚)	숙살(肅殺)	비밀(秘密)
	유덕(有德)	솔직(率直)	구사(久事)	변혁(變革)	인내(忍耐)
	경화(硬化)	분산(分散)	집결(集結)	견실(堅實)	응결(凝結)
	곡직(曲直)	염상(炎上)	가색(稼穡)	종혁(從革)	윤하(潤下)

장부(臟腑)	간(肝)	심장(心臟)	비(脾)	폐(肺)	신장(腎臟)
	담(胆)	소장(小腸)	위(胃)	대장(大腸)	방광(膀胱)
	신경(神經)	정신(精神)	비육(肥肉)	골격(骨格)	신기(腎氣)
	수족(手足)	시력(視力)	배	피부(皮膚)	비뇨기(泌尿器)
	모발	얼굴	허리	치아	수분(水分)
	풍(風)	체온	갈빗대(脅)	기관지	침
	인후(咽喉)	혈압(血壓)	팔굼치(腕)	조혈(造血)	고환(疝)

오관(五官)	눈(目)	혀(舌)	입(口)	코(鼻)	귀(耳)
오향(五香)	누린내(臊)	탄내(焦)	향기내(香)	노린내(腥)	썩은내(腐)
오물(五物)	초목(草木)	우족(羽族)	족복(足腹)	곤충(昆虫)	어족(魚族)
오운(五雲)	청운(靑雲)	적운(赤雲)	황운(黃雲)	백운(白雲)	흑운(黑雲)
오과(五果)	배(梨)	은행(杏)	대추(棗)	복숭아(桃)	밤(栗)
오곡(五穀)	보리(麥)	기장(黍)	조(粟)	벼(稻)	콩(豆)

오상(五象)	뜬다(浮)	밝다(炫)	모이다(際)	자르다(橫)	응고된다(凝)

푸른기(蒼氣)	붉은기(赤氣)	누런기(黃氣)	백기(白氣)	검은기(玄氣)
우레(雷)	전기(電)	안개(霧)	서리(霜)	구름(雲)
새벽(晨)	낮(晝)	긴낮(長晝)	석양(夕陽)	밤(夜)
따뜻하다(暖)	덥다(暑)	복중(伏中)	서늘하다(凉)	차다(寒)

오상(五像)동량(棟樑)	노야(爐冶)	안산(岸山)	금철(金鐵)	해포(海浦)
지엽(枝葉)	등촉(燈燭)	전답(田畓)	금은(金銀)	천(川, 泉)
나무(木)	꽃(花)	과도(過度)	과실(果實)	수장(收藏)
뿌리(根)	전기(電氣)	제방(堤防)	동선(銅線)	호수(湖水)
수풀(林)	전자파(電磁波)	암석(岩石)	비금속(非金屬)	얼음, 눈(氷, 雪)
길다(長, ㅣ)	역상(逆上, ▽)	원(圓, ○)	각(角, □)	미(美, ◌)
좌(左)	상(上)	중앙(中央)	우(右)	하(下)

직업(職業) · 직종(職種)

木 : 문교, 체신, 보사, 목재, 직물, 섬유, 가구, 예능, 농장, 육림, 악기, 화원, 죽세공, 목각, 분식 등

火 : 문공, 동자, 과기, 상공, 화공, 전기, 유류, 항공, 화학, 화약, 문화, 난방, 소방, 가전, 전자 등

土 : 농수, 건설, 내무, 통일, 토건, 부동산, 토산품, 곡물, 골동품, 종교, 중매, 중개인 등

金 : 국방, 교통, 경찰, 운수, 차량, 기계, 제철, 광산, 공구, 양품, 금은세공, 정비, 철물, 고물, 운동 등

水 : 법무, 외무, 식품, 주류, 수산물, 양식, 수도, 빙과류, 냉동업, 유흥업, 무역, 선원, 여관, 조선, 목욕탕 등

라. 오행의 응용통변 예

오행의 특성을 응용하여 사주를 통변하는 예를 다음과 같이 예시하니 많은 활용을 통하여 익숙해져야 함을 강조한다. 물론 사주구성법을 공부한 후에 뽑아진 사주팔자를 놓고 통변하는 것인데 여기서 미리 응용법을 공부하고자 하는 것이다.

1) 오행의 생·사, 양과 질에 따른 예

사주에 木이 많으면 담력이 있고, 인정이 많으며 간이 실(實)하나
木이 부족하거나 상(傷)하여 있으면 간에 병이 오고 인정이 모자라며

火가 많으면 명랑하고 예의가 있으며 성질이 급하고, 바른말 잘하며,
　　거짓이 없으나
火가 부족되거나 상하여 있으면 걱정이 많고, 예의가 부족하며, 심장
　　에 병이 오고, 정신이 혼미해 시력이 약하다.

土가 왕하면 신용이 있고 후중하며 신앙에 독실하나 묵은 소리 잘하
　　는 것이 흠이요, 미각이 발달하고
土가 부족하거나 상하여 있으면 위병에 허리가 약하고

金이 많으면 의리는 있으나 첫인상이 냉정하게 보이며
金이 부족하거나 상하여 있으면 폐질에 기관지가 약하며

水가 많으면 지혜있고 원만하며 영리하고 청각이 좋은데

水가 부족하거나 상하여 있으면 신기(腎氣)가 부족하여 피로가 쉽게
오고 비뇨기 계통에 질환이 있다.

2) 오행의 특성에 따른 응용 예

• **水의 특성 응용** : 水로 태어나면 지혜있고 환경적응을 잘한다. 잘
돌아다닌다. 집에 있으면 병 생긴다. 水는 밤이고 어둠이다. 따라서 비
밀이 많다. 소련을 상징하니 크레믈린이다. 水는 1·6수이니 물과 눈
이 모두 육각형이다. 따라서 1가 6가, 16번지 61번지는 술집, 음식점,
목욕탕, 수족관이 많다. 水는 시작의 명수로 선발대, 기획관계에 좋다.
또 흘러가야 생명력이 있으니 외교, 무역업이고, 수평을 이루니 법정
이고, 진화의 근본이므로 유전공학이다. 水가 많으면 뚱뚱하고 마취가
잘 안되고, 약발도 잘 안 받는다. 水가 많고 얼어 있으면 자율신경마비
이고 추우니까 여자는 공방살이요, 어렸을 때는 오줌싸개이다. 水가 재
물이면 관리를 잘해야 한다. 물이 흘러가면 다시는 안 오기 때문이다.
여자 사주에서 水가 남편이면 위의 직업의 남자를 만나겠다.

• **火의 특성 응용** : 火로 태어나면 설득력이 좋고, 명랑하고 시각이
발달해서 사람 판단을 정확히 한다. 배우지 않아도 아는 것이 火의 특
성이다. 눈썰미가 기가 막히다. 반면에 싫증을 빨리 느끼고 권태기가
빠르다. 참을성이 부족하고 산만하다. 있는 대로 흐트러 놓고 수습 못
한다. 따발총이고 놀기 좋아하고 성질 급하고 기분에 죽고 기분에 산
다. 또 직언 잘하고 火가 많으면 초능력에 소질 있고, 관상학적으로 이
마가 넓다. 火는 염상으로 점프력이 좋아서 높이 뛰기 잘한다. 火가 재
물이면 火는 불이므로 속성 속패의 특성이 있다. 횡재수가 있다. 불티

나게 많은 돈이다. 그러나 꺼지면 재만 남는다. 따라서 벌기도 잘하고 나가기도 잘한다. 그러므로 땅에 묻어라. 여자 사주에서 火가 남편이면 예의있고 이마 넓은 남자이고 火와 관련되는 직업에 종사하겠다.

• 木의 특성 응용 : 木으로 태어나면 인정많고 간땡이가 크다. 木은 수족을 의미하니 손이 크다. 무엇을 사도 많이 산다. 수덕(手德)이 있어 복권 당첨이 잘된다. 木은 신맛이니 木의 음식을 섭취하면 체질이 개선된다. 木은 간(肝)인데 간이 열 받으면 담즙이 모자라서 황달이 생기고, 이것이 더 진행되면 흑달이 되는데 이것이 간암이고, 木은 3·8이니 3개월 밖에 못 산다. 木은 손재주이니 운동도 핸드볼, 골프 등의 운동을 잘하고, 木이 재물이면 나무는 천천히 자라므로 일확천금은 안된다. 차곡차곡 쌓아라. 나무는 자주 옮기면 죽는다. 재산변동 자주 하면 거지된다. 고로 장기신탁, 적금 등으로 이재해라. 여자 사주에서 木이 남편이면 키 크고 인정 있는 남자 만나겠고, 木 관련 직업에 종사하겠다.

• 金의 특성 응용 : 金으로 태어나면, 金은 결실이니 완벽주의이며 무슨 일이든 확실하게 마무리짓는다. 따라서 흐트러진 일은 金이 가서 마무리짓게 된다. 직장에서의 예를 들면 감사계통이고 공장이나 건설현장에서는 검사계통이나 현장감독에서 일한다. 金은 숙살지기이니 손때가 맵고 눈에 살기가 있다. 또 金은 후각·취각으로 냄새 맡는데 1등이다. 金은 각(角)이므로 여성의 경우 턱 깎는 수술하게 되고, 항상 싸움을 좋아한다. 金은 피부로서 金이 약하면 진흙팩 해야 하고, 金이 많으면 소금 맛사지가 필요하다. 金은 뼈에 해당하니 火가 많으면 뼈가 약하고, 뼈에서 피를 만드는데 피를 못 만드니 빈혈, 골다공증이 생

긴다. 金이 재물이면 현금으로 보아도 되고, 쇠붙이, 철강 등이 좋고 금・은, 보석 등을 사두거나 돈놀이, 일수놀이 잘한다. 여자 사주에서 金이 남편이면 의리있고 냉정하며 金관련 직업에 종사하겠다.

• 土의 특성 응용 : 土로 태어나면 후중하고 예의도덕 잘 지키며 신용이 있다. 신앙심이 깊고 매사 중립적이고, 메주덩이처럼 두툼하다. 土가 재물이면 무조건 땅에 묻어라. 땅 사고 부동산 사라, 사주에 土가 많으면 땅이 많다. 남자 사주에서 土가 마누라면 신용 얻어야 하고, 여자 사주에서 土가 남편이면 신의있고 후중하며 얼굴이 둥글넓적하고 土 관련 직업에 종사하겠다.

※이상은 응용의 예시에 불과하다. 오행의 특성은 사주추명에 다양하게 응용되는 기본이고 기초이니 잘 익혀 익숙해질 수 있도록 노력해야 함을 강조한다.

三. 천간지지론

1. 천간과 지지의 구성

천간과 지지는 천간이 십간(十干) 甲・乙・丙・丁・戊・己・庚・辛・壬・癸로, 지지가 십이지(十二支) 子・丑・寅・卯・辰・巳・午・未・申・酉・戌・亥로 구성되어 있는 바, 그 발생의 근원은 전장의 오행의 변화에서 이미 공부한 바와 같다.

천간(天干)은 계절의 순환법칙에 따라 木(甲・乙) 火(丙・丁) 土(戊・己) 金(庚・辛) 水(壬・癸)의 순으로 甲에서 시작하여 癸까지 주기적인 순환을 하고, 양(陽)이 다섯이고, 음(陰)이 다섯으로 완전한 균형을 이루고 있으며, 양변음 음변양으로 음과 양의 순환 또한 이어지고 있다.

지지(地支) 또한 子에서 시작하여 亥에서 끝나고, 다시 子로 이어지는 순환의 법칙에 따라 구성되어 있고, 양이 여섯, 음이 여섯으로 균형을 이루고 있으며, 양변음・음변양의 순환 또한 이어지고 있다.

천간의 음 : 乙 丁 己 辛 癸   지지의 음 : 丑 亥 酉 未 巳 卯
　　　　양 : 甲 丙 戊 庚 壬   　　　　양 : 子 寅 辰 午 申 戌

천간과 지지는 같이 움직여서 주(柱)라 하고, 서로가 합하여 하나의 기둥(柱)을 형성하고 있다. 양자의 특성과 형상(形象)을 세분해서 살펴보면 다음과 같다.

천간 : 양 , 남자, 시작, 동(動), 정신, 명(明), 외적, 동양, 날줄, 종(縱), 자랑, 상반기, 오전
지지 : 음 , 여자, 끝, 정 (靜), 물질, 암(暗), 내적, 서양, 씨줄, 횡(橫), 수장, 하반기, 오후

천간은 시작이고 지지는 끝이다. 즉 결론은 지지가 내린다. 그러므로 무엇을 시작해도 결론이 말해주므로 지지가 중요하다. 천간은 남자이고 지지는 여자이다. 천간남자는 여자에 의해 뿌리하고, 지지여자는 천간남자에 의지하여 공생하고 있는 것과 같이 천간은 지지에 의해서 생사가 좌우되고, 지지는 시기와 환경에 의해서 생사가 좌우된다. 또 지지여자는 복잡하고 비밀 많고 남자보다 강하다. 나머지 형상도 같은 맥락에서 이해할 수 있다.

2. 60甲子

천간은 천간대로 지지는 지지대로 각기 순환하면서도 천간과 지지가 서로 이합집산(離合集散)하면서 하나의 개체가 형성되는 것으로, 천간과 지지는 하나의 기둥을 형성하는데 양간에는 양지가, 음간에는 음지가 서로 짝이 되는 것이 하나의 법칙으로 천간의 시작 甲·양과 지지의 시작 子·양이 처음으로 짝을 하니 甲子가 되고, 다음으로 乙·음과 丑·음이 짝을 하니 乙丑이, 다음 丙·양과 寅·양이 丙寅이 되

는 것과 같이 천간지지가 순서대로 마지막 천간 癸와 지지 亥가 癸亥가 되면서 모두 60개가 되어 60甲子라 한다.

따라서, 60甲子는 甲子에서 癸亥로 끝이 나고, 다시 癸亥에서 甲子로 순환하고 있으므로 시작도 끝도 없는 것이며, 60甲子가 한번 구성되는 동안 천간은 6번 움직이고 지지는 5번에 해당하고 있어, 천간은 각각 6개씩으로 6甲, 6乙 등으로 호칭되고, 지지는 각각 5개씩으로 5子, 5丑 등으로 활용되는 것이다.

60甲子는 년은 년대로, 월은 월대로, 일은 일대로, 시는 시대로 돌고 있는데, 이것을 출생된 년도, 생월, 생일, 생시에 해당된 것을 찾아 기록한 것이 바로 사주인데, 예로 서기 2014년 4월 15일 오후 12시 30분에 출생한 아기의 경우 甲午년 戊辰월 丙辰일 甲午시가 된다.

그러나 당년은 월력이 있어 참고 할 수 있으나 지난 과거는 만세력이 있어야 사주를 뽑을 수 있는 것이다.

〈60甲子〉

甲子	乙丑	丙寅	丁卯	戊辰	己巳	庚午	辛未	壬申	癸酉
甲戌	乙亥	丙子	丁丑	戊寅	己卯	庚辰	辛巳	壬午	癸未
甲申	乙酉	丙戌	丁亥	戊子	己丑	庚寅	辛卯	壬辰	癸巳
甲午	乙未	丙申	丁酉	戊戌	己亥	庚子	辛丑	壬寅	癸卯
甲辰	乙巳	丙午	丁未	戊申	己酉	庚戌	辛亥	壬子	癸丑
甲寅	乙卯	丙辰	丁巳	戊午	己未	庚申	辛酉	壬戌	癸亥

3. 사주구성법

가. 년주(年柱) 세우는 법

년주는 출생된 년도가 60甲子 중 어느 것이 지배하고 있는가를 기록하는 것인데, 주의할 점은 정월 초 1일에서 년도가 바뀌는 것이 아니고, 입춘(立春)을 기준하여 바뀌고 있다는 것이다. 그 이유는 입춘절에는 매년 해가 뜨고 지는 시간이 똑같기 때문이고, 계절 기후의 변화가 동일하므로 입춘입절을 기준하는 것이다. 따라서 입춘입절시간 전까지는 전년도생이 되며, 입춘입절시간 부터는 새해가 된다.

〈24절기(節氣)〉

계절	춘(春)			하(夏)			추(秋)			동(冬)		
월별	정월 正月	2월 二月	3월 三月	4월 四月	5월 五月	6월 六月	7월 七月	8월 八月	9월 九月	10월 十月	11월 十一月	12월 十二月
절(節)	입춘	경칩	청명	입하	망종	소서	입추	백로	한로	입동	대설	소한
기(氣)	우수	춘분	곡우	소만	하지	대서	처서	추분	상강	소설	동지	대한

나. 월주(月柱) 세우는 법

월주는 년주에 의해 지배되니 우선 년주가 무엇인지 알아야 하고, 어느 해의 월이든 월지는 정월은 寅, 2월은 卯, 3월은 辰, 4월은 巳, 5월은 午, 6월은 未, 7월은 申, 8월은 酉, 9월은 戌, 10월은 亥, 11월은 子, 12월은 丑으로 고정되어 있고, 월간만이 년도에 따라 다르며, 1년이 정월을 기준으로 시작되기 때문에 월주도 정월을 시작으로 한다.

월간을 만세력을 보지 않고도 아는 방법이 있는데, 예를 들면 년주천

간이

甲과 己년에는 丙寅월에서 시작, 丁卯, 戊辰, 己巳 …乙亥, 丙子가
    되고,

乙과 庚년에는 戊寅월에서 시작, 己卯, 庚辰, 辛巳 …丁亥, 戊子

丙과 辛년에는 庚寅월에서 시작, 辛卯, 壬辰, 癸巳 …己亥, 庚子

丁과 壬년에는 壬寅월에서 시작, 癸卯, 甲辰, 乙巳 …辛亥, 壬子

戊와 癸년에는 甲寅월에서 시작, 乙卯, 丙辰, 丁巳 …癸亥, 甲子가
    되니

이를 응용하면 된다.

그러나 월주를 세우는 데 기준이 되는 것은 각 월의 초 1일이 아니라
절기 기준인데 정확히는 입절시간부터가 해당월이 된다. 다시 말하면
정월은 초1일부터가 아니라 입춘이 입절되는 시간부터 정월생이 되고,
경칩입절시간부터 2월생이 되고, 청명입절시간부터 3월생이 되는 것
이니 착오 없어야 한다.

절을 기준하는 이유는 매월 절을 기준으로 기후의 변화가 정확하기
때문이다. 보통 윤달도 절을 기준하게 되면 문제가 되지 않는다. 다만
만세력을 사용할 때는 절기가 표시되어 있으므로 쉽게 월주를 찾아 세
울 수 있다.

다. 일주 세우는 법

일주는 출생된 당일의 일진을 그대로 기록하면 된다. 일은 일대로 60
甲子 순으로 순환하기 때문이다. 년주는 태양이고 월주는 달이 되고,
일주는 지구의 자전에 해당하므로 년이 바뀌건 월이 바뀌건 관계없이

일진을 세우면 된다.

즉 정월이면서도 절입관계로 2월생이 될 때, 일진도 2월을 기준으로 해야 되는 것으로 생각하기 쉬우나 그대로 일진을 적용하면 된다는 것이다.

라. 시주 세우는 법

시주는 출생된 생일, 즉 일주에 의해 결정되므로 일주 없는 시주는 없으며, 어느 때 어느 장소를 막론하고 출생된 시간을 가지고 사용하면 된다. 가령 미국에서 출생하였다고 해서 우리나라 시간으로 환산할 필요가 없다. 출생한 방법이 자연분만이든 제왕절개 수술에 의한 출생이든, 또 장소가 어디든지 출생시간부터가 비로소 사주가 성립되기 때문이다. 다만 출생시간은 현재 우리가 사용하고 있는 시간이 동경기점을 따르고 있기 때문에 우리가 30분 늦어야 맞는 것이다.

시주를 세우는 데는 12지에 준해야 되므로 24시간을 12시간으로 줄여서 사용하고, 시간의 분기점은 하루의 시작점인 0시가 된다. 그러나 각 지지에 해당하는 시간은 子시가 전일 오후 11시 30분에서 당일 오전 1시 30분이고, 나머지 丑시 이하도 2시간씩 구분되어 최종적으로 亥시가 오후 9시 30분에서 오후 11시 30분까지로 구분 사용된다.

또 시주의 천간도 월주의 천간과 같이 만세력을 보지 않고도 알 수 있는데, 일주천간이

甲과 己일에는 甲子시에서 시작 乙丑, 丙寅, 丁卯 …甲戌, 乙亥시
가 되고
乙과 庚일에는 丙子시에서 시작 丁丑, 戊寅, 己卯 …丙戌, 丁亥

丙과 辛일에는 戊子시에서 시작 己丑, 庚寅, 辛卯 …戊戌, 己亥

丁과 壬일에는 庚子시에서 시작 辛丑, 壬寅, 癸卯 …庚戌, 辛亥

戊와 癸일에는 壬子시에서 시작 癸丑, 甲寅, 乙卯 …壬戌, 癸亥가
   된다.

〈시주표〉

시간 / 시지 일간	11:30 ~ 1:30	1:30 ~ 3:30	3:30 ~ 5:30	5:30 ~ 7:30	7:30 ~ 9:30	9:30 ~ 11:30	11:30 ~ 1:30	1:30 ~ 3:30	3:30 ~ 5:30	5:30 ~ 7:30	7:30 ~ 9:30	9:30 ~ 11:30
	子	丑	寅	卯	辰	巳	午	未	申	酉	戌	亥
甲己日	甲子	乙丑	丙寅	丁卯	戊辰	己巳	庚午	辛未	壬申	癸酉	甲戌	乙亥
乙庚日	丙子	丁丑	戊寅	己卯	庚辰	辛巳	壬午	癸未	甲申	乙酉	丙戌	丁亥
丙辛日	戊子	己丑	庚寅	辛卯	壬辰	癸巳	甲午	乙未	丙申	丁酉	戊戌	己亥
丁壬日	庚子	辛丑	壬寅	癸卯	甲辰	乙巳	丙午	丁未	戊申	己酉	庚戌	辛亥
戊癸日	壬子	癸丑	甲寅	乙卯	丙辰	丁巳	戊午	己未	庚申	辛酉	壬戌	癸亥

특히 子시의 경우는 정자(正子)시, 명자(明子)시, 조자(朝子)시 등으로 11시 30분이 지나 12시 전까지 태어난 사람을, 12시 이후에 태어난 사람은 야자(夜子)시로 구분해서 보아야 한다는 학설이 있다. 그러나 이미 일진이 다음날로 11시 30분 기준하여 들어오므로 해당일 子시도 당연히 당일 일진의 일간 기준으로 정하면 되는 것이지 굳이 자정 전후로 子시를 이등분할 필요는 없다고 본다.

午시가 낮 11시 30분부터 1시 30분까지이고, 이를 나누어 쓰지 않는 것과 같은 이치로 판단하면 된다. 낮 정오(正午)는 12시 30분이고, 정자시(正子時)도 역시 밤 12시 30분, 즉 0시 30분이다. 그렇게 되려면 전날 11시 30분부터 날짜가 바뀐 것이다. 따라서 甲子일이라도 밤 11시 30분부터는 乙丑일이 시작된 것이다.

마. 대운 세우는 법

사주는 그 사람의 운명이 어떠한 그릇인가를 아는 기준이 되나, 사는 과정에서 길과 흉의 흐름은 대운(大運)에 의해서 알 수 있다. 대운은 10년 단위로 구분되어 대운이라 하는 것이고, 역행이든 순행이든 운의 흐름이 있기에 운행(運行)이라 하기도 한다.

대운은 월주를 기준으로 정하는데, 년간이 양인 남자와 년간이 음인 여자의 대운은 순행(順行)하고, 년간이 음인 남자와 년간이 양인 여자의 대운은 역행(逆行)한다.

즉, 甲子년 丙寅월생 남자의 대운은 丁卯, 戊辰, 己巳의 순으로 순행하고,

乙丑년 戊寅월생 남자의 대운은 丁丑, 丙子, 乙亥의 순으로 역행한다.

또, 乙丑년 戊寅월생 여자의 대운은 己卯, 庚辰, 辛巳의 순으로 순행하고,

甲子년 丙寅월생 여자의 대운은 乙丑, 甲子, 癸亥의 순으로 역행한다.

그러면 10년 단위씩 변하는데 각자 몇살 때마다 변하는가는 행운세수(行運歲數)에 의하는데, 행운세수는 만세력에 의해 쉽게 알 수 있으나, 참고로 그 원리를 간략히 정리하면 다음과 같다.

양년생 남자와 음년생 여자의 대운수는 그 생일부터 다음 달 절입일까지의 일수를 삼분한다. 음년생 남자와 양년생 여자의 대운수는 그

생일부터 그 달 절입일까지의 일수를 삼분한다.

이 일수의 계산은 생일을 가산하면 절입일을 빼고, 생일을 빼면 절입일을 가산하는데, 삼분해서 하루가 남으면 그것을 빼고, 이틀이 남으면 1을 더한다. 즉 4일이면 행운세수는 1이 되고, 5일이면 행운세수는 2가 된다. 그리고 행운세수가 2면 2세, 12세, 22세… 마다 대운이 변한다.

〈사주구성 예 1〉 2012년 양력, 4월 15일, 오후 3시 15분, 남자
• 년주 : 2월 4일 19시 22분에 입춘(立春)이 입절되었으니, 4월 15일생은 2012년 壬辰생이다. 입춘입절 전에 태어난 사람은 辛卯생이 된다.
• 월주 : 월주도 절기 기준으로 4월 4일 청명(淸明) 입절 후 태어났으니 甲辰월이 된다.
• 일주 : 일주는 출생된 당일의 일진이 되니 丙午일이 된다.
• 시주 : 오후 3시 15분은, 오후 1시 30분 부터 오후 3시 29분까지가 未시이고, 丙일생이니 乙未시가 된다.
• 대운 : 壬辰년생으로 양년생이니 남자는 월주기준으로 순행이다. 즉 월주가 甲辰이니 乙巳, 丙午, 丁未, 戊申, 己酉, 庚戌, 辛亥… 이다.
　　　행운 세수는 양년생 남자이니, 생일부터 다음 절입일 입하(立夏)까지 20일이 되고 삼분하면 6하고 2가 남으니 6에 1을 더해 7이 된다. 따라서 7세마다 대운이 변한다. 여기서 정확하고 세밀한 대운의 변하는 시기가 필요할 경우를 대비해서 별도의 세밀 대운법을 뒤에 기술하였다. 참고하기 바란다.

이를 종합해서 사주구성을 정리하면 다음과 같다.

```
시 일 월 년
乙 丙 甲 壬  남자(건명, 乾命)                         사주
未 午 辰 辰
```

87	77	67	57	47	37	27	17	7	대운
癸	壬	辛	庚	己	戊	丁	丙	乙	
丑	子	亥	戌	酉	申	未	午	巳	

〈사주구성예 2〉 2012년 양력 4월 15일, 오후 3시 15분, 여자

위 남자와 사주구성은 같다. 다만 대운만 다르다. 壬辰년 생으로 양
년생이니 여자는 월주기준으로 역행이다. 즉 월주가 甲辰이니 癸卯, 壬
寅, 辛丑, 庚子, 己亥, 戊戌, 丁酉, 丙申, 乙未, 甲午…이다.

행운세수는 양년생 여자이니, 생일부터 그 달 절입일 청명(淸明)까
지 11일이 되고, 삼분하면 3하고 2가 남으니, 3에 1을 더해 4가 된다.
따라서 4세마다 대운이 변한다.

```
시 일 월 년
乙 丙 甲 壬  여자(곤명, 坤命)                         사주
未 午 辰 辰
```

84	74	64	54	44	34	24	14	4	대운
乙	丙	丁	戊	己	庚	辛	壬	癸	
未	申	酉	戌	亥	子	丑	寅	卯	

바. 사주구성과 응용 소론

사주구성은 60甲子로 년월일시가 순환하고 있으니 년60×월12×일
30×12시간 하면 총 259,200개의 사주가 나오고, 남·여의 추명방법

이 다르기 때문에 ×2를 하면 518,400개가 된다. 또 60년마다 정월 초 1일의 일진이 다르기 때문에 똑같은 사주는 60年마다 나오지 않고 빨라야 120년만에 나오게 되어 있어 사주의 종류는 1백만개 이상으로 응용하게 되는 것이다. 세계 인구나 우리나라 인구에 비한다면 작은 것으로 이해될지 모르나 인간의 길흉화복을 백만종 넘게 구분하여 활용하는 학문은 명리학 밖에 없다 하겠다.

또, 같은 사주의 경우에 똑같이 대통령이 되고, 재벌이 되어야 하지 않느냐는 견해와 관련해서는, 사주가 같으면 주관적이든 객관적이든 정도의 차이는 있을지라도 길흉의 흐름과 정도는 비슷한 것이나 출생된 장소, 시기, 그리고 부모의 영향 등 환경에 따라서 차이가 있는 것으로 이해하는 것이 합리적인 것이다.

그리고 쌍생아(雙生兒)의 경우, 남·녀가 다를 때는 시간이 같아도 구애받지 않고 그대로 추명하나 일란성에 시간까지 같을 때는 선동(先童)이를 기준하여 후동(後童)이는 대운을 반대로 적용시키고 있으나 본래 사람은 하나를 출산함이 원칙이므로 후동이는 잘 맞지 않는다. 또 행·불행이 엇갈리는 쌍생아의 경우, 후동이의 사주는 선동이의 사주 8간지 모두를 6합으로 환산 적용하여 추명하기도 하나 완벽한 이론으로 입증된 바 없으므로 지속적인 임상을 통한 연구가 필요한 대목이다.

사주를 분석함에 있어서는 일주(日主)를 기준하여 나머지 간지를 대비하여 길·흉을 논하게 되는 것인데, 여기서 일주(日主)라 함은 일주(日柱)의 천간만을 말하는 것이고, 일간(日干), 신주(身主), 일원(日元), 아신(我身)이라고도 한다. 사주에서 일간이 주인공이 되는 이유는 년주는 해, 월주는 달, 일주는 지구, 시주는 지구가 자전하면서 생기는 시간인데 우리는 지구에서 살고 있기 때문이고, 한편 년주는 선조의 자리, 월주는 부모님 자리이고, 일주는 본인의 자리이자 배우자 자리이기 때문이다.

사주를 기록할 때는 우(右)에서 좌(左)로 종서(縱書)의 원칙에 의하는 것이 일반이며, 사주를 추명하는 방법은 제일 먼저 일간의 오행과 음·양을 구분한 다음, 월지를 보아 태어난 시기, 부모의 유전인자, 정서관계, 환경 등을 대비 분석하고, 다음은 일지(日支)를 보아 배우자관계, 다음은 시주(時柱)로 말년과 자손관계를 일간과 대비하여 결론을 내리게 되므로 사주팔자 모두 귀중하지 않은 것이 없고, 네 기둥별 응용의 기본은 아래와 같으니 잘 기억하여 활용해야 한다.

시주(時柱)	일주(日柱)	월주(月柱)	년주(年柱)
시간(時干) /시지(時支)	일간(日干) /일지(日支)	월간(月干) /월지(月支)	년간(年干) /년지(年支)
시간	지구	달	해
실(實)	화(花)	묘(苗)	근(根)
자손	배우자, 본인	형제, 부모	조부모, 조상
말년	중말년	중년	초년
미래, 앞, 나중, 우		과거, 뒤, 먼저, 좌	

사주 예(1)

戊 ㊀ 丙 甲
申 辰 寅 子

水일주는 지혜롭고, 환경 적응 잘하고, 잘 돌아 다닌다. 밤이고 비밀이 많아 크레믈린이다. 水일주 여자는 사회생활 해야 한다. 집에 있으면 생병난다.

법정, 외교, 무역업이 水이다. 水일주는 음식 짜게 먹는다. 반찬 많이 먹는다. 양팔통(陽八通) 사주다.

사주 예(2)

癸 ㉚ 丁 乙
丑 亥 亥 亥

음팔통(陰八通) 사주다. 음이 많은 사주는 근심걱정이 많다. 10월이 3개 섣달이 하나다. 춥고 배고픈 팔자다. 여자라면 냉방살이 공방살이다. 너무 추우니 냉대하로 불감증이다. 남자 싫어한다. 亥가 많아서 태평양 같은 물이다. 수다목부(水多木浮)로 乙木이 떠내려갔다. 乙木이 왔다갔다 물결치는 대로 움직인다. 丁火의 눈이 나쁘고 심장이 나쁘다. 丑은 土이고 섣달로 동토(凍土)다. 亥子丑으로 꽁꽁 얼었다. 여자라면 丑土 남편이 꽁꽁 얼었다. 기를 못 편다. 자식이라면 역시 꽁꽁 얼어서 기죽어 산다. 水가 많아서 이사 많이 하고, 많이 돌아 다닌다.

4. 간지체성론(干支體性論)

사주의 추명은 결국 천간 10자, 지지 12자의 특성과 상호작용의 현상을 응용하여 분석하는 것으로, 가장 기본이 천간과 지지의 특성을 잘 이해해야 되는 것이고, 이를 공부하는 것이 간지체성론이다. 따라서 추후 자세한 사항을 설명하겠으나 여기서는 우선 기본적인 사항에 국한하여 약술학고자 한다.

가. 천간의 특성

모든 사주의 구분은 기본적으로 천간 10개로 나뉜다. 그리고 일간(日干)을 기준으로 사주를 분석하기 때문에 주인공의 성격, 직업 등 기본적인 특성에 있어 근간이 될 뿐 아니라 타 간지와의 상호작용을 파악하는데 있어 중요하니 잘 익히고 공부해야 함을 강조한다.

1) 甲木

양목(陽木), 사목(死木), 갑(匣), 동량지목(棟樑之木), 무근지목(無根之木), 강목(剛木), 대림목(大林木), 뇌(雷), 십간지수(十干之首), 생육만물(生育萬物)의 주재(主宰)

甲木은 양의 木이고, 다 자란 나무는 잘라서 보관하므로 사목(死木)이라 하고, 갑(匣) 속에 감춰 놓은 것이니 감추기를 좋아하고, 동량지목이니 아름드리 나무이자 대들보이고, 다 자라면 고목이 되어 잘라 놓으니 무근지목이고, 강(剛)한 木이고, 수풀을 이루는 木이고, 뇌성(雷聲)으로 응용되고, 십간(十干) 중의 우두머리로 어디 가도 자기가 대장이고, 木은 봄을 뜻하니 만물이 소생하므로 생육만물을 주재한다.

2) 乙木

음목(陰木), 생목(生木), 알(軋), 지엽목(枝葉木), 활목(活木), 습목(濕木), 유목(柔木), 양류목(楊柳木), 초(草), 묘목(苗木), 풍(風)

乙木은 음의 木이고, 살아있는 나무라 생목이고, 알(軋) 자에서 연유되었으니 비비고 올라오고 뚫고 나가는 데 일등이며, 작은 나무로 가지와 잎새가 있으니 지엽목이고 활목이다. 살아있는 나무라서 수분이 있으니 습목이고, 부드럽고 버드나무와 같아 유목이고 양류목이며, 풀과도 비교되니 초목이고, 여린 나무로 묘목이다. 바람 풍(風)으로 응용되니, 乙木이 있으면 끼가 많고, 젊어서 바람 피니 늙어서 풍 맞는다.

3) 丙火

양화(陽火), 사화(死火), 병(炳), 태양지화(太陽之火), 군왕지화(君王
之火), 노야지화(爐冶之火), 전기(電氣), 광선(光線), 전자파(電磁波),
자외선(紫外線), 적외선(赤外線), 방사선(放射線), 초능력, 투시력(透
視力)

丙火는 양의 火이고, 태양과 같이 너무 크고 움직이지 않으니 사화
(死火)로 보고, 피어날 병(炳)과 연결되니 펼쳐 놓는 데 일등이고, 태양
은 만물을 골고루 비추어 주므로 만인에게 평등하다. 또 만백성에게
고루 평등하니 군왕지화이다. 용광로와 같이 강렬하니 노야지화, 강렬
지화이고, 그리고 전기와도 비유되니 광선, 전자파, 자외선, 적외선, 방
사선과 연결되고, 초능력에 소질있고, 남이 보지 않는 것을 보니 투시
력이 있다고 한다.

4) 丁火

음화(陰火), 생화(生火), 장정(壯丁), 등화(燈火), 촉화(燭火), 유화
(柔火), 월(月), 성(星)

丁火는 음의 火이고, 살아 움직이는 불이라 생화라 하고, 장정으로
힘이 세고, 자기 힘 키우는 데 일가견이 있고, 등잔불과 촛불같이 약한
불이라 등촉화라 하는 것이며, 부드럽고 유연해서 유화(柔火)라 하며,
달과 별에 비유된다.

5) 戊土

양토(陽土), 사토(死土), 무(茂), 산(山), 안(岸), 제방(堤防), 강토(剛

土), 고원(高原), 황야(荒野), 무(霧), 구(久), 건체(蹇滯), 무성(茂盛)

戊土는 양의 土이고, 크고 움직이지 않는 土로 사토(死土)라 하고, 무
성할 무(茂)와 연결된다. 따라서 산, 언덕, 제방에 비유되고, 크고 강하
니 강토, 고원, 황야이고, 안개 이슬과도 비유되어 안개 무(霧)로 표현
하고, 옛 것, 묵은 것, 오래된 것, 고전적인 것의 특성이 있어 오랠 구
(久)이고, 행동이 느리므로 건체이고, 살찌고 후중해서 무성에 비유된
다.

6) 己土
음토(陰土), 생토(生土), 기(起), 전답(田畓), 진토기(眞土氣)

己土는 음의 土이고, 만물을 생육시킬 수 있는 생명있는 土이니 생토
(生土)로 보는 것이고, 일어날 기(起)자에 연유되니 동작이 빠르고 잘
달릴 수 있는 특징이 있다. 생토이니 전·답에 비유되고, 진(眞) 土기
(氣)이다.

7) 庚金
양금(陽金), 사금(死金), 경(更), 완금장철(頑金丈鐵), 무쇠, 강금(剛
金), 숙살지기(肅殺之氣), 병혁(兵革), 갱신(更新), 서리

庚金은 양의 金이고, 크고 움직이지 않으니 사금(死金)이라 하고, 모
든 것을 바꾸려 하는 성질이 있어 바꿀 경(更)과 연결되고, 크고 강한
쇠이니 완금장철, 무쇠, 강금이라 하고, 가을에는 서리가 내려 만물을
죽이니 숙살지기가 되고, 개혁과 변화의 특징이 있으니 병혁·갱신이

고, 자연현상으로는 서리와 비유된다.

8) 辛金

음금(陰金), 생금(生金), 신(新), 금은주옥(金銀珠玉), 보석(寶石), 연금(軟金), 유금(柔金), 비철금속(非鐵金屬), 제련된 金

辛金은 음의 金이고, 작고 유연하니 생금(生金)이라 하고, 깨끗하고 새롭게 하려는 성질이 있어 새로울 신(新)과 연결되고, 깨끗하고 멋쟁이이고 예쁘므로 금은주옥·보석이라 하고, 부드럽고 제련되어 다듬어진 형체이니 연금, 비철금속으로 비유된다.

9) 壬水

양수(陽水), 사수(死水), 임(妊), 해수(海水), 포수(浦水), 유수(留水), 정지수(停止水), 횡류(橫流), 큰물

壬水는 양의 水이고, 큰물이며 흐르지 않는 물을 의미하니 사수(死水)라 하고, 창안력과 기획력의 특성을 가지고 있어 아이밸 임(妊)과 연결되고, 바닷물과 호수물과 비견되어 해수, 포수라 하고, 흘러가지 않는 물로 유수, 정지수이고, 큰물로 옆으로 흘러가니 횡류라 한다.

10) 癸水

음수(陰水), 생수(生水), 규(揆), 우로수(雨露水), 유수(柔水), 유수(流水), 천(川), 강(江), 활수(活水), 종류(從流)

癸水는 음의 水이고, 위에서 아래로 흐르는 물이니 생수(生水)라 하

고, 법을 잘 지키는 특성을 가지고 있어 헤아릴 규(揆)와 연결되고, 살아 있는 물이고, 움직이는 물이고, 위에서 아래로 흐르는 물이므로 우로수, 유수, 활수, 종류라 하는 것이고, 시냇물과 강물에 비유된다.

나. 지지의 특성

1) 子水
음수(陰水), 시(始), 쥐(鼠), 1양(一陽), 한냉지수(寒冷之水), 천수(川水), 천수(泉水), 종류(從流)

子水는 음의 水이고, 천간의 癸水와 같다. 하루의 시작은 0시 부터이니 시(始)와 연결되고, 따라서 子년에는 모든 법률이나 새로운 것이 많이 시행되고, 子날에 태어나면 시작하는데 명수이고, 동물로는 쥐가 되니 약삭 빠르다.

동지가 지나면서 낮이 길어지기 시작하니 1양(一陽)이 시생(始生)되는 시기이고, 동짓달 물이라서 차갑고 얼은 물로 한냉지수가 되어 木을 생하는 데는 부적합하나 불을 끄는 것은 잘하고, 천간의 癸水와 같으니 냇물, 샘물, 종류(從流)에 비유된다.

2) 丑土
음토(陰土), 유(紐), 소(牛), 2양(二陽), 동토(凍土), 습토(濕土), 유토(柔土)

丑土는 음의 土이고, 맺을 유(紐)와 연결되니, 유대는 서로가 교류하는 것이고, 구속을 조건으로 하는 것이니 丑년에는 국제간에 유대와 교류가 많아지고, 丑날에 태어나면 상호유대하는 데 일가견이 있고, 동물로는 소(牛)가 되니 근면하고 황소고집이다.

　子水에 이어 2양(二陽)이 진행되고, 섣달의 흙이니 겨울의 흙으로 얼어 있는 흙이고, 겨울 자체가 水이므로 습土가 되고, 부드러운 유토(柔土)이다.

3) 寅木
　양목(陽木), 연(演), 범(虎), 3양(三陽), 조목(燥木), 눈목(嫩木), 동량지목(棟樑之木), 인화물질(引火物質)

　寅木은 양의 木이고, 넓을 연(演)과 연결되니 子丑 한밤중에 연습 많이 하다가 寅 새벽이 오니 발표해야 하고, 발표력ㆍ표현력에 일가견이 있다. 동물로는 범(虎)이 되니 조화를 부리고 스케일과 포부가 크다. 3양(三陽)이 진행되고, 바싹 말라있는 나무로 조목(燥木)이고, 정월은 봄의 시작이므로 눈목(嫩木), 즉 어린 나무로도 비유되며, 천간의 甲木과 같으니 동량지목이고, 마른 나무로 화약과 같아 인화물질이다.

4) 卯木
　음목(陰木), 승(昇), 토끼(兎), 4양(四陽), 습목(濕木), 활목(活木), 생목(生木), 초(草), 근(根), 양유목(楊柳木), 풍(風)

　卯木은 음木이고, 오를 승(昇)과 연결되니 2月에는 나무에 물이 오르고, 12년 주기로 물가가 오른다. 동물로는 토끼가 되니 양순(良順)은 하나 까다로운 면이 있고, 4양(四陽)이 진행되고, 천간의 乙木과 같으니 습목, 활목, 생목이 되고 풀, 뿌리, 유연한 버드나무에 비유되며, 바람 풍(風)으로 응용된다.

5) 辰土

양토(陽土), 진(震), 용(龍), 5양(五陽), 습토(濕土), 진토(眞土), 니토(泥土), 가색지토(稼穡之土), 대목지토(帶木之土)

辰土는 양의 土이고, 진동할 진(震)과 연결되니 우레에 비유되며 辰년에는 지진나고 큰소리 많이 난다. 동물로는 용이 되니 조화가 비상하고 스케일이 크나 허풍이 염려된다. 5양(五陽)이 진행되고, 3月의 흙이니 촉촉하게 수분이 있고, 만물을 생육성장시킬 수 있으니 습토, 진토, 가색지토라 하고 진흙과 같아 니토(泥土)라 하며, 木기를 띠고 있다 하여 대목지토라 한다.

6) 巳火

양화(陽火), 기(起), 뱀(蛇), 6양(六陽), 노야지화(爐冶之火), 강열지화(强烈之火), 큰불

巳火는 양火이고, 일어날 기(起)와 연결되니 실패를 해도 좌절하지 않고 일어나는 기백이 있고, 동물로는 뱀이니 외곬 성질이 특징이고 변화의 동물이니 변덕이 염려된다. 양(陽)의 기운이 극에 달해 6양(六陽)이 되고, 천간의 丙火와 같아서 노야지화, 강열지화, 큰불이다.

7) 午火

음화(陰火), 풍(豊), 말(馬), 1음(一陰), 등(燈), 촉(燭), 생화(生火), 약화(弱火), 유화(柔火)

午火는 음火이고, 풍년 풍(豊)과 연결되니 5月달은 모든 게 풍성하

고, 동물로는 말이 되니 멋쟁이고 의심이 많은 게 흠이 될 수 있다. 하지가 지나면서 밤이 길어지기 시작하니 1음(一陰)이 시생(始生)하고, 천간의 丁火와 같아 등불, 촛불, 생화, 약화이고 부드러운 불이다.

8) 未土
음토(陰土), 미(味), 양(羊), 2음(二陰), 조토(燥土), 왕토(旺土)

未土는 음의 土이고, 맛 미(味)와 연결되니 5월 풋과일은 못 먹어도 6월 풋과일은 맛이 들기 시작하여 먹을 수 있고, 동물로는 양(羊)이 되니 사슴과 동물은 시기·질투·샘이 많고, 심술이 있으며, 정복욕이 강하고 물을 싫어하는 특징이 있다. 2음(二陰)이 진행되고, 삼복 더위에 여름 흙이 되어 조토가 되고, 음토이기는 하나 왕토(旺土)에 비유된다.

9) 申金
양금(陽金), 신(身), 원숭이(猴), 3음(三陰), 완금(頑金), 강금(剛金), 큰 쇠

申金은 양의 金이고, 몸 신(身)과 연결되니 가을이 되므로 만물이 형체를 갖추게 되며, 동물로는 원숭이가 되니 재주가 많은 것이 장점이자 단점도 될 수 있고, 3음(三陰)이 진행되고, 천간의 庚金과 같아서 완금, 강금, 큰 쇠와 비유된다.

10) 酉金
음금(陰金), 수(收), 닭(鷄), 4음(四陰), 금은(金銀), 주옥(珠玉), 청백(淸白), 비철금속(非鐵金屬)

酉金은 음의 金이고, 8月은 거두어 들이는 결실의 계절이므로 거둘 수(收)와 연결되고, 동물로는 닭이 되어 인간에게 일어나는 시간을 알려주니 희생정신이 좋고, 닭은 모이를 주면 파헤치니 재산을 모으기 어려운 단점이 있을 수 있고, 4음(四陰)이 진행되고, 천간의 辛金과 같아서 금은 · 주옥이고 비철금속이며, 8月은 1년 중 가장 하늘이 맑은 계절이라 청백(淸白)에 비유되고, 깨끗한 팔자라 한다.

11) 戌土
양토(陽土), 멸(滅), 개(狗), 5음(五陰), 조토(燥土), 왕토(旺土), 제방(堤防)

戌土는 양의 土이고, 추수하고 나면 들판에 아무것도 없어지니 멸할 멸(滅)과 연결되고, 동물로는 개(狗)가 되어 냄새 맡는 데 1등이고, 일단 믿었다 하면 끝까지 충성심에 변함이 없고, 5음(五陰)이 진행되고, 9월은 날씨가 건조하므로 조토가 되며 왕토이고 제방토와 비유된다.

12) 亥水
양수(陽水), 핵(劾), 돼지(猪), 6음(六陰), 해수(海水), 호수(湖水), 온난지수(溫暖之水), 횡류(橫流), 핵(核), 큰 물

亥水는 양의 水이고, 亥는 水이니 법에 제소하는 것으로 탄핵할 때의 핵(劾)과 연결되고, 동물로는 돼지가 되어 영리하고 질서를 잘 지킨다. 음의 기운이 극에 달해 6음(六陰)이 되고, 천간의 壬水와 같아서 해수, 호수이고 온난지수이며 횡수이고 큰 물이다.

5. 천간지지의 응용

가. 천간지지의 응용방법

1) 천간의 응용

甲이나 乙일 즉 木일에 태어나면 강직하나 인정에 약하고,

丙이나 丁일 즉 火일에 태어나면 명랑하고 예의는 바르나 성급함이 흠이 되며,

戊나 己일 즉 土일에 태어나면 행동은 느리나 신용이 생명이요 묵은 소리 잘 하고 신앙에 독실하고,

庚이나 辛일 즉 金일에 태어나면 냉정하고 결단력 있는 것은 좋으나 너무 완벽한 것이 흠이 되고,

壬이나 癸일 즉 水일에 태어나면 마음 속 깊이를 알기 어려우며, 인내력과 만인에 평등하고 수심(愁心)이 항상 동반되는데 한 번 성질이 폭발하면 노도와 같이 무섭다는 식으로 응용하는 것인데,

또 甲이나 乙, 즉 양과 음을 따로 나누어서도 응용한다. 이것은 기본에 의해 풀이하는 것이고, 상대적이기 때문에 상황은 수시 변화할 수 있는 것이다.

다시 말해 甲木은 크고, 乙木은 적다고 하는 것은 그 자체만을 놓고 풀이하기 때문에 사주구성에 따라 乙木이 甲木보다 더 큰 나무라 하는 경우도 얼마든지 있는 것이고, 丙火도 태양지화로 큰 불이라고는 하나 사주 구성이 허약해 있다면 약한 丁火만도 못하고, 반대로 丁火도 丙火보다 강왕할 수 있으니 모두가 상대적이요, 따라서 본래 양이 강왕하다 하여도 허약하고 있으면 약한 음보다 못하고, 음도 강왕하면 강한 양과 동일하다고 보면 되는 것이다.

2) 지지의 응용

지지의 경우는 닭띠가 복중(伏中)에 태어나면 자손이 없다던가, 범띠가 밤중에 태어나면 활동을 해야 하고, 용띠가 겨울에 태어나면 조화를 부릴 수 없으며, 소띠가 초여름에 출생되어 일복이 많다고 하는 식으로 풀이하는 방법이 있으나 이는 적중률이 희박하고, 오히려 일지(日支)에 해당하는 동물의 성질을 이용하여 응용 추명하는 것이 맞는 것이다.

예를 들면 子일생은 쥐같이 약고 소심하며, 丑일생은 근면하나 우직하며, 寅일생은 포부는 크나 인정에 약하고, 卯일생은 양순하나 이상이 적으며 까다롭고, 辰일생은 조화가 비상한 반면 허풍이 심하며, 巳일생은 외곬 성질에 변덕이 심하고, 午일생은 멋쟁이나 의심 많은 것이 흠이고, 未일생은 심술에 정복욕이 강하며 물을 싫어하고, 申일생은 재주가 너무 많은 것이 흠이고, 酉일생은 희생의 정신은 좋으나 구설이 따르고, 戌일생은 일단 믿었다 하면 변함이 없으며, 亥일생은 식복은 있으나 너무나 깨끗함이 흠이 된다는 식으로 추명하는 것이다.

이와 같이 천간과 지지 모두 간지체성론의 내용을 다양하게 응용하는 것인데, 이는 단편적이고 기본적인 응용방법이고, 사주구성에 따라서 상대적으로 상황에 따라 수시 변화하는 내용까지 추명할 수 있는 것이 중요한데 앞으로 계속 공부하게 될 것이다.

나. 천간별 특징의 통변

다음은 천간 즉 십간의 남녀별 성격과 공통점, 특징을 요약해서 정리하였다. 사주통변의 기초자료이다. 이 내용은 한중수(韓重洙) 선생님께서 다년간 추명한 결과를 요약한 것으로 적중율이 높아 그대로 전재(轉載)한 것이니 요긴하게 쓰일 수 있을 것이다. 반드시 잘 익혀서 활용하였으면 한다.

● 甲일생 남자

부지런하고 성실하며, 남이야 어찌 생각하건 자신이 처한 환경을 그대로 받아들여 허욕없이 현실에 만족하며 충실히 살아간다. 때문에 투기나 모험적인 일에는 손대지 않고 무모한 짓을 하지 않는다. 특히 사업이나 금전거래에 있어서도 조심성이 대단하다. 그러나 일단 자신이 있으면 누구보다 과감하게 용단을 내려 투자에 겁을 내지 않는 사업가로서의 수완도 있다. 甲일생이 한번 마음 먹은 일이면 아무리 많은 시일이 걸려도 끝까지 참고 견디며 기어코 해내고 마는 끈질긴 면이 있다. 일단 어떤 일에 착수하거나 사람을 사귀게 되면 중간에 바꾸지 않고 그 일에 대단한 애착을 갖는다. 단, 낭만적인 면이 적고 테크닉이 부족하여 멋없는 사람이란 평을 들을 가능성이 있다.

● 甲일생 여자

활발하고 숫기가 좋아 외향적이며, 낙천적인 경향이 있다. 생활력이 강하고 독립심이 강해 결혼 후에도 남편에게만 의지하려고 하지 않는다. 십간일 가운데 가장 이해심이 많고 너그러운 사람이 甲일생 여성이라 해도 과언이 아니다. 또 다른 여성에 비해 바가지를 적게 긁고, 남편의 외도에도 이해심이 많다. 그래서 여중장부(女中丈夫)나 여중군자(女中君子)라 듣는 여성은 아마도 甲일생이 많을 것으로 생각된다. 아무리 활달하고 숫기가 좋아도 남편과 아내의 신분을 망각하거나, 도덕성을 상실하는 짓은 하지 않는다. 그리고 애정의 포로가 되는 일이 적고, 혹 실연을 당해도 다른 여성처럼 큰 충격을 받지 않는다. 말귀를 잘 알아듣고 사람을 알아보는 안목도 있으며, 사치와 허영이 없어 절약하며 검소하게 살아가는 여성이다.

● 乙일생 남자

甲일생과 비슷한 점이 많다. 다른 면이 있다면 甲일생보다 더 부지런하고, 조심성 많으며 소극적이고 굽힐 때는 굽힐 줄 안다는 점이다. 乙일생은 국가나 사회보다 자신의 처지, 자신의 가정에만 신경을 써 국가의 정치 사회현실에 무관심하고 오직 자신의 직분·사업·가정을 위해 충실할 뿐이다. 처세나 사업에 있어서 모험이나 무리수를 두지 않고 안전 위주로 살아가기 때문에, 실패하는 확률은 적으나 기회를 잃고 출세나 발전을 기대하기 어렵다. 때문에 성패의 굴곡이 적어 비교적 안정된 삶을 누리게 되는 사람이 乙일생이다.

장부다운 배짱이 적어 돈거래에 있어서도 상대방에게 받을 확신이 없으면 아무리 사람이 미덥고 친절해도 절대 빌려주는 일이 없다. 하지만 그가 재력이 있다고 믿는 사람이면 한번 한 약속은 틀림없이 지키며, 그 자신도 갚을 능력이 없이는 무턱대고 빌려 쓰지 않는다. 이런 여러 가지 면으로 남한테 인색하고 쩨쩨하다는 평을 듣기 쉬우나 이에 구애받지 않고 평소의 자기 소신대로 충실히 살아가는 사람이다.

● 乙일생 여자

십간일(十干日) 여성 가운데 가장 이상적인 주부형이라 해도 지나친 칭찬은 아니다. 그 어떤 성격의 남자라도 乙일생 여성을 아내로 맞이한다면 원만한 가정을 이룰 것이다. 성격이 온순하고, 얌전하면서도 내숭을 떨지 않고, 명랑 활발하면서도 억세거나 거칠고 사납지 않다. 어쩌면 특징이 없는 성격 같아서 그저 평범한 여성으로 생각되겠으나 평범한 그 자체는 아무나 지닐 수 없는 게 특징이요, 여성에게 바람직한 성격이다. 여성이 너무 억세면 남편을 깔보고, 너무 수줍어하면 답답하다. 개성이 강하되 양보할 줄 알아야 하고 얌전하되 활발 명랑해야 한다.

乙일생 여성은 가정생활에 착실하면서도 사회적으로 원만한 대인관계를 유지하며, 부(富)해도 허세와 사치로 낭비하지 않고 가난해도 비굴하거나 짜증내지 않는다. 남을 어려워하고 얌전하면서도 할 말이 있으면 숨기지 않고 조리있게 말하며 사물에 대한 지식도 해박하나 잘난 체를 하지 않는다. 남편이 비록 자기만 못해도 아내라는 신분을 지켜 아내의 도리를 다할 줄 아는 여성이다.

● 丙일생 남자

약고 똑똑한 편이며, 머리가 빨리 돌아간다. 너무 빨라서 자기 꾀에 자기가 넘어가는 수도 있으나, 대개는 시대의 정세 파악에 민감해서 남보다 앞서 간다. 성질이 급해 무슨 일이나 쉽게 결정하며, 하고 싶은 말이 있으면 상대방이 어떻게 생각하건 상관없이 내뱉는다. 그리고 좋고 나쁜 감정을 속에 품어두지 않고 표면에 나타내며, 자신에게 별로 어려운 사람이 없는 것같이 볼일이 있으면 비록 고귀한 신분이라도 거침 없이 찾아가 대변하는 용기가 있어, 도움이 될 만한 주변의 인물이 있으면 적절히 활용하는 수단가이기도 하다. 겉보기에는 무척 까다롭고 날카로워 상대하기 어려운 것 같으나, 실상은 수더분하고 음식도 가리지 않으며 이해심이 많다.

몸이 가볍고 부지런하여 자신에게 주어진 이익이나 좋은 기회는 그 것이 크건 작건간에 절대 놓치지 않는다. 이익을 탐내서라기보다 丙일생의 시람에 대한 철학이 그렇다. 혹간의 인물은 갑자기 부유해지거나 권세를 얻으면 교만해져서 거드름을 잘 피우고, 곤궁에 처하면 남을 감동시킬 만큼 인간미가 있어 보이는 제스처를 쓰는 예도 있다. 사람을 잘 다루고 사교가 능하여 생소한 사람과도 금세 친해져서 호감을 사게 된다. 이성교제는 좋아하는 여성이 있으면 상대방이 자기를 어떻게 생각하건 상관하지 않고 용감하게 이끌어 이성교제에도 능하다. 단, 끈기가 부족하여 어떤 일에 장애가 생기면 쉽게 단념해서 중도에 그만두고 다른 방법을 선택한다. 때문에 끝마무리를 못하는 일이 허다하다.

그리고 丙일생치고 어리석거나 만만해 보이는 사람이 별로 없다.

● 丙일생 여자

우선 풍기는 인상이 깍쟁이같이 보인다. 냉정하고 까다롭고 신경질이 많으며 사람을 깔보는 경향이 있다. 대개는 몸매가 세련되어 촌스러워 보이지 않아 대하기에 만만치 않다. 丙일생 여성의 겉만 보고 논한다면 사납고 독하고 건방지고 교만하여 안하무인처럼 보이나, 실상은 겁이 많고 순진하고 상냥하며 이해심이 많아 웬만한 잘못은 탓하지 않으며 눈물을 잘 흘리는 여성적인 여성이다.

丙일생 여성의 연애관은 눈이 높아 남성을 깔보고, 부끄럼을 타지 않으며, 남성의 유혹에 넘어가기보다는 마음에 드는 남성이 있으면 자신이 솔직하게 애정 표시를 해서 리드한다. 그리고 상대방 남성이 은근하게 추근거리는 것은 질색이며, 박력있게 이끌어 주기를 바란다. 소설적 · 서정적 · 로맨틱한 감상에 빠지지 않고, 현실성 있는 면을 추구함으로써 사회적 · 경제적인 기반이 없이 달콤한 애정표시만으로는 유혹할 수 없다. 결론적으로 丙일생 여성은 억세고 까다롭고 사납고 신경질적이며 건방져 보이지만, 실은 약하고 상냥하고 이해심이 많고 성질을 발끈발끈 잘 내면서도 언제 그랬느냐는 듯이 금세 풀리는 슬기가 있고 또 애교도 만점이므로, 일단 아내로 맞이한 남성은 평생 싫증이 나지 않는 사랑스런 아내가 될 것이다.

● 丁일생 남자

丙일생처럼 성질이 급하고 입이 싸서 말을 참지 못하는 성미이지만, 丙일생처럼 눈치가 빠르지 못하고 또 꽁한 마음을 가지기 쉬워 한번 서운한 일을 당하면 쉽게 지우지 못하고 간직하는 집요함이 있고, 또 복수심도 강하다. 생각이 단순하여 권모술수를 쓰지 못하고 감정 그대로 표현하기 때문에 객관적인 입장에서 보면 약지 못한 데에 동정심이 간다. 인정이 많고 의협심도 있어 자기와 상관없는 일까지 간섭하다가 손해를 본다. 또 웬만한 손해는 고려하지 않고 의협심을 발휘하며 남을 동정하는 데 앞장선다. 가령 자기 배도 고프면서 남이 배고픔을 당하면 남부터 구해주는 인간미가 있으므로 그 심덕이야 갸륵하지만, 당사자에게 항시 손해되는 일을 많이 당하리라 생각된다.

丁일생에게 실례되는 말이지만 치켜세워주는 것을 매우 좋아한다. 丁일생의 환심을 사려면 이익을 주는 것보다 치켜세워줘라. 그는 매우 즐거워할 것이며 당신을 위해 최선을 다할 것이다. 기분파로서 기분만 좋으면 청해서 안 들어주는 일이 별로 없다. 그만큼 순진하고 사람이 좋아 악의나 잔꾀가 없다.

丁일생은 일단 어떤 일을 하기 시작하면 그 일이 남의 일이건 자기 일이건 몸을 아끼지 않고 최선을 다한다. 사람을 많이 쓰는 기업주라면 丁일생을 많이 쓰고 그에게 인간적인 대우를 해주면 일의 능률이 배로 올라갈 것이다.

그런데 통계를 내면 폭력배, 건달 등이 丁일생 남자에게 많은데 웬지 잘 모르지만 생각하건대 자기 딴에는 강개심·의협심을 잘못 생각했기 때문인 것 같다. 즉 어떤 폭력조직의 보스가 폭력을 의협적인 처사로 유도하여 이용했기 때문이다. 어쨌거나 丁일생은 솔직하고 부지런하고 의리와 인정이 있으며 남을 위해 희생을 아끼지 않는 미덕이 있고, 또 웬만한 일에는 이해심이 많아 너그럽다. 다만 한번 비위에 거슬리면 돌아서기 힘들며, 누구에게 당한 것을 알면 복수심이 집요하여 언제 어느 때라도 반드시 복수할 마음을 지우지 않는다. 때문에 丁일생인 줄 안다면 그를 속이려 말고 진지하고 올바른 마음으로 따뜻한 애정을 베풀면, 그는 누구보다도 그대를 위해 온갖 정력을 다 쏟는 벗이 될 것이다.

● 丁일생 여자

활발 명랑하고 외향적이며 인정이 많다. 좋고 싫은 감정을 안에 숨겨둘 줄 모르고 표면에 나타낸다. 미움과 사랑, 즉 애증(愛憎)이 극단적이므로 누구를 좋아하면 가식없이 그를 따르고, 한번 미운 마음이 생기면 노골적으로 싫은 감정을 드러낸다. 마음이 독하지 못하고 인정에 약해서 누가 어려운 청을 해오면 본인에게 손해가 되더라도 박절하게 거절을 못하는 약점이 있다. 때문에 처녀 시절에 별로 좋아하지 않는 남성이라도 그가 집요하게 애정을 쏟으면 차마 냉정하게 거절하지 못하고 그에게 넘어가는 수도 많다. 생활력이 강하고 부지런하여 남편의 일을 잘 거들어주고 가정살림이 넉넉치 못하면 그녀 스스로 직업전선에 나서는 여성이다. 활발하고 억척스런 면이 있고 성질을 잘 부려 매우 억센 여성 같으나 겁이 많고 마음이 약해 남편이 든든하게 붙들지 않으면 마음의 안정을 잡지 못한다. 상대가 마음 속으로 아무리 사랑해도 丁일생 여성이 그것을 모르면 불행이라고 느끼니, 그녀가 실감할 수 있도록 표면적인 행동으로 애정의 증거를 보여주어야 한다. 그리하면 丁일생 여성은 어린애처럼 좋아하며 남편을 위해 최선을 다할 것이다.

● 戊일생 남자

생활철학이 뚜렷해서 매사 자신을 가지고 살아간다. 요행이나 기적을 바라지 않고 노력하는 마음가짐으로 잠시도 쉬지 않고 노력하는 타입이므로, 어떤 오락이나 취미 때문에 해야 할 일을 미루지 않는다. 때문에 친구나 동료들이 유흥업소로 이끌어도 잘 유혹되지 않는 게 戊일생이다. 대인관계가 편벽되어 아무나 가까이 사귀지 않고, 자기 마음에 드는 사람한테만 친밀히 대해주고 잘해준다. 그러다가 한번 서운한일을 당하면 비록 그 상대가 진심으로 사과할지라도 미운 마음을 거두지 아니한다. 즉, 남의 잘못을 용서하고 이해하는 데 인색한 만큼 자신은 실수를 잘 범하지 않기 때문이다.

책임감이 강하여 일단 한 말은 분명히 실천하며 맡은 일에 충실하다. 가정에서는 아내와 자녀들에게 애정이 특별하고, 가족의 안위를 보호하려는 의식이 누구보다 강하다. 그래서 방종(放縱)에 빠지거나 돈을 헤프게 쓰는 일이 별로 없다. 남의 부귀에 샘내지 않고 자기 생활에 만족하므로 허욕에 눈이 어두워 아무 일에나 손대는 일이 없다. 그러나 자신이 서는 일에는 비록 모험성이 있더라고 뱃심좋게 투자하는 사람이므로, 사업에 성공을 거두는 사람이 戊일생한테서 많이 나온다.

戊일생 가운데 戊子·戊申일생은 마음이 좁고 꽁생원 같은 면이 있으며, 소극적이고 고지식하여 남과 잘 사귀지를 못하며, 투기와 모험적인 일에는 절대 손대지 않는다.

그러나 그 외의 戊일생은 왠지 투기나 모험, 도박에 취미를 가진 이가 많이 있음을 보았다. 이런 면으로 보아 戊일생 남성은 위에서 기술한 바와는 동일하나 신약 신강에 따라 성격 차이가 많다. 즉, 戊일 신약이면 마음이 좁고 배짱이 없어 소극적 내향적이지만, 신강이면 적극적이고 배짱이 세며 사업수완이 출중해서 투기나 모험적인 사업일지라도 능히 성공으로 이끌어 치부하는 사람이 많다. 또는 사람을 잘 다루고 통솔력이 있어 남의 윗자리에서 지도자 역할을 하는 사람도 많다.

● 戊일생 여자

한마디로 여중장부(女中丈夫)라 할 수 있다. 비록 여자라는 신분을 타고 났어도 그 내면에는 남자 이상의 배짱을 지니고 있다. 때문에 남성 앞에서 기가 죽거나 수줍어하지 않고, 활달하며 여유있고 침착하고 노련하여 든든한 신뢰감이 드는 여성이다. 개성이 강하여 이성의 유혹에 잘 넘어가지 않고, 분위기에 말려들지 않으며 희로애락의 감정을 표면에 나타내지 않는다. 그러므로 여성 중에 대하기가 가장 조심스럽고 유혹하기 힘든 여성이 戊일생 여성이다. 까다롭고 냉정하고 편벽되지만, 마음에 들어 좋아하는 사람한테는 예외없이 애정을 쏟아 뒷일을 생각하지 않고 정신적·물질적인 모든 면을 희생하는 열정도 있다.

생활력이 강하고 활동을 좋아하여 결혼한 뒤에도 직장에 나가려 하거나 별도로 어떤 사업을 경영코자 할 것이다. 그만큼 배포가 있고 사업수완에 대한 자신감도 있기 때문이다.

이성관계도 대담해서 좋아하는 남성이 있으면 우물쭈물하지 않고 과감히 행동한다. 억세고, 부드러운 맛이 적고, 활발하여 수줍음을 타지 않으며, 연약하고 애교스런 여성적인 매력은 없으나, 침착·세련되고 든든하고 믿음직하고 은근하고 열정적인 여성이라 남성들은 戊일생 여성의 이러한 특징 때문에 더 사로잡히는지도 모른다.

● 己일생 남자

약고 똑똑한 편이며 두뇌 회전이 빠르다. 그러므로 머리싸움에 있어서는 남에게 뒤지지 않는다는 자부심을 가지고 있다. 己일생은 생김새만 보아도 대체로 깜찍하고 야무져서 허술하거나 만만해 보이지 않는다. 사람을 알아보는 안목이 있어 지식이 많거나 사회적인 명망이 있는 사람에게는 깍듯이 존경하고 겸손하지만, 별로 대수롭지 않거나 됨

됨이가 좋지 못한 사람은 깔보고 경멸하여 아예 상대하지 않는다. 그리고 상대방을 경칭(敬稱)하는 데 매우 짜서 함부로 과대 존칭을 잘 쓰지 않는 오만성도 있다. 이기적인데다 타산에 능하여 인간관계에 있어 손해보는 일은 절대 아니한다. 설사 근일생이 후한 인심을 쓰는 일이 있다면, 그것은 우선적으로 돈이 나갈지라도 반드시 무언가 그만한 대가를 가져온다고 생각하기 때문이다. 몸을 아껴 건강관리에 철저하고 힘든 육체노동을 매우 싫어한다. 아침 산책·등산·낚시·스포츠 등을 즐기고 조기회(早起會)같은 모임에 참석하기를 좋아한다.

근일생은 의심이 많아 웬만한 일에는 속지 않으면서도 호기심이 많고, 이상한 취미가 있어 색다른 학문·신선술 및 이상한 종교·이상한 사람한테 잘 넘어가는 수가 있다.

돈에 인색한 편이지만 자신의 건강·사치·명예를 위해서는 뱃심 좋게 돈을 쓰며 신앙심이 있고 옛 위인 성현들을 그 누구보다도 존경한다. 가정생활에 있어서는 아내에게 보수적인 것을 요구하고 가장으로서의 품위를 지키면서 자녀들에게 엄숙하다.

● 근일생 여자

깜찍한 여자, 깍쟁이라고 표현하면 알맞다. 남자 근일생은 사교적인 면이 있으나 여자 근일생은 까다롭고 신경질적인 성격이 남에게도 쉽게 나타나 터놓고 접근하기가 어렵다. 묵직하고 말수가 적고 군자다운 남성을 좋아하므로 대개 그런 남편을 만나게 되지만, 혹 남편이 자기만 못하면 남편을 꼼짝 못하게 지배한다.

약고, 타산에 밝고, 이기적인 것은 근일생 남성과 마찬가지이다. 근일생 남성은 사회적인 면에 치중하여 가정경제에 좀 소홀한 경향이 있으나, 여성은 절약성이 강하고 살림이 알뜰하며, 남편과 자녀 이외는 남을 위하는 일에는 매우 인색하다.

일단 남편을 맞이한 뒤에는 그 남편이 잘났건 못났건간에 딴 남성한테는 절대 유혹되지 않는다. 즉, 남편이 있는 주부로서 바람피우는 일이 다른 여성에 비해 극히 드물다. 그리고 자녀들에 대한 애정도 지극하여 설사 남편이 없더라도 자식이 있으면 개가(改嫁)하지 않는다.

●庚일생 남자

개성이 강하고 부지런하며 외강내유(外剛內柔)하다. 활동력이 왕성하고 승부욕이 강해서 투기나 모험도 두려워하지 않는다. 庚일생은 강인성이 표면에도 나타나 남한테 업신여김을 당하지 않으며, 남의 윗자리에 군림하려는 지배욕이 다른 사람에 비해 훨씬 강하다. 비교적 잔꾀가 적고 솔직하며 바른 말을 잘하므로, 남의 눈치를 살펴 비위를 맞춰가며 요령껏 살아가는 사람과는 대조적이다.

庚일생 남성은 겉은 비록 강직하나 내면은 약하고 뒤가 무르다. 자기 잘못을 누가 추궁하면 그대로 시인하고 궤변을 늘어 놓으며 변명하지 않는다. 아마 이런 점이 庚일생을 가까이 사귈 수 있게 하는 매력인지 모른다. 천하를 호령하는 권력을 쥐고도 가정에서는 아내한테 꼼짝 못했던 역사 속의 인물들이 많은 것처럼, 庚일생도 밖에서는 남에게 지지 않을지언정 가정에서는 아내한테 꼼짝 못하는 사람이 많다. 아마 아내가 두려워서가 아니라 속마음이 약하기 때문이요, 공처가가 아닌 애처가로서 약한 아내한테 양보하는 것이리라. 그리고 특히 여자에게 가장 약한 사람이 庚일생인 이유도 있다.

庚일생 남자는 대개 발달이 더디다. 어릴 때는 남에게 뒤지다가 차츰 장성하면서 남보다 앞선다. 성공이 좀 늦으나 한 가지 목표를 세우면 어떤 역경이라도 이겨내고 기어코 성공한다. 또는 기발한 아이디어를 창출하여 남이 생각하지도 못했던 일을 용하게 성취시킨다.

庚일생에게 손해되는 점이 있다면 입바른 말을 잘해서 괜한 적을 만드는 수가 있고, 남의 충고를 잘 받아들이지 않아서 독선적·독재적이란 비난을 듣게 된다. 혁명과 개혁을 좋아하며 한번 결심이 서면 다소 무리를 범할지라도 이에 구애받지 않고 단행하는 용기와 추진력이 대단한 인물이다. 정치·경제분야 등에 쟁쟁한 인물들이 대부분 庚일생이니 참작하기 바란다.

● 庚일생 여자

개성이 강해서 억센 듯하고 활발하고 솔직하고 똑똑한 편이다. 낭만과 풍류적 기질을 품고 있으면서도 자제력이 강하여 남성의 유혹에 빠지거나 어떤 분위기에 잘 말려들지 않는다. 특히 명분을 중요시하므로 설사 마음이 흔들려도 명분이 서지 않는 일은 하지 않으며 자기 관리에 철저하다. 이상을 추구하기보다는 현실을 중요시하여 현실에 충실하고, 분수를 알아 현실에 맞지 않는 허황된 일을 하지 않는다. 때문에 끼는 있어도 정조관념이 강해서 함부로 몸을 허락하지 않고, 꿈과 이상은 커도 현실에 충실하고 만족하는 여성이다.

남편에게 고분고분 순종하는 면이 적고 입바른 말을 잘하며 질투가 강하여 남편의 외도를 허용하지 않는다. 때문에 남편을 공처가로 만드는 경우가 庚일생 여성에게서 가장 많이 볼 수 있다.

생활력이 강하고 살림이 알뜰하여 낡은 물건 하나라도 버리지 않고 아껴 쓰며, 아내의 임무와 부모로서의 책임을 다하는 여성이다.

● 辛일생 남자

우선 그에게서 풍기는 인상이 좋다. 행동거지가 단정하고 말이 거칠지 않으며 얌전해서 초면에 대하여도 거부감이 생기지 않는다. 게다가 잘난 체도 하지 않고 거만을 떨지도 않으며, 조심성이 있고 예의가 바르므로 누구에게나 호감을 사기에 족하다. 단, 의지력이 약하고 소극적인 경향이 있고 귀가 얇아 남의 말에 잘 넘어가거나 유혹당하기 쉽다. 또는 일을 끝까지 밀고나가는 끈기가 부족하여, 일을 처음 시작할 때는 온갖 정력을 기울이다가 중간에 장애가 생기면 금세 그 일에 회의(懷疑)가 생겨 쉽게 포기하고 다른 일을 찾는 결점이 있다.

화술은 별로 뛰어나지 못해도 비교적 사교적이고 좋아하는 사람이 많은데, 辛일생 남성의 차분해 보이는 언행과 부담감이 생기지 않는 좋은 인상 때문이다.

보수적인 경향이 있으면서도 시대적 변화를 수용할 줄 알고, 예의가 바르며 남의 말을 잘 이해하는 능력이 뛰어나다. 누구를 한번 좋아하거나 신임하면 온갖 정성을 다해서 그를 아끼고 보살펴 주며 아까운 줄을 모르고 모든 것을 다 베푼다. 그러나 한번 마음이 돌아서면 그때는 가혹하리만큼 냉정하여 미련을 두지 않는 성미이다.

이성관은 연상의 여인이 辛일생을 좋아하고 주인공도 연상의 여인을 싫어하지 않는다. 특히 辛일생은 몸매가 미끈하여 훤칠한 장부의 기개가 안 보이더라도 옷만 깔끔하게 입으면 옷맵시가 좋아 여성의 마음을 들뜨게 한다. 캬바레 같은 데서 바람기 있는 여인을 유혹할 수 있는 남성은 辛일생 남성에게 많이 있다 해도 과언이 아닐 만큼 세련미가 있다. 辛일생 남성 중에서 머리나 옷매무새가 헝클어진 사람은 찾아보기 힘들 만큼 단정하다. 그래서 옛 속담에 깔끔히 멋을 부린 남자를 일컬어 '기생오라비 같다' 하는데 아마 辛일생에게 이런 스타일이 많을 것이다.

辛일생 남성이 사람을 사귀는 동안에는 온갖 정성을 다 기울여 애정을 쏟는다. 辛일생이 한번 애정에 빠지면 그때는 남의 이목 따위에는 신경쓰지 않으며 그 누구의 힘으로도 그것을 말리지 못한다. 때문에

辛일생의 애인이나 아내는 각별한 사랑을 받으며 행복감을 느낄 것이다. 단, 보수적이고 질투가 강해서 여성에게 조금만 이상한 기미가 있어도 의심을 하게 되고, 예사로운 남성과의 대화도 용납하지 않으며, 아내가 남성을 상대로 하는 사업 등을 경영하겠다 하면 허락하지 않는다. 혹은 쓸데없는 의처증도 있는 게 辛일생이라 하겠다.

● 辛일생 여자

눈치 빠르고 상냥하고 친절하며 아량이 넓고 이해심이 많다. 그녀의 얼굴이 어떠하고 육체미가 어떻든 남성의 마음을 끄는 매력이 있는 게 辛일생 여성의 특징이다. 남성의 입장에서는 도무지 거부감이 생기지 않고 친근감이 생겨 자신도 모르게 이끌려 간다. 때문에 여성 중에서도 남성의 유혹을 가장 많이 받는 사람이 辛일생 여성이라서 辛일생 여성은 자기관리에 그만큼 어려움이 있다.

辛金은 주옥(珠玉)에 비유할 수 있다. 주옥은 귀한 노리개로서 누구나 갖길 원한다. 辛金의 이런 특성 때문인지는 몰라도 辛일생 여성은 나이차가 많은 남성까지도 좋아한다.

대개는 辛일생 여성 본인도 십간(十干)일생 가운데 바람기 있는 사람이 많고, 비교적 야하게 보이는데다 애교까지 겸했으니 남성들의 마음을 끄는 것은 당연하다. 그리고 실제 통계적으로 보면 다방 및 유흥가에서 남성 서비스업에 종사하는 여성 중에 辛일생들이 많다.*

그런데 辛일생 여성은 남성을 알아보는 지혜가 뛰어나고, 남성을 고르는 눈이 높다. 자기에게 반해서 온갖 친절과 정성을 다 기울이며 자기가 원하는 것이면 무엇이건 들어줄 수 있는 남성이나 또는 온갖 여성들이 반할 만큼 잘 생긴 남성보다는, 그녀가 원하는 남성은 용모가 평범한 중 무뚝뚝하여 자상하지 못해도 무게 있고 믿음직하고 개성이 강하여 자기를 꼼짝 못하게 지배할 수 있는 인격자, 즉 남자다운 남자를 원할 것이다. 때문에 얼핏 보아 끼가 있어 보이므로 미모의 남성, 제비족같이 맵시있고 수단 좋은 남성에게 잘 넘어갈 것 같으나 그렇지 않다.

辛일생 여성은 샘이 많고 영악스러운 면도 있어 가정생활에 알뜰하고 남편 뒷바라지에 손색이 없다. 가구·장식품·조경(造景) 등으로 집을 아름답게 가꾸는 취미와 소질이 있어 집안의 분위기를 지루함이 없도록 하며, 부부간에 권태기가 없을 만큼 여러 가지 면에서 남편을 즐겁게 해줄 것이다.

●壬일생 남자

자부심·승부욕·출세욕이 강하고 변론(辯論)에 능한 사람이 많다. 신왕이면 심기(心機)가 깊고, 궁리가 능하며 배포가 있으나, 신약이면 똑똑치 못하거나 겉모습에 비해 속이 차지 않은 사람이 많다. 때문에 매우 똑똑한 사람이 壬일생인가 하면 어수룩한 사람도 역시 壬일생에게 많이 볼 수 있다.

壬일생은 마음이 독하지 못하므로 인정에 끌려 손해보는 경우가 많고, 자질구레하고 약삭빠른 짓은 못 하는 성미이다. 체면을 존중하여 차라리 금전상의 손해를 보는 한이 있더라도 체면이 깎이거나 명예에 손상되는 짓을 하지 않는다. 또 가정보다는 남의 이목, 사회적인 명분에 비중을 더 두어 가정에 소홀한 점도 없지 않으므로 아내에게는 불평을 사게 된다.

壬은 도도히 흐르는 강물에 비유된다. 물의 특성은 본래 완급(緩急)이 없고 모양도 없다. 지형이 급하면 급히 흐르고 완만하면 서서히 흐르며, 장애물이 있으면 서두르지 않고 장애물을 돌아서 목적지를 향해 흘러간다. 그러나 만약 한꺼번에 물이 몰아닥치거나 폭우를 만나 물의 형세가 갑자기 불어나게 되면 범람하여 옆길로도 흐르고 제방을 무너뜨리고 바위도 굴려 내리는 등 걷잡을 수 없을 정도로 횡포를 부린다. 이런 물의 특성을 본받은 게 壬일생이라 성격이 일정치 않아 때로는 급하고 때로는 느리며 때로는 온순하다. 그러다가 한번 성질이 나면 그 누구도 두려워하지 않고 그 누구도 말릴 수 없는 무서운 성질을 가지고 있다. 그러나 이런 성질이 일어날 때는 그가 몹시 분개했을 때이고 평상시에는 이해력이 넓고, 호탕스러워 대하기에 부담이 없다. 또는 쩨쩨하지 않고, 돈 씀씀이가 헤프며 시원시원하고도 희생적이라 남을 위해서도 재물과 정력을 아끼지 않는 호쾌성이 있다.

● 壬일생 여자

명랑 활발하고, 부끄러움을 타지 않으며, 좀 억센 듯하면서도 고집 세지 않고 시원스럽다. 대개의 여성들은 남성들에 비해 돈 쓰는 데 겁을 내지만 壬일생 여성은 돈 쓰는 데도 뱃심이 있어 헤픈 편이다. 그리고 아량이 넓어 남을 용서하고 이해하는 데도 인색하지 않다. 과감하고 용단력이 있어 이리저리 재는 성미가 아니며, 남편에게만 의지하려 아니하고 스스로 해결해 나가며 무슨 일에나 우물쭈물하지 않고 태도가 분명하다.

뭇 여성들의 윗자리에 임하여 여성단체를 이끌어갈 만한 통솔력도 지니고 있어 남의 지배를 받는 것보다 지배하려는 마음이 강하다. 때문에 남성을 깔보는 경향이 있어 남편을 리드하려 하고 남편에게 쥐어 살지 않는다. 그러나 아내로서의 본분은 잃지 않으며, 여성으로서 갖춰야 할 애교와 매력이 있다.

사람을 잘 다루고 사회활동도 활발하며 사업경영에도 수완이 좋아 크게 성공하는 여성들이 많다.

壬일생 여자가 비겁이 많아 일주(日主)가 태왕하면 시집가지 않고 독신생활을 하고 있는 예가 많다.

● 癸일생 남자

신경이 예민하고 두뇌가 영리하며, 말이 온유하고 행동이 단정하다. 대개의 남성들은 자기 과시를 좋아하지만 癸일생은 도리어 자기를 낮추고 남을 높이는 겸양의 미덕이 있다. 특히 언어 행동에 조심성이 있어 남이 듣기 싫어하는 말은 좀처럼 하지 않고 우쭐대는 일이 별로 없어 매너가 그만이다.

대개의 癸일생은 자기 주장을 내세우기보다 남의 말을 경청하는 편이고, 모든 면에 상식이 풍부하여 팔방미인(八方美人)이란 말을 듣는 이가 많다. 그런데 사람에 따라서는 밉살스러울 만큼 타산에 밝아 너무 약아 보이고 이기적인 경향이 농후하다.

특히 癸일생은 몸을 아낀다. 때문에 자기 위주로 살아가는 사람도 없지 않으며 가정에서도 살림에 대해 무책임한 사람이 많다. 그러나 더러는 다정다감하여 아내와 자녀들에게 깊은 애정을 쏟는 사람도 있다.

癸일생 남성은 다른 일주에 비해 조심성이 많고 소극적인 것은 분명하다. 단, 일주태강이면 그렇지 않다. 그래서 너무 재다가 좋은 기회를 놓치는 수가 있는 반면에 크게 낭패를 당하지도 않는다.

의심도 많고 보수적이며 농담을 좋아하지 않는다. 남에게 의존하려는 마음이 있어 심지어 사회적인 문제의 처리도 아내에게 맡기는 사람이 많다. 또는 질투도 강하고 꽁한 마음이 있어 쉽게 노여워하므로 癸일생한테는 특별히 말조심을 해야 한다. 의처증이 있는 사람을 癸일생에게 가장 많이 볼 수 있다. 그러므로 癸일생 남성을 친구로 사귀는 사람일 경우 아무리 친밀해도 그의 애인이나 아내한테는 괜한 의심을 받지 않도록 조심해야 한다.

● 癸일생 여자

여성 중에 여성이다. 癸水는 십간(十干) 가운데 가장 음성(陰性)이 강하기 때문이다. 말하는 것을 보면 내성적이 아닌 것 같으나 겉으로 표현하는 말과는 달리 그녀가 안으로 생각하고 있는 마음은 같지 않은 예가 많다. 특히 이성문제에 있어 쫏일생 여성의 속마음을 알아내기가 가장 어렵다. 어떤 남성을 마음속으로 좋아해도 좋아하는 표시를 내지 않으며 도리어 싫은 것 같이 행동하는 게 쫏일생 여성이다.

말이 거칠지 않고 행동이 단정하며, 남의 의사를 존중하고 남이 듣기 싫어하는 말을 함부로 하지 않는다. 전형적인 여인의 상을 지닌 게 쫏일생이므로 아내감, 며느리감으로 싫어하는 사람은 별로 없을 것이다. 혹 말괄량이처럼 까불기 좋아하고, 쾌활하고 농담을 잘하고 애교를 부리고 사람을 따르는 여성들이 쫏일생 여성에게도 있는데, 이는 겉으로 나타내는 제스처에 불과할 뿐 내면에는 수줍음이 잔뜩 들어 있어 막상 이성문제에 관계된 일이면 수줍어 어쩔 줄 몰라 한다.

쫏일생 여성은 특히 연애에 순정적(純情的)이고, 남편에게 순종을 잘한다. 누구를 일단 사랑하게 되면 오직 그 한 사람일 뿐 딴 마음을 두지 않으며, 모든 것을 다 바쳐 희생도 불사하지만 한번 배신을 당하면 여름에도 서리를 내리게 할 수 있을 만큼 증오(憎惡)가 대단해서 그녀는 타락해버리고 만다. 영혼까지 사랑했던 만큼 충격도 크기 때문이니 남성들은 일시적 향락을 위한 연애만큼은 쫏일생 여성과는 삼가야 한다. 일단 쫏일생과 사귀게 된 이상에는 배신하지 말고 끝까지 사랑해야 한다.

평소 많은 꿈을 그리며 살아가는 게 쫏일생 여성이요, 실제로 자면서도 꿈을 많이 꾼다. 사춘기를 맞이한 때부터는 어떤 남성이 무심히 던진 말 한마디도 그에게 관심이 있으면 놓치지 않고 곰곰이 파고 들어 생각하는 습성이 있으며, 칭찬이나 꾸중을 들어도 그 일을 되새겨 보느라고 잠을 못 이루는 여성이다.

애인, 아내, 며느리감으로 가장 이상적인 상대가 癸일생 여성임을 다시 말해두고 싶다.

6. 천간지지의 방향과 팔괘 응용

가. 천간지지의 방향과 팔괘 배속

천간지지의 방향과 팔괘의 배속을 도형으로 설명하면 다음과 같고, 이는 사주추명과 통변에 다양하게 응용되니 잘 익혀 두어야 한다.

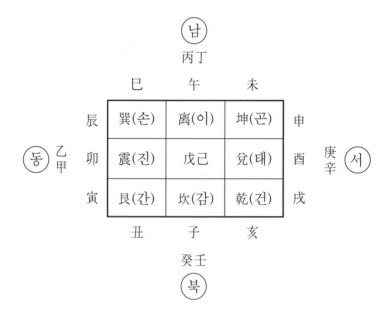

천간지지의 방향과 팔괘를 보면, 정동(正東)은 진방(震方), 정서(正西)는 태방(兌方), 정남(正南)은 이방(离方), 정북(正北)은 감방(坎方), 동북간(東北間)은 간방(艮方), 동남간(東南間)은 손방(巽方), 서남간(西南間)은 곤방(坤方), 서북간(西北間)은 건방(乾方)이 되며, 지지(地

支)의 배속은 戌亥는 건(乾), 未申은 곤(坤), 午는 이(离), 子는 감(坎), 卯는 진(震), 辰巳는 손(巽), 丑寅은 간(艮), 酉는 태(兌)가 된다.

순서	팔괘 명칭	효의 모양	효의 암기	지지	대인(對人)	자연(自然)	오행
1	건위천(乾爲天)	☰	건삼련(乾三連)	戌亥	노부(老父)	천(天)	金
2	태위택(兌爲澤)	☱	태상절(兌上絶)	酉	소녀(少女)	택(澤)	金
3	이위화(离爲火)	☲	이허중(离虛中)	午	중녀(中女)	火·해·부	火
4	진위뢰(震爲雷)	☳	진하련(震下連)	卯	장남(長男)	뢰(雷)	木
5	손위풍(巽爲風)	☴	손하절(巽下絶)	辰巳	장녀(長女)	풍(風)	木
6	감위수(坎爲水)	☵	감중련(坎中連)	子	중남(中男)	水·달·모	水
7	간위산(艮爲山)	☶	간상련(艮上連)	丑寅	소남(少男)	산(山)	土
8	곤위지(坤爲地)	☷	곤삼절(坤三絶)	未申	노모(老母)	지(地)	土

또 건(乾)은 하늘을, 곤(坤)은 땅을 의미하고, 이(离)는 火요 아버지고 태양이며, 감(坎)은 水요 달이고 어머니가 되고, 진(震)은 뢰(雷)요 木이며, 손(巽)은 풍(風)이요 木이 되고, 간(艮)은 산(山)이요, 태(兌)는 택(澤)인데, 이것을 모두 연결하여 해석한다면, 이 세상은 제일 먼저 하늘이 있고, 다음은 땅이 있게 되며, 해와 낮 그리고 달과 밤이 교차하면서 육지와 바다가 생겨났고, 아버지와 어머니가 합하면 아들과 딸을 낳게 됨을 대변하여 주고 있으니, 이에는 우주의 생성과 인간의 삶과 구성원이 모두 담겨져 있는 것이다.

나. 지지와 팔괘의 응용

사주에 戌이나 亥가 있으면 건위천(乾爲天)으로 하늘과 통하여 천문성(天門星)이라 하고, 선각자에 예지력이 발달하였고 신앙에도 독실하며 꿈이 잘 맞는 특성도 있으며, 戌일생과 亥일생은 서로 사이클이 잘 맞는다.

또 고사나 기도날은 戌일이나 亥일날이 길(吉)하므로 택일을 하게 되는데, 그 이유는 하늘과 물이 통하는 것이 지지로 戌亥인데 亥는 물이고 물은 공기중의 수분이므로 수분이 팽배하면 음파 전달이 잘 되므로 亥일을 택하는 것이고, 또 亥는 돼지이니 고사날에 돼지머리를 놓는 것이고, 북쪽에서 나온 물고기인 명태, 즉 북어를 놓는 것이며, 정한수를 놓아도 되는 것이다.

또 운을 적용해서 戌土가 해법이라면, 당신의 집에서 서북쪽에 있는 절에서 5일간 기도하고, 개띠스님에게 방법을 물으면 해결책이 나온다는 식으로도 응용이 되는 것이며,

辰巳는 손위풍(巽爲風)으로 풍(風)은 풍질(風疾)과도 통하여 풍질을 주의하여야 하고, 또 풍은 바람으로 풍류와 끼가 있어 이성관계가 번다(煩多)하다는 식으로 추명하기도 한다.

※ 참고 : 당사주 보는 법

1. 고정위치

子	丑	寅	卯	辰	巳	午	未	申	酉	戌	亥
↓	↓	↓	↓	↓	↓	↓	↓	↓	↓	↓	↓
天貴星	天厄星	天權星	天破星	天奸星	天文星	天福星	天驛星	天孤星	天刃星	天藝星	天壽星
(귀)	(액)	(권)	(파)	(간)	(문)	(복)	(역)	(고)	(인)	(예)	(수)

2. 유동위치

庚辰년 9월 15일 酉시를 당사주로 짚는 법(음력을 기준으로 한다)

좌수법으로 센다

① 庚辰년이니까 간(奸)이다 : 초년으로 천간성(天奸星)이 지배한다.

② 9월이니까 : 辰(奸)에서 하나하고 시작해서 9번째까지 세어 나가면 9월에 子(貴)가 걸린다 : 중년으로 천귀성(天貴星)이 지배한다.

③ 15일이니까 : 생일이 멈춘 데서, 즉 子부터 15일을 세면 중말년으로 천권성(天權星)이 지배한다.

④ 酉시니까 : 천권(天權)부터 시간을 세어간다. 子시부터 시작해서 酉시까지 세면 천수성(天壽星)이다. 이것이 말년이다.

고로 결론은 奸, 貴, 權, 壽다. 통계적으로 보면 나쁜 것이 몇개고, 좋은 것이 몇개인지 살피면 되는 것이다.

3. 통변요령

간단한 통변은 다음을 참고해서 한다.

子 : 감각이 뛰어나며, 귀하고, 丑 : 사는 데 애로사항이 많고, 寅 : 권세 있고, 卯 : 살림 한번 뒤집고, 辰 : 간사하고, 巳 : 학자이고, 午 : 복을 타고 났고, 未 : 잘 돌아다니고, 申 : 외롭고, 酉 : 수술받아 보고, 戌 : 예술적 감각이 뛰어나고, 亥 : 스테미너로 오래 산다.

제 2 편

간지의 생극(生剋)론

一. 오행(五行)의 생극론

 만물은 오행의 생극작용에 의해서 움직이고 생성·소멸하게 되는 것
인데, 생성의 원리가 처음에는 생하고 다음에는 극을 만나 하나가 완성
이 되는 것과 같이 인간도 이 세상에 생(生), 즉 태어난 다음에 극(剋),
즉 결혼을 함으로써 완전한 인간이 되는 것인데, 이러한 과정도 유정
(有情)과 무정(無情)으로 엇갈리기 마련이니, 가령 잘 태어났는데 배우
자도 잘 만나는가 하면, 잘 태어 났어도 배우자를 잘못 만나는 경우와
또 잘못 태어 났으나 배우자를 잘 만나는가 하면, 잘못 태어 났으면서
도 배우자까지 잘못 만나는 것이 인간사의 한 과정이다.

 또 생과 극은 상대가 있어야 되므로 상(相)을 붙여 상생(相生)·상극
(相剋)이라 하며, 상생은 계절의 순환작용이고 부모자식간의 관계가 되
며, 천륜(天倫)이라 할 수 있고, 이 상생에도 유정의 생길(吉)과 무정의
생흉(凶)이 있으니, 생이라 하여 무조건 좋다고만 할 수는 없다.
 상극은 계절의 상대가 되고 부부관계로 인륜(人倫)관계이고, 여기에
도 유정의 극길(吉)과 무정의 극흉(凶)이 있게 마련이니, 상생과 상극
모두 길흉이 같이 있는 것이니 이 점 유의해야 된다.

 일반적으로 상생은 길(吉)이 되고, 상극은 흉(凶)이라고 하나, 길(吉)

중에도 길·흉은 있고, 흉(凶) 중에도 길·흉이 있음이 자연의 이치이므로 상생·상극도 이러한 측면에서 이해해야 되는 것이고 절대로 일방적인 논지는 피해야 되는 것이다.

이와 같은 상생·상극은 명리학은 물론 모든 이치를 터득하는 데 가장 중요한 부분이고, 앞으로 공부하는 모든 문제가 이 상생·상극의 작용에 기본을 두고 있음은 물론, 만물의 생성·소멸이 오행의 생극작용에 의함이니 본 학문 공부의 성패는 바로 여기에 있음을 명심하여야 한다.

1. 상생론(相生論)

오행의 상생이라 함은 木이 火를 생하고, 火는 土를, 土는 金을, 金은 水를, 水는 木을 각각 생함을 말한다.

이 상생의 관계를 계절의 변화와 연결하면, 봄 木은 여름 火를 생하고, 火 여름은 土 장하(長夏)를 생하며, 장하 土는 가을 金을 생하고, 가을 金은 겨울 水를 생하며, 겨울 水는 봄 木을 생하고 있는 것이니 계절의 순환작용이 상생인 것이다.

또 하루는 새벽 木 다음에는 火 낮이 오고, 낮 火 다음에는 한낮 미(未) 土를 거쳐 저녁 金이 오며, 밤 水가 오고 다시 水생木으로 아침 木이 오니, 하루의 변화도 오행의 상생원리에 따라 변화되고 있다.

자연현상으로도 이해할 수 있는데, 나무 木은 불 火를 생하고, 불 火

가 타고 나면 재 土가 남고, 재 土가 쌓이고 굳으면 金이 되고, 또는 흙 土 속에는 철분, 쇠 金이 나오고, 쇠 金의 냉기(冷氣)는 水를 응고케 하고, 水물은 나무 木을 성장하게 하는 것과도 같다.

상생을 인간의 삶과 연결하면 부모는 자손을 낳고, 그 자손은 또 자손을 낳는 것과 같기에 상생을 부모와 자식관계로 보는 것으로, 木의 자손은 火요, 火의 부모는 木이 되고, 火의 자손은 土요, 土의 부모는 火가 되고, 土의 자손은 金이요, 金의 부모는 土가 되며, 金의 자손은 水요, 水의 부모는 金이 되고, 水의 자손은 木이요, 木의 부모는 水가 되는 것인데, 이와 같은 관계는 영원히 변함이 없는 것이다.

그러나 상생의 개념을 복합적으로 살펴보면, 木은 木생火로 갔지만 火로 변화되어 존재하고 있다는 것인데, 결국 火라고 하는 나는 부모 木의 분신과도 같은 존재로서 부모가 노쇠하게 되면 자손이 부모를 봉양해야 하고, 나라는 존재는 부모님의 변신이라는 이치가 여기에 있는 것이고, 육체적인 영생을 하고 있다고도 할 수가 있는데, 이를 살신성인(殺身成仁)으로도 이해할 수 있는 것이다.

또 木이 火를 왜 생했을까? 이 火는 나중에 金이 金극木 하여 오는 것을 火극金으로 방어해 주기 때문에, 즉 내가 좋은 일을 해서 극이라는 재앙을 피하기 위한 것이다. 다시 말하면 木이 저 살기 위해서 木생火 해서 金극木을 당하지 않는다는 것인데, 따라서 상생은 음덕이고, 적선이자 보시인 것이고, 적선지가(積善之家)에 필유여경(必有餘慶)이란 말이 여기에 해당되고, 木과 火가 같이 뭉쳐 살면, 즉 부모와 자손이 같이 살면 水나 金이 극으로 침범을 해도 다치거나 죽지 않는 이치를 공식적으로 설명할 수 있는 것이다.

따라서 상생을 통변할 때는 서로가 생(生)한다. 낳다는 의미로 생자(生字)에만 집착할 것이 아니라 돕는다, 주다, 나간다, 희생하다, 발생하다, 적선하다, 봉사하다 등의 다양한 의미로 응용할 수 있는 것이고, 응용의 폭을 넓히기 위해 우리의 일상생활과 연결해서 예를 들면 어느 하나 상생과 연결되지 않는 것이 없다.

봄은 水생木으로 수분이 부족해서 물이 올라 있는 초목을 섭취하여 보충시키는 것이고, 여름은 木생火로 木이 부족하므로 모든 음식이 시어져 신맛인 산성 木을 먹으니 피로회복제요 체질 개선이 되고, 가을에는 火土생金으로 火가 부족하니 건조한 음식을 섭취하여 보충하고, 겨울에는 金생水로 金기가 부족하니 열매·과일을 먹는 이치가 자연의 섭리이자 상생의 원리이다.

화상 부위에 진흙을 발라 치료하고자 하는 것은 火생土로 火기를 흡수하기 위한 처방이고, 강한 피부를 유연하게 하는 데는 金생水로 소금 맛사지가 좋고, 약한 피부에는 土생金으로 진흙팩이 필요하며, 木신경을 달래는 데는 水生木으로 밤에 잠자는 것이 보약이고, 배나 허리가 아플 때는 火생土로 따뜻하게 하는 것이 처방이 된다.

이와 같이 우리들의 생활 자체가 음과 양이고 오행이라 할 수 있고, 木은 火, 火는 土, 土는 金, 金은 水, 水는 木에 희생하고 음덕을 쌓는가 하면 반대로 火는 木, 土는 火, 金은 土, 水는 金, 木은 水에 의해 의지하고 생성되는 것이니, 약자가 강자에 의지하고 강자는 약자를 도와주며 서로 공생(共生)하는 것이 상생(相生)이라 하겠다.

2. 상극론(相剋論)

오행의 상극이라 함은 木이 土를 이긴다고 木극土라 하고, 土극水, 水극火, 火극金, 金극木이 각각 전자가 후자를 이기는 것을 극(剋)이라 한 것으로 자연과 비유하면 나무가 흙을 뚫고 들어가니 木극土요, 흙이 물을 막았으니 土극水요, 물이 불을 끄니 水극火요, 불이 쇠를 녹이니 火극金이며, 쇠로 나무를 깎고 다듬을 수 있으니 金극木인데, 생각해보면 극이란 것이 당한다고 해서 무조건 불리(不利)하고 흉(凶)한 것이 되는 것은 아니니

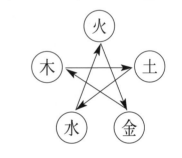

木은 土를 극하여 土의 붕괴를 막고 땅을 숨쉬게 하며, 土는 水를 막아 다목적으로 쓰이게 하고, 水극火로 水는 강렬한 火를 조절해서 이용할 수 있게 하고, 火는 金을 제련하여 좋은 그릇을 만들고, 金은 나무를 깎아 재목이 되게 하니, 이것이 바로 상생을 받고 난 후에는 반드시 상극을 함으로써 이용이 되고 완성이 되는 이치인 것이다.

따라서 상극은 겉과 속이 서로 상대적으로, 겉으로 극은 반드시 속으로는 상통하고 있는 것이며, 상극이면서도 속으로 서로 없어서는 안될 성질의 것으로 밀접한 관계를 유지한다 하겠다. 이렇게 외적으로는 반

대이나 내적으로는 서로가 없어서는 안되는 것이 남녀의 관계와 같기에 상극은 부부관계라 하였고, 남자는 여자를 다스리고, 여자는 남자에 적당히 제재를 받음으로써 행복해지는 이치와 같은 것이다.

그러므로 상극을 통변에 응용할 때에는 서로가 극한다는 개념으로 치다, 이기다에 국한시키지 말고 다스리다, 관리하다, 소유하다, 개척하다, 정복하다 등의 다양한 의미로 응용되는 것이고, 우리의 일상생활과 연결하면 상생과 같이 밀접한 관계가 있는 것을 알 수 있다.

인정 木은 신용 土를 극함으로 인정이 많은 자 신용이 부족하고, 火 예의는 金 의리를 극함으로 예의가 많은 자 의리가 모자라며, 신용 土는 지혜 水를 극함으로 신용이 있는 자 재주를 부리지 않고, 지혜 水 위주로 공부하면 火 예의와 윤리도덕이 무너지고, 金 의리 있는 자 木 인정이 모자라게 마련이다.

또 간 木이 실(實)하면 위 土가 허(虛)하고, 위 土가 실하면 신장 水가 허하고, 신장 水가 실하면 심장 火가 허할 수밖에 없고, 심장 火가 실하면 반대로 폐 金이 허하고, 폐 金이 실한 자, 간 木이 허할 수밖에 없는 것이고,

신맛 木은 단맛 土를 제거하기에 지나치게 단맛이 날 때 식초를 가(加)하면 단맛을 중화시킬 수 있고, 水로 짤 때는 단맛 설탕 土로 중화시키고, 짠맛 水는 쓴맛 火를, 쓴맛 火는 매운맛 金을, 매운맛 金은 신맛 木을 각각 중화시키는 것은 바로 상극의 원리가 적용되는 것이다.

3. 상생 · 상극의 유정과 무정

상생은 서로가 생하는 것이고, 상극은 서로가 극하는 것인데, 상생에 있어서도 유정과 무정이 있고, 즉 좋은 생과 나쁜 생이 있고, 상극에 있어서도 유정의 극과 무정의 극이 있는데, 다시 말하면 상생은 부모와 자식의 관계로 부모와 자식간에도 서로 좋은 관계와 나쁜 관계가 있는가 하면 상극도 부부관계로 좋은 극과 나쁜 극이 있게 마련이다.

생과 극에 있어서도 이유와 목적이 나와야 하는 것인데, 왜 생을 하고 극을 하는지 그 이유가 맞아야 하는 것인데 꼭 맞아 떨어지지 않는 경우도 있다는 것이다. 水는 木을 생하는 것이 원칙이지만 水가 많으면 木이 떠내려간다. 즉 부모의 자선심이 너무 많으면 자식은 죽는다는 것이다.

반대로 水가 적고 木이 많으면 木이 물을 흡수하여 水가 모자란다. 즉 부모의 능력이 부족한데 자식은 많아 자식들의 뒷받침을 충분히 할 수 없는 것이다.

상극의 경우도 木이 土를 극한다 하지만 木 1에 土도 1이면 산에 나무가 균형이 잡혀 더없이 좋으나 木 1에 土가 3이면 산에 나무가 너무 적어서 조림이 필요할 것이고, 반대로 木 3에 土가 1이면 적은 산에 나무가 너무 많아 산이 무너지고 나무는 살 수 없으니 상극도 상생과 같이 균형을 이루었을 때만 유정의 극이고 좋은 극이 되는 것은 당연한 이치이다.

결론적으로 상생이든 상극이든 상호 균형을 이루었을 때는 유정이고 좋은 생·극이 되나 서로 균형을 이루지 못하면 무정이고 나쁜 관계가 되는 것인데, 사주의 분석과 통변에 기본이자 요체가 되는 것으로 잘 익혀 두어야 한다.

먼저 상생이 무정한 경우로

水생木이나 물이 많으면 나무는 뜨게되니 수다목부(水多木浮), 물이 적고 나무가 많으면 물이 흡수되니 목다수축(木多水縮),

木생火이나 나무가 많으면 불은 꺼지니 목다화식(木多火熄), 나무가 적고 불이 많으면 나무가 타버리니 화다목분(火多木焚),

火생土이나 불이 많으면 흙이 볶아지니 화다토초(火多土焦), 불이 적고 흙이 많으면 불이 꺼지니 토다화식(土多火熄),

土생金이나 흙이 많으면 쇠가 땅 속에 묻혀지니 토다매금(土多埋金), 흙은 적고 쇠가 많으면 흙이 변색되니 금다토변(金多土變),

金생水이나 금이 많고 물이 적으면 탁수가 되니 금다수탁(金多水濁), 금이 적고 물이 많으면 금이 퐁당 빠져버리니 수다금침(水多金沈)이 된다.

또 상극이 무정한 경우로

水극火이나 불이 많으면 물이 증발하니 화다수증(火多水蒸), 물이 많으면 불이 완전히 꺼지니 수다화몰(水多火沒),

木극土이나 흙이 많고 나무가 적으면 나무가 부러지니 토다목절(土多木折), 나무가 많으면 흙은 붕괴되니 목다토붕(木多土崩),

火극金이나 쇠가 많으면 불이 꺼지니 금다화식(金多火熄), 불이 많으면 쇠는 완전히 녹아버리니 화다금용(火多金鎔),

土극水이나 물이 많으면 흙이 씻겨가니 수다토류(水多土流), 흙이 많

으면 물이 막히니 토다수색(土多水塞),

金극木이나 크고 강한 나무는 약한 쇠로 벨 수가 없으니 목다금결(木
多金缺), 쇠가 강하고 나무가 약하면 금다목절(金多木
折)이 된다.

이와 같이, 예를 들어 木극土라면 어디까지나 원칙적인 것이나 상황
에 따라서는 土극木이 되는 것이니, 火극水, 水극土, 木극金, 金극火와
같이 정반대도 될 수 있다는 것이다.

또 木극土가 정(正)이라면 土극木은 반(反)이요, 木극土가 양(陽)이라
면 土극木은 음(陰)이 되니 음양의 법칙이 생극에도 적용되는 것이며,

또 겉이 생이라면 속은 극이 되고, 겉이 극이라면 속은 생이 되고, 겉
이 상승(上昇)이라면 속은 하강(下降)이요, 겉이 하강이면 속은 상승
하며, 겉이 水라면 속은 火가 되고, 겉이 火라면 속은 水가 되는 법이
니 모든 이치가 겉만 보고 속이 결정되는 것이 아니니 만물의 생극의
이치가 이와 같은 것이다.

4. 상생·상극의 복합작용

상생 · 상극은 언제든지 생 다음에 극이 오고, 극 다음에는 생이 오는
것이고, 생은 극을 낳고 극은 생을 낳는 법이고, 이는 길(吉) 다음에 흉
(凶)이 오고, 흉(凶) 다음에는 길(吉)이 오는 이치와 같은 것으로 생과
극은 가깝고도 멀고 때에 따라서는 공존(共存)하고 있으며, 항상 균형
을 유지하고 있는 것이다.

이를 오행으로 보면 木은 火를 생하나 土를 극하고, 金으로부터는 극
을 받고, 水로부터는 생을 받고 있으니 나머지 火土金水도 똑같은 이

치로 상호 생극의 유기적 관계를 이해할 수 있을 것이며, 생이라 해서 반드시 좋은 것만 아니고 극이라 해서 반드시 나쁜 것만도 아님을 알 수 있는 것이다.

생극의 관계를 좀더 구체적으로 분석하면, 木이 火를 생하면 金이 金극木 해오는 것을 火극金으로 木의 피해를 막을 수 있고, 火가 土를 생하면 역시 水가 火를 水극火 하는 것을 土극水로 막아주는 것이니, 인간사와 연결하면 누구나 착한 일과 좋은 일 하면 복 받고 재앙이 물러간다는 이치가 여기에 있는 것이고, 희생(犧牲)이 갱생(更生)이요, 음덕을 쌓으면 보상을 받는다는 섭리가 이 학문에서 공식으로 증명되는 것이다.

또 木이 火를 생하고, 둘이 함께 뭉치면, 이것을 공존(共存)이라 하며 金이 金극木 하는 것을 火가 막아주는 것 외에 水가 水극火 하는 것을 木이 水기를 유인하여 통관(通關)시키니 이를 탐생망극(貪生忘剋)이라 하고, 직접 火에게 피해를 주지 않게 되니 木이 좋은 일을 하면 자기도 살고, 자기가 생한 자식도 보호할 수 있으므로 뭉치면 살고 헤어지면 죽는다는 이치가 이 속에 있는 것이다.

이 원리를 알기 쉽게 가족관계로 보면 木생火는 부모와 자식이 되는데, 火가 다시 土를 생하면 土는 손자가 되는데, 火가 없으면 木과 土가 서로 상극이 되어 쟁투가 일어나나 火가 있어서 상호 유기적인 관계가 생으로 이어지는 것이고, 즉 탐생망극이 되고, 金이 金극木으로 부모가 피상(被傷) 되는 것을 자식 火가 火극金으로 막아주고, 水극火로 水가 자식을 피상하게 되는 경우 木 부모가 水생木으로 유인, 즉 탐생망극을 유도하여 木생火로 연결하게 되니 자식의 피상은 부모가 막아주게 되는 것이다.

이와 같이 오행의 생극원리가 인간의 삶의 원리요 근간이 되는 것이고, 이 원리에서 벗어난 삶은 그 연쇄반응의 영향으로 무서운 결과가 오는 것이므로 각자 삶의 도리를 지키도록 노력해야 됨을 알아야 하고, 또 모든 삶의 주체와 시작은 바로 나 자신임을 명심해야 하는 것이다.

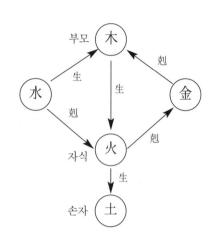

5. 상생·상극의 변화

사주를 추명한다는 것은 결국 오행의 상생과 상극의 상호작용을 파악해서 여기서 발생되는 기(氣)의 강약과 흐름을 인간의 운명과 연계해서 길흉을 진단하고 통변하는 것이다. 그런데 오행은 木火土金水의 다섯 가지이고, 사주를 구성하고 있는 천간지지로 보면 천간이 10개, 지지가 12로 합하여 22개의 생과 극의 변화를 응용해야 된다. 따라서 천간지지의 생극변화를 능률적으로 응용하고 통변할 수 있도록 체계있게 정리한 것이 이른바 육친론(六親論)이고, 일명 십신론(十神論)이라고도 하는 것이다.

이 육친론이 사주 공부의 핵심이고 중요한 부분인데, 여기서 소홀히 공부하게 되면 앞으로 공부가 어려워지니 확실히 이해하고 익숙하게 숙달하는 것이 필요하다.

가. 오행의 상생·상극 변화

우선 먼저 오행의 생극변화를 보자. 木을 기준으로 하면 木 나를 생해주는 것이 있고, 木인 내가 생해주는 것 있으며, 木인 내가 극하는 것이 있는가 하면 木인 나를 극하는 것이 있다. 그러면 생과 극의 관계는 다 파악된 것이고, 木 나와 같은 관계만 추가하면 木을 기준으로 한 생극변화는 모두 파악된다. 나머지 火, 土, 金, 水도 각각 이렇게 생극변화를 파악할 수 있을 것인데, 여기서 공통사항을 합리적으로 정리하면 다음과 같다.

모든 사주는 일간(日干) 또는 일주(日主)를 기준으로 분석하므로 일간을, 즉 나를 생하는 것을 인수(印綬) 또는 인성(印星), 내가 생하여 주는 것을 상식(傷食), 내가 극하는 것을 재성(財星), 나를 극해 오는 것을 관살(官殺)이라는 용어로 각각 바꾸어 응용하게 되며, 여기서 생도 극도 아닌 나와 같은 것은 견겁(肩劫)으로 응용하게 된다. 이를 도표로 정리하면 다음과 같다.

상생(相生) ─┬─ 생아자(生我者)→인수(印綬)
　　　　　　└─ 아생자(我生者)→상식(傷食)(상관傷官, 식신食神)

상극(相剋) ─┬─ 아극자(我剋者)→재성(財星)
　　　　　　└─ 극아자(剋我者)→관살(官殺)

비아자(比我者)→견겁(肩劫)(비견比肩, 비겁比劫)

여기서 생아자 인수라 함은 나를 생한 것으로 나의 시작이고, 또 모든 일의 시작은 도장을 찍고 계약이 체결되어야 하는 것이니 도장 인(印)을 넣어 인수(印綬)라 하고, 아생자를 상식(傷食)이라 한 것은 상관(傷官)과 식신(食神)을 줄여서 상식이라 하였고, 상관은 나를 剋하여 오는 관(官)을 극하여 상(傷)하게 하므로 상관이라 한 것이고, 식신(食神)은 아극자 재성(財星)을 생하여 옷과 밥을 얻게 하니 식신이라 하였고, 아극자를 재성(財星)이라 한 것은 내가 관리하고 다스리기 때문이고, 극아자가 관살(官殺)이라 한 것은 관은 관청이고 법이고 규율이니 나를 규제하고 다스리는 것이니 관살이라 한 것인데, 법을 지키는 것은 관이요, 어기는 것은 살이 되는 것이다. 비아자를 견겁(肩劫)이라 한 것은 비견과 비겁을 줄여서 견겁이라 한 것인데, 나와 같은 자 어깨(견, 肩)를 같이 한다 하여 비견, 나와 같으면 내것을 빼앗아 가니 비겁(比劫)이라 하였다.

이 모두를 합하여 육친(六親)이라 하고, 부모(인수), 형제(견겁), 처(재성), 자(여자는 상식, 남자는 관살)를 이르는 말이고, 인수, 견겁, 상식, 재성, 관살을 육친이라고 하는 것이다.

그러면 이 육친과 오행을 연결해서 이해해 보자. 木의 인수는 水가되고, 상식은 火가 되며, 재성은 土요, 관살은 金이 되고, 견겁은 木이된다. 나머지 火, 土, 金, 水도 같은 요령으로 파악할 수 있겠는데 이를알기 쉽게 도표로 정리하면 다음과 같다.

여기서 오행과 육친간에 상생 · 상극 관계를 파악해 보면, 우선 상생의 경우 오행이 木火土金水로 순환하고 있으니, 육친도 인수 다음에 견

육친 오행	인수	견겁	상식	재성	관살
木	水	木	火	土	金
火	木	火	土	金	水
土	火	土	金	水	木
金	土	金	水	木	火
水	金	水	木	火	土

겁, 견겁 다음에 상식, 재성, 관살의 순으로 이어져 순환하고 있음을 알 수 있고, 이것은 인수는 견겁을 생하고, 견겁은 상식을 생하며, 상식은 재성을 생하고, 재성은 관살을 생하며, 관살은 인수를 생하는 관계가 성립되는 것이고,

　상극의 경우를 보면 인수는 상식을 극하고, 상식은 관살을 극하며, 관살은 견겁을 극하고, 견겁은 재성을 극하며, 재성은 인수를 극하는 것인데, 오행과 육친의 상생과 상극을 알기 쉽게 도식화하면 다음과 같다.

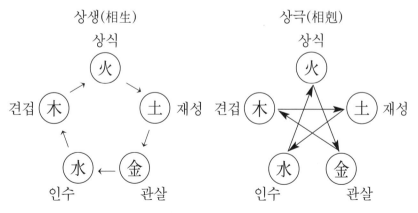

※木 오행(五行)을 기준으로 하였으며, 타 오행(五行)도 같은 방법으로 도 식화하여 공부하면 된다.

여기서 상생·상극의 관계를 인간사와 비교해 보면, 木이 土를 극하니 木의 승리로 보나, 土 다음에 金이 오면 金극木으로 木이 당하게 되어 있으므로 오늘의 승자는 내일에 패자가 되는 것이고, 木이 金극木되고 난 후에는 金이 金생水도 하니 水생木으로 木이 다시 살아나게 되어 승자가 되는 것이니, 결국 승자도 패자도 없는 것이 인간사이며, 모든 것이 중화(中和)에 근본이 있음을 알 수 있는 것이다.

나. 천간·지지의 상생·상극 변화

지금까지 오행의 상생·상극을 육친과 연결해서 그 변화를 공부하였는데, 사주는 결국 천간지지의 상생·상극의 변화 과정의 결과로 추명하는 것이니, 오행의 생극변화

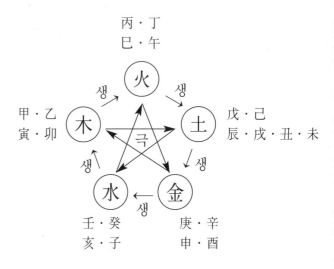

를 천간지지 22자(字)의 생극 변화로 확대해서 원리를 강구하는 것은 필연적이라 할 수 있다.

여기서 찾을 수 있는 원리는 천간지지의 음과 양의 배합 여부에 따라 같은 육친이라도 좋고 나쁨의 성격이 서로 상반되게 응용된다는 것을 알 수 있는데, 즉 인수하면 좋은 인수도 있고 나쁜 인수도 있을 것이고, 또 어머니 하면 낳아준 어머니도 있고 키워준 어머니도 있듯이 좋고 나

뿐이 구별되는 것이고, 좋은 경우를 정(正), 나쁜 경우를 편(偏)의 용어로 일반화해서 사용된다.

그러면 우선 음양의 배합에 따른 육친의 변화 관계부터 정리해 보자.

인수의 경우, 음이 양, 양이 음으로부터 생을 받을 때 정인(正印)
　　　　　음이 음, 양이 양으로부터 생을 받을 때 편인(偏印)으로 구분한다.
예를 들면 甲木이 음水인 癸水와 子水의 生을 받을 때, 癸水와 子水를 甲木의 정인이라 하고, 양水인 壬水와 亥水는 편인이 되고, 乙木의 경우는 반대로 癸水와 子水가 편인이 되고, 壬水와 亥水가 정인이 되는 것이다. 기타 타 간지도 같은 방법으로 정인과 편인을 구분한다.

견겁의 경우는 음과 음, 양과 양으로 같으면 비견(比肩)
　　　　　음과 양, 양과 음으로 다르면 비겁(比劫)으로 구분한다.
예를 들면 丙火는 양火이니 같은 丙火나 巳火는 비견이 되고, 丁火나 午火는 비겁이 되고, 丁火는 음火이니 丙火와 巳火는 비겁이 되고, 丁火와 午火는 비견이 된다. 기타 타 간지도 같은 방법으로 구분한다.

상식의 경우, 음이 음, 양이 양을 생하여 줄 때 식신(食神)
　　　　　음이 양, 양이 음을 생하여 줄 때 상관(傷官)으로 구분한다.
예를 들면 戊土가 양土이니 庚金과 申金은 식신이 되고, 辛金과 酉金은 상관이 되고, 반대로 己土는 음土이니 庚金과 申金은 상관이 되고,

辛金과 酉金은 식신이 된다. 기타 타 간지도 같은 방법으로 구분한다.

재성의 경우는 음이 양, 양이 음을 극할 때 정재(正財)
　　　　　　음이 음, 양이 양을 극할 때 편재(偏財)로 구분한다.
예를 들면 庚金이 양金이니 乙木과 卯木은 정재가 되고, 甲木과 寅木
은 편재가 되며, 辛金은 음金이니 乙木과 卯木은 편재가 되고, 甲木과
寅木은 정재가 된다. 기타 타 간지도 같은 방법으로 구분한다.

관살의 경우, 음이 양, 양이 음으로부터 극을 받을 때 정관(正官)
　　　　　음이 음, 양이 양으로부터 극을 받을 때 편관(偏官)으
　　　　　로 구분한다.
예를 들면 壬水가 己土와 丑土·未土의 음土로부터 극을 받으면 壬
水는 양水이니 음과 양이 달라 정관이라 하고, 壬水가 戊土와 辰土·
戌土로부터 극을 받으면 편관이라 하며, 癸水는 음水이니 戊土와 辰
土·戌土는 정관이고, 己土와 丑土·未土는 편관이 된다. 기타 타 간
지도 같은 방법으로 구분한다.

그러면 천간·지지의 육친관계를 일간(日干)별로 정리하면 다음과
같다.

일간별 천간의 육친

천간 일간	甲	乙	丙	丁	戊	己	庚	辛	壬	癸
甲	비견	비겁	식신	상관	편재	정재	편관	정관	편인	정인
乙	비겁	비견	상관	식신	정재	편재	정관	편관	정인	편인
丙	편인	정인	비견	비겁	식신	상관	편재	정재	편관	정관
丁	정인	편인	비겁	비견	상관	식신	정재	편재	정관	편관
戊	편관	정관	편인	정인	비견	비겁	식신	상관	편재	정재
己	정관	편관	정인	편인	비겁	비견	상관	식신	정재	편재
庚	편재	정재	편관	정관	편인	정인	비견	비겁	식신	상관
辛	정재	편재	정관	편관	정인	편인	비겁	비견	상관	식신
壬	식신	상관	편재	정재	편관	정관	편인	정인	비견	비겁
癸	상관	식신	정재	편재	정관	편관	정인	편인	비겁	비견

일간별 지지의 육친

지지 일간	子	丑	寅	卯	辰	巳	午	未	申	酉	戌	亥
甲	정인	정재	비견	비겁	편재	식신	상관	정재	편관	정관	편재	편인
乙	편인	편재	비겁	비견	정재	상관	식신	편재	정관	편관	정재	정인
丙	정관	상관	편인	정인	식신	비견	비겁	상관	편재	정재	식신	편관
丁	편관	식신	정인	편인	상관	비겁	비견	식신	정재	편재	상관	정관
戊	정재	비겁	편관	정관	비견	편인	정인	비겁	식신	상관	비견	편재
己	편재	비견	정관	편관	비겁	정인	편인	비견	상관	식신	비겁	정재
庚	상관	정인	편재	정재	편인	편관	정관	정인	비견	비겁	편인	식신
辛	식신	편인	정재	편재	정인	정관	편관	편인	비겁	비견	정인	상관
壬	비겁	정관	식신	상관	편관	편재	정재	정관	편인	정인	편관	비견
癸	비견	편관	상관	식신	정관	정재	편재	편관	정인	편인	정관	비겁

※실제 사주 예시

정재		편재	상관
戊	乙	己	丙
寅	卯	亥	戌
비겁	비견	정인	정재

식신		정인	상관
癸	辛	戊	壬
巳	卯	申	戌
정관	편재	비겁	정인

식신		비겁	비견
壬	庚	辛	庚
午	戌	巳	子
정관	편인	편관	상관

정인		비겁	비견
癸	甲	乙	甲
酉	午	亥	申
정관	상관	편인	편관

정재		비견	상관
庚	丁	丁	戊
戌	未	巳	子
상관	식신	비겁	편관

정재		비겁	편인
癸	戊	己	丙
亥	辰	亥	子
편재	비견	편재	정재

비겁		편관	식신
壬	癸	己	乙
戌	巳	卯	未
정관	정재	식신	편관

비겁		편재	정재
戊	己	癸	壬
辰	巳	丑	寅
비겁	정인	비견	정관

상관		정인	상관
己	丙	乙	己
丑	午	亥	丑
상관	비겁	편관	상관

정재		상관	편재
丁	壬	乙	丙
未	子	未	申
정관	비겁	정관	편인

인간별로 육친의 변화를 위와 같이 실전 사주를 통하여 반복해서 익숙하게 해야 함은 당연한 것이고, 육친에서 정(正)은 바른 것, 좋은 것, 적은 것, 예상한 것 등으로 응용되고, 편(偏)은 편된 것, 나쁜 것, 큰 것, 부정한 것, 예기치 못한 것 등으로 응용되는 것이나 꼭 그런 것은 아니고 사주의 상황에 따라 다르게 응용됨을 유념해야 한다. 예를 들면 甲木이 丁火를 만나면 상관으로 흉이 되나, 乙木이 丙火 상관을 만나면 오히려 길(吉)이 되는데, 火를 꽃으로 보면 丁火의 홑꽃보다는 丙火의 겹꽃이 피어 있는 형상과 같고, 丙火 태양을 만나니 좋은 것이 되기 때문이다.

그런데 정·편과 관련해서 보면 재성, 관살, 인수의 경우는 정이 될 때는 음과 양, 양과 음의 배합에서 성립되고, 편은 음과 음, 양과 양으로 성립되는데 견겁과 상식의 경우는 음과 음, 양과 양이 만났을 때 정이 되어 비견·식신이 되고, 음과 양, 양과 음이 만나면 편이 되어 비겁과 상관이 됨을 주의하여야 된다. 견겁과 상식만은 같은 음·양의 관계가 더 가깝고 유정(有情)하기 때문이다.

특히 지지의 육친과 관련해서 巳·午·亥·子의 경우는 巳·亥는 양으로 午·子는 음으로 구분하여 육친을 활용해야 한다. 즉 甲木의 정인은 亥水가 아니라 子水가 되고, 亥水는 편인이 되며, 甲木의 식신은 巳火가 되고, 午火는 상관으로 응용된다. 이는 뒤에 암장론에서 공부하겠지만 이 네 간지의 경우는 겉과 속의 음과 양의 기운이 달라 실제로 쓰이는 음양에 따른 것이다. 즉 겉은 체(體)요, 속은 용(用)인데 용(用)에 따르고 있는 것이다.

二. 육친론(六親論)

지금까지 천간과 지지의 생극변화를 육친으로 일반화하여 구분하였는데, 이 육친이 사주분석에서 어떻게 활용되고 응용되는지, 또 왜 그렇게 되는지의 이유와 응용의 범위 등을 공부한다. 다만 실질적이고 구체적인 사항과 육친 상호간의 생·극 변화는 추후 자세하게 공부하기로 하고 여기서는 육친별로 적용의 기본이론과 응용법을 논하기로 한다.

1. 인수(정인·편인)

가. 응용범위

인수는 나를 생하여 주니 어머니요 외가(外家)이고, 어머니와 같은 형제로 외숙(外叔)·이모(姨母)가 되며, 나를 도와주는 개념으로 보면 귀인(貴人)이고 은인(恩人)이 되고, 부모는 나의 윗대이니 사회로는 상사(上司)이고, 나를 가르쳐 주는 어머니와 같으니 선생(先生)과도 같으며,

또 인수는 나를 도와주니 매사 자신을 갖게 하고, 나를 생해주는 원류(原流)이고 보급로(補給路)가 되니 인내력(忍耐力)과 지구력(持久力)의 원천이 되는 것이고, 도움을 받는 것으로 보면 평안(平安)과 무

사안일(無事安逸)에 연결되고, 순수하고 명예를 우선하며, 수입(收入)과도 통한다.

또 나를 생하는 것은 나를 가르치는 것과 같아 선생과 교육과 직결되고, 학문과 공부와도 연결되며, 배우면 자연 수양(修養)이 되고, 또 배운다는 것은 연구요 기획과 창의력과 통하고, 글과 문서는 같으니 증권, 보증, 계약서, 인장, 서책, 문방, 문화, 언론, 방송, 문학, 문예, 학원, 정치, 통역, 번역 등에 해당하며,

또 어머님이 계신 곳은 고향이고 고국이며, 내가 보호되고 예쁘게 되는 것이니 보호, 화려이고 의류, 주택, 가구, 보석과도 연결되며, 나에게 오는 것은 소식이고 새로운 것이 되어 깨끗하고 시작이며, 따라서 새집 짓고 수리하며 단장하는 것이고, 회사 설립과 확장 등으로 응용되는 것이다.

나. 응용방법과 통변

사주에서 인수가 제대로 있으면 어머니 닮고 외갓집 닮았다고 하며, 가문(家門)이 좋다. 인수는 윗대이므로 조상이고 가문이다. 따라서 궁합 볼 때 응용하는데, 남자 사주는 인수가 좋고 여자 사주에는 인수가 별로이면 신랑측에서 신부 가문을 맘에 안 들어 한다. 또 인수는 주택이니 인수가 없으면 내 집이 없다. 스님 사주에 인수가 없으면 주지 스님되기 힘들다. 내 절이 없다. 인수는 어머니, 선생이다. 그러므로 어머니는 가정교사인 것이다. 따라서 아버지는 자식을 가르치기 힘들다.

인수는 시끄러운 것을 싫어한다. 안일무사하다. 순진하고, 순박하다.

고로 장사하면 외상값 못 받아서 힘들다. 하지 마라. 인수는 수양이고 덕(德)이다. 인수가 없으면 덕이 없다. 인수는 덕장(德將), 상식은 지장(智將), 관살은 용장(勇將)으로 보면 인수는 상식을 이기니 덕장은 지장보다 낫고, 상식은 관살을 이기니 용장보다는 지장이 낫다. 따라서 덕장이 제일 낫다고 한 것이고,

인수를 직업으로 연결하면 교육자와 가깝고, 학원 경영이고, 군인이라면 교육시키는 정훈장교요, 일반 공무원이면 역시 교육담당이다. 사업으로는 주택과 아파트 사업 하고, 의류로 옷장사 한다. 인수가 없으면 외갓집, 외삼촌, 이모와는 인연이 멀고, 독학으로 공부한다. 인수는 귀인이고 나를 도와주는 자이다. 그러나 진짜 귀인이냐 가짜 귀인이냐는 사주에 따라 다르다. 인수를 경제적인 측면으로 보면 수입(收入)이다. 따라서 상식은 지출(支出)이 되니, 인수는 상식을 극하므로 수입은 지출을 억제시키는 것이다.

또 인수운에는 공부하는 운이고 회사 설립하는 운으로 통변하며, 연령별로 10세까지는 부모관계, 10세 부터는 중 · 고 시절의 공부관계, 20대는 자격증과 취직시험, 30대는 승진시험과 집장만, 40대는 집 매매나 신축관계, 60대는 고향과 연결해서 통변하게 되는 것이고, 인수가 없으면 어머니가 없는 것과 같아서 젖이 모자라 분유 먹고 자라고 저항력이 부족하게 되어 잔병치레가 많고 성장속도가 느리다. 또 어머니가 있어도 어머니 역할이 미흡하게 되고, 어머니에 대한 감정도 부족하다.

그리고 인수는 정인과 편인으로 구분되고, 정인은 단독주택, 모국어, 내 집, 작은 집, 생모로 보며 공부할 때도 예습 · 복습을 철저히 한다.

편인은 아파트, 큰 집, 외국어, 남의 집, 양모로 보며 공부할 때도 번갯불에 콩 구워 먹는 식으로 한다.

그러나 정인·편인도 상황에 따라 개념이 달라지는 것인데, 예를 들면 丙火 일간이 寅木은 편인이지만 木生火 잘 받고, 卯木은 정인이지만 木生火가 잘 안되니 丙은 나를 낳아준 생모보다 키워준 양모·계모를 더 잘 따르는 것이니 항상 일방적으로만 해석해서는 안됨을 유의하여야 한다.

따라서, 인수의 응용은 육친으로 응용하는 법, 경제로, 병법으로, 철학으로, 나이별로, 직업으로, 사회로, 가문으로, 전생·후생으로 응용하는 법 등으로 각각의 분야별로 응용될 수 있는 것이니 응용의 폭을 넓게 익히는 것이 중요하며 타육친도 마찬가지임을 강조한다.

2. 견겁(비견·비겁)

가. 응용범위

견겁은 나와 같은 자가 되어 형제, 친우, 동서, 동업자, 동창이 되나 때로는 경쟁자, 방해자로도 통하며, 또 나와 같은 자는 내가 힘을 믿게 되니 독주하게 되고 만용, 시기, 질투, 배신, 모략 등에 해당하고, 때로는 겁재(劫財)가 되니 탈재, 손재, 도실 등에 해당한다.

나. 응용방법과 통변

비견겁은 친구와 동창이 되니 동창회 모임이 있고, 여자들의 계(契) 모임도 해당되며, 사업을 같이 하는 동업자이고, 경쟁자·방해자도 된다. 장사나 사업하는 사람이 비겁운이 들어오면 경쟁자가 생겨서 손님 뺏어

간다. 또 비견겁은 도실(盜失)이다. 고로 비견겁운은 도적 맞는 운이다. 문단속 잘해라. 심리적으로도 내 마음을 빼앗기고, 서방을 빼앗기고, 마누라를 빼앗긴다. 의처증, 의부증이 생긴다. 주변에서 "당신 요즘 이상하다"고 한다. 도둑 잘 맞는 사람은 비견겁이 많은 사람이다.

비견, 비겁은 재(財)를 빼앗아가므로 겁재(劫財)라고도 한다. 내것을 빼앗긴다. 비견, 비겁 일진(日辰)에 시장 가면 헛물건 사고, 사기 당하고, 도둑 맞고, 결혼과 연결하면 비겁운에 속아서 결혼한다.
반대로 비겁년에 친구 찾고 형제 찾는다.
또 비견겁이 많으면 배다른 형제가 있을 수 있고, 나쁘게 작용하면 군중심리가 발생한다. 예를 들면 木일주에 木 비견겁이 많으면 자연적으로 火가 발생하고, 이 火는 火극金으로 金관(官)을 때린다. 집단행동을 하게 되는 것으로 관(官), 즉 경찰서, 서방님, 법, 규칙, 질서에 나쁘게 작용하니 친구가 좋기도 하지만 나쁘게도 작용한다.

그리고 비견은 남자는 남자 형제요, 여자는 여자 형제로 어깨를 같이 하는 경우이고, 비겁은 남자는 여자 형제이고, 여자는 남자 형제로 엇갈리는 것으로 배다른 형제도 된다.

3. 상식(식신·상관)

가. 응용범위

상식은 내가 생하는 것이니, 여자 기준으로 내가 낳은 자식이고, 자식과 같은 계열로 조카가 해당되며, 또 자식은 내 아래가 되니 부하요

학생이고 종업원과 같고, 공장으로 연결하면 종업원, 즉 공원을 대신 하는 것이 각종 기계이니 기계로도 통하고, 내가 생하는 것은 주는 것 이니 지출, 희생, 봉사, 인정에 해당하고, 또 나한테서 나가는 것이 되 니 발표력, 응용력, 상상력, 예지력, 추리력에 움직이는 것(動)이고, 내 가 생 하는 것은 키우는 것도 되니 육영(育英)에도 해당하고, 언어로도 통하며, 재주와 기예와도 밀접하게 관계된다.

또 상식은 관살, 즉 법과 윗사람(상관)을 극함으로 위법행위, 허세, 초조, 불안, 시비, 구설, 관재, 소송, 하극상, 비애 등에 해당하고, 남의 일 즉 타사(他事)와도 연결한다.

나. 응용방법과 통변

상식은 자식이다. 상식이 양이면 아들이고, 음이면 딸로 판단한다. 상식은 학생인데 사주에 따라 젊은 학생, 나이든 학생, 작은 학생, 큰 학생이 달라진다. 예를 들면 甲木 일주가 丙火 상식을 만나면 꽃이 크 고 활짝 피었으니 대학교수요, 丁火를 보고 있으면 작고 홑꽃이니 유 치원 선생으로 볼 수 있는데, 태어난 시간을 모를 때도 직업 보고 판단 할 수가 있다.

상식은 추리력, 직감력이다. 따라서 상식이 없으면 직감력, 추리력 이 모자란다. 또 상식은 기예(技藝)이니 예술 감각 있고, 춤 잘 추고, 예체능에 소질이 있다. 상식이 많으면 유연성이 좋다. 金에 상식 水가 많으면 金이 냉각되어서 휘어지는 이치와 같다. 상식은 언어다. 고로 아이들이 상식이 없으면 말을 늦게 한다. 스님은 상식이 신도다. 올해 에 신도가 많겠나 하는 것도 상식을 기준으로 한다.

상식은 위법행위와 연결된다. 관(官)을 극하기 때문인데, 관(官)인 윗사람을 몰아내는 것이고 배반이고 데모 앞잡이가 되는 것이고, 고로 취직이 어렵다는 것이다. 또 관재(官災)나 송사(訟事)의 원인이 되고, 따라서 비애(悲哀)와 연결된다.

여자의 경우에 20대에 상식운이 오면 애인 떨어지니 세상 살맛 안 나고, 30대 이후면 이혼수이고 나이에 따라 달라진다. 상식은 남의 일, 타사(他事)이니 남의 일에 참견 많고, 남의 걱정 잘한다. 따라서 상식운이 오면 "금년에 남의 일에 당신 죽겠네요." 한다.

상식은 종업원, 부하, 아랫사람이다. 木일주가 火상식이 3개라면 사장보다 종업원이 많은 것이고, 사장보다 부하가 더 똑똑하다. 사장 두고 종업원이 설친다. 사장이 통솔능력이 부족하여 부하에게 친다. 안방 차지하고 살다가 세든 사람에게 안방 내주고 나가는 것과 같다.

상식은 인정(仁情)인데, 상식이 많으면 오히려 인정이 없다. 따라서 상식이 많으면 겁이 없고 설치고 말이 거칠다.

또 상식은 재주이다. 따라서 상식이 있으면 재주가 있고, 없으면 재주가 없다. 상식이 많으면 재주가 많은 것이고, 상식이 많으면 관성을 없애버리므로 관성은 직장이니 직장생활이 어렵고, 오래 있지 못하고, 관성은 상사이니 상사나 사장한테 대들고 하여 쫓겨나게 된다. 따라서 상식 많은 자, 재주 많은 자와 같고, 재주 많은 자가 끼니 걱정하는 이유가 여기에 있는 것이다.

상식은 육영, 보사, 복지와도 연결된다. 따라서 이와 같은 계통에 근무하려면 상식이 있어야 한다.

상식이 많으면 남의 걱정에 늙어간다. 사춘기 소녀는 상여 나가는 것만 봐도 불쌍하다고 운다. 남자는 사주에 상식이 많으면 쓸데 없는 간섭 많이 하고 아는 척 많이 하다가 자기가 당한다.

상식운에는 부하 때문에 내가 당한다. 따라서 보고만 받지 말고 현장 확인하라고 충고해 줘라. 상식운에 말조심해야 한다. 내가 한 말이 구설수로 돌아온다. 따라서 아랫사람 또는 제자가 나를 잡아먹으려고 한다. 관재구설로 연결되고, 내 것 주고 구설 듣고, 내 것 주고 뺨 맞는다. 여자는 자식 때문에 속 썩는다.

상식은 내가 낳은 자식이자 내가 키운 자식도 된다. 사주에서 자식 되는 간지가 양이면 아들이요, 음이면 딸로 보고, 년월에 양 자식은 먼저 아들 낳는다고 보고, 음 자식이면 먼저 딸 낳는 것으로 추명한다. 또한 양년(陽年)에는 아들 출산이 많고, 음년(陰年)에는 딸 출산이 많은 것도 같은 이치이다.

그리고 식신은 정(正)이고 상관은 편(偏)의 개념이다.

4. 재성(정재·편재)

가. 응용범위

재성은 아극자(我剋者)로 내가 다스리고 이기는 것이니, 가족으로 보면 자식이 성장해서 커 가면 세대교체되고 밀려나게 되는 것이니 아버지 즉 부친과 같고, 부친과 같은 계열인 백부, 숙부, 고모가 해당되며,

또 남자는 처를 다스려야 하므로 처, 여자, 애인이고 처와 같은 게열로 처형, 처제, 처가 또는 애인에 해당하나, 여자기준으로는 시어머니, 시가가 해당되고 부친이 재성이 됨은 남자와 같다.

또 내가 다스린다는 것은 곧 관리하는 것이고 통솔, 극복, 개척, 타개, 정복을 의미하며, 관리하는 것은 금전이니 재산이요, 유산, 봉급, 재정, 경제, 사업이 해당하고, 먹는 음식도 재성이고 돈과 연결되니 탐욕, 욕심으로도 응용된다.

나. 응용방법과 통변

재성은 부(父)다. 내가 극하므로 나에게 밀려나간다. 즉 세대교체다. 또 아버지가 잘 살고 똑똑해야 내가 유산이 많고 잘 살게 된다. 재는 고모다. 따라서 만약 딸의 남자친구가 왔을 때, 그의 고모가 시집가서 잘 살면 재가 길하므로 마음 놓고 딸을 주어도 된다. 또 재는 처이고 마누라다. 재는 관리 능력이므로 처를 제대로 다스려야 한다. 수신제가치국평천하(修身齊家治國平天下)다. 가정을 관리한 연후에 치국평천하가 된다는 것이다.

재가 잘 구성되어 있으면 처가 똑똑하고 처가집이 부자이고, 재가 없거나 흉하면 마누라에 관심없고, 처갓집도 가기 싫어한다. 여자는 재가 시어머니이다. 그러므로 재가 없으면 시어머니 없는 데로 시집간다. 또 시어머니 보고 어머니라 잘 안 부르고 "당신 어머니"라고 한다.

재는 음식이다. 여자가 재가 있으면 서방님 거둬서 먹이는 데 1등이다.

재성운이 오면, 남자는 바람둥이 사주일 때 애인 생기는 운이다. 만약 바람둥이 아니면 마누라 위주로 가정을 꾸려간다로 추명한다. 또 재성은 돈이니 돈이 왔다갔다한다. 돈 안경을 쓰고 세상을 본다. 돈이 보인다. 즉 돈 벌려고 나선다. 또 재는 유산이므로 유산이 들어온다.

재는 정복이다. 그러므로 남자는 사랑을 여러 번 할 수 있다. 여자를 정복하고, 소유하고 싶어서다. 재는 나와 인연이 되어야 내 눈에 보인다. 인연이 없으면 보이지 않는다.

재성은 정재와 편재가 있다. 정재는 내 마누라, 내 돈, 집에서 먹는 밥이다. 편재는 아버지, 남의 여자, 대중의 돈, 일확천금, 외식이다. 따라서 정재만 있으면 내 마누라 밖에 모른다. 편재가 많으면 세상 돈과 여자가 모두 내 것으로 착각한다.
남자가 정편재가 혼잡하면 마누라도 있고 첩도 있다.
주식은 편재 있는 사람이 빠르다. 정재만 있으면 실패 확률이 높다.

재성을 오행과 연결해서 보면, 火가 재이면 횡재수가 있고 속성속패의 특징이 있고, 불길이 일어나듯이 일어난다. 이사 갈 때 성냥이나 하이타이 주는 것과 같은 이치이다. 木이 재면 장기전 해야 하고, 土가 재면 땅 사야 되고, 金이 재면 현금이 많고, 水가 재면 돈놀이 한다라고 통변에 응용하는 것이다.

또 정재보다 편재가 큰 돈인데 양 일간, 즉 甲, 丙, 戊, 庚, 壬은 각각 편재가 戊, 庚, 壬, 甲, 丙이니 큰 재물로 보는 게 맞으나, 음 일간, 즉 乙, 丁, 己, 辛, 癸는 己, 辛, 癸, 乙, 丁의 편재보다 戊, 庚, 壬, 甲, 丙의

정재가 더욱 큰 돈이 되는 것이다.

5. 관살(정관·편관)

가. 응용범위

관살은 극아자(剋我者)로 나를 다스리고, 관제(管制)하며, 밀어내고, 이기는 것으로 여자 기준으로 남편이요, 시가·시형제가 되고, 때로는 정부(情夫)가 되고, 남자 기준으로는 자손·자식이 된다. 내가 낳은 자식이 성장하면서 나는 밀려나고 세대교체 되기 때문이다.

성격으로는 정직하고 가정교육이 잘 되어 있으며, 따라서 모범·준법정신이 좋고, 책임감이 강하고, 매사에 결과가 좋으나 반대로 극전(剋戰), 쟁투(爭鬪), 위협, 멸시, 수모, 누명, 구금, 납치, 공갈, 상신(傷身), 압박, 요사(妖邪), 마귀, 질병, 관재(官災) 등에 해당하며, 또 직장, 직업, 벼슬, 명예, 권력, 상사, 대표자, 법률, 질서, 그리고 작업, 일복 등으로 응용되는 것이다.

나. 응용방법과 통변

관살이 제일 나쁘게 작용하면 귀신, 호랑이이다. 여자가 남편의 사랑을 받고 살면 관(官), 남편에게 맞고 살면 살(殺), 그보다 더 나쁘면 귀신, 호랑이이다. 직장이 좋으면 관, 나가기 싫으면 살, 그보다 더 나쁘면 호랑이이다. 관살은 남자에게는 자식이다. 자식이 성장할수록 부모는 자식에게 밀려나게 마련이다. 관살은 나를 극하고 들어오므로 윗사람이고 상사와 연결된다.

관살은 책임감이다. 그리고 결실을 의미한다. 따라서 시작은 인수가 된다. 오행으로는 金이 결실이다. 관살은 정직이다. 따라서 법을 잘 지킨다. 그러나 상식이 많으면 반대로 법을 안 지킨다. 관살은 요사(妖邪)이다. 따라서 요사스런 꿈을 꾼다. 또 관살은 상신(傷身)이다. 매맞는 것을 제일 무서워 한다.

관살은 일복이고 작업(作業)이다. 이것을 통변으로 응용한다면, 木일주가 金인 관살이 많으면, 木은 팔, 다리, 모발이므로 "팔다리가 파김치가 되도록, 머리가 다 빠지도록 일해도 먹고 살똥 말똥하다."

火일주가 水인 관살이 많으면, 火는 눈이므로 "눈알이 튀어나오도록", 또 火는 혀이므로 혀의 사투리로 "쎄가 빠지도록 일해도 먹고 살똥 말똥하다."

土일주가 木인 관살이 많으면, 土는 허리, 입이므로 "허리가 휘어지도록", "입술이 부르트도록 일을 해도 먹고 살기 힘들다"'

金일주가 火인 관살이 많으면, 金은 뼈이므로 "뼈 빠지도록", "뼈골이 쑤시도록", "뼈가 노곤노곤 하도록 일해도 먹고 살기 힘들다"

水일주가 土인 관살인 많으면, 水는 배설물이므로 "오줌 싸고 똥 눌 사이도 없이 일을 해도 먹고 살기 힘들다", 또 水는 밤이므로 "밤잠도 못자고 일해도 먹고 살기 힘들다"라고 통변한다.

만약 위의 경우를 병으로 연결하면 木일주는 간 나쁘고, 火일주는 심장 나쁘고, 土일주는 위장 나쁘고, 金일주는 폐 나쁘고, 水일주는 신장 나쁘다는 식으로도 통변한다.

관살은 정관과 편관으로 나뉜다. 정관은 시험 봐서 취직하고, 한 직장에서 오래 근무하고, 여자에게는 남편, 정부(正夫)이다. 편관은 배경으로 취직하고, 하루아침에 발탁되고, 임시직이고, 직장이 자주 바뀌고, 여자에게는 애인, 정부(情夫)이다.

따라서 여자가 일지에 편관이면, 남편에게 의심 받고 산다. 일지는 중년이므로 '40대에 그런 일이 생기니 조심하세요' 한다. 남자를 달고 다니고, 깔고 앉았다고 보니, 남편이 하지 말라는 것은 하지 마라. 의심받을 짓도 하지 말라는 것이다.

6. 육친과 가족관계론

인간은 누구나 혈연으로 맺어지게 되는 것이고, 그러기에 가족관계가 형성되고 삶에 직접적인 영향을 주는 주체적인 입장이 된다. 따라서 육친과 연결해서 상호관계를 파악하는 것은 사주 추명의 핵심이 되는 것이며, 역(易)의 원리와 유전인자와의 상호관련성이 입증되고, 인간의 업(業)이 공식으로 증명됨을 알 수 있다.

우선 육친과 가족관계를 도표로 알기 쉽게 정리하면 다음과 같다.

```
                        壬 ──── 丁                        (1대)
   정재    편재        편인   │   상관   편인
   고모    백·숙부      할아버지│   할머니   계모
   비겁   己 ─ 戊 ─ 戊 ──── 癸 ──── 壬   丁 ─ 壬   (2대)
   딸의 시모            편재   │   정인   어머니
   (사부인)             아버지 │               상관   편인
                                               장모   장인
   庚 ─ 乙   乙 ─ 甲 (甲) ──── 己              (3대)
   편관          비겁  비견 │비견 나  정재 처
   딸의 시부       자매  형제 │
   (사돈)   丙 ─ 辛 ──────── 庚 ──── 乙        (4대)
            식신  정관       편관 아들  비겁 자부(며느리)
            사위  딸         │       │
                     丁 ─ 丙 ──────── 辛        (5대)
                     상관 손녀 │식신 손자  정관
                                          손자며느리
   육친표(남자 기준)         壬 편인 증손자                (6대)
```

육친표(여자 기준)　　　丙 —— 癸 편인 할아버지　　　　　　　　(1대)
　　　　　　　　상관 할머니　　　｜
　　　　　　　　　　　　　　　　｜　　　편재 시모
　　　　　　　　　　　　壬 —— 己　　　己 —— 甲 비겁 시부　　(2대)
　　　　　　　　　　　정인　　편재　　　｜
　　　　　　　　　어머니　아버지　　　｜
丙 —— 辛 편관　　　　　　⎰乙⎱ —— 庚 —— 辛 편관 시누이, 편부　(3대)
　　　딸 시모　　　　　　비견 나　　정관 남편
상관　　　　　｜
딸 시부　　　壬┬丁　　　　丙 —— 辛　　　　　　　(4대)
　　　　정인　식신　상관 아들　편관 자부(며느리)
　　　사위　딸
　　　　　戊　　　　　壬　　　　丁 식신　　　　　(5대)
　　　정재　　　　정인　　　손자며느리
　　　외손자　　　손자
　　　　　　　　　　戊 정재 증손자　　　　　　　(6대)

육친과 가족관계표

육친＼가족	정인	편인	비견	비겁	식신	상관	정재	편재	정관	편관
남	모(母) 외가	편모 조부 장인 외가	형제 자매 자부	형제 자매 자부	조모 손자·녀 장모 사위	조모 손자·녀 장모 사위	처 처가	부(父)	자손 매부	자손 외조모
여	모(母) 외가 사위 손자·녀	편모 조부 외가	형제 자매 시부	형제 자매 시부	자손 조모	자손 조모	편시모 외손자·녀	시모 부(父) 외손자·녀	남편 시형제	정부 시형제 자부

가. 가족관계 추명기준

　육친으로 정인은 정모(正母)로 편인은 편모(偏母)로 보고, 편재는 부친으로 본다. 형제의 경우는 양은 남자형제, 음은 여자형제로 추명하여야 한다. 그러나 실제로 남자형제는 있는데 사주 내에 양이 없다면 음으로 대신 추명하는 것이고, 정인의 경우도 없다면 편인으로, 편재도 없으면 정재로 대신하고, 자손에 있어서도 양 자손은 아들, 음 자손은 딸로 추명하면 된다. 여기서 편관은 아들, 정관은 딸이고, 여자의 경우에는 상관이 아들, 식신이 딸이다 라는 식으로 규정해서 활용하는 경우가 있는데 이는 잘못된 것이다.

그 이유를 보면 남자의 경우, 甲木일주라면 편관인 庚·申金이 아들이 되고, 辛·酉金인 정관이 딸이 되나, 乙木일주라면 庚·申金정관이 딸이 되고, 辛·酉金편관이 아들이 된다는 것으로 논리적으로 음·양이 뒤바뀌니 타당하지 않고, 여자의 경우도 乙木일주가 낳은 丙火상관은 아들, 丁火식신은 딸이 되나, 甲木일주라면 丙火식신이 딸이 되고, 丁火상관이 아들이 되니 역시 논리적으로 맞지 않다. 따라서 남·녀 모두 오행이 양이면 아들, 음이면 딸로 추명함이 타당하다. 따라서 남자의 경우 정관·편관란에, 여자의 경우 식신·상관란에 공히 자손을 기록한 것이니 유의하기 바란다.

나. 육친과 가족관계 추명방법

위 육친표를 보면 남자는 양이 되어 양간(陽干)으로, 여자는 음이 되어 음간(陰干)으로 기준하였으며, 甲木의 어머니는 정인으로 癸水가 되고, 癸水 어머니의 부군은 戊土요, 戊土는 甲木의 편재로 아버지가 된다.

甲木의 정처(正妻)는 己土가 되는데, 잘 살펴보면 甲木 본인은 부 戊土를 극하고 己土 처는 癸水모를 극하며, 부친 戊土는 조부 壬水를 土극水 하고, 모 癸水는 조모 丁火를 水극火 하고 있는데, 이는 자연적으로 윗대를 밀어내어 세대교체가 이루어지는 것이다.

또 甲木의 처 己土는 어머니 癸水를 극하기 때문에 모처간(母妻間)에 불화(不和)가 있기 마련이며, 고모 己土는 甲木의 정처와 같기에 고모가 시집 가서 잘 살고 있다면 甲木의 처궁(妻宮)도 좋다고 할 수 있으나 반대의 경우는 처궁이 부실한 것이니 결혼시 가문(家門)을 보는 것은 이런 이유에서이다.

편인 조부는 나를 생하여 주니 아버지 편재에 비유할 수 없고, 또 편인은 정규교육에서 배울 수 없는 예의범절, 가문의 전통, 경험 철학 등을 배우게 되는 것으로 노부모 모시는 것이 자손교육에 기여하는 바 크다는 것을 명심해야 하는 것이며, 아버지 재성은 공부인 인수를 극하기 때문에 자기 자식을 가르칠 수 없는 이유가 여기에 있는 것으로 자식의 교육은 인수인 어머니와 조부님이 차지하고 있음을 잘 나타내 주고 있다.

또 조모는 상관으로 손녀와 같으므로 늙으면 애가 되는 것이고, 손녀가 조모를 닮게 되어 있는 것도 이런 이치에서이다. 손부는 딸과 같아 며느리보다 더욱 정이 가게 되는 것이다. 장인 壬水는 부친 戊土에 土극水 당하고, 장모 丁火는 어머니 癸水에 水극火 당하고 있는 것은 딸부모는 아들부모에게 지도록 되어 있고, 장모 丁火는 사위 甲木이 木생火 하니 딸이 아들보다 나은 것 같고, 장인 壬水는 사위 甲木을 생하니 서로 상쇄된다 하겠다. 증손자는 조부를 닮게 되고, 외손자는 어머니 닮고, 사위가 잘나면 손자가 잘나게 되는 것이고, 시누이는 나를 극하니 시누이와의 관계는 가까워지기 어려운 이치가 여기에 있다.

오행(五行)의 발생 변화에서와 같이 육친도 6대째에는 시작과 같다

는 것을 알 수 있고, 육종학에서와 같이 6대째는 순종이 나오는 원리와
일치하는 것이다.

이 논리는 동·식물에만 국한되는 것이 아니고 모든 사물에도 적용
될 수 있는 것이니 현세에 본인의 영향이 후세에 미치는 영향을 생각
하고, 죄업은 삼가고 희생과 선업으로 후세에 좋은 영향을 물려줘야 하
는 것이 사명이자 의무인 것을 명심해야 하는 것이다.

7. 육친의 응용과 통변

지금까지 오행(五行)의 생극(生剋) 원리와 육친론을 공부하였는데,
이는 어디까지나 사주의 분석과 통변을 위한 기본원리이자 응용수단
이라 할 수 있다. 따라서 지금부터는 본격적으로 사주에 어떻게 응용
되고 통변되는지 실례를 통해서 공부할 필요가 있다.

가. 단편판단법 1(가족관계 등 기타 사항별)

우선 육친을 응용한 사주분석의 단순판단법으로 예시를 들어보면, 木
일간(日干) 남자를 대표로 하여 여러 가지 사항을 추명해 보자.

- 선조·부모관계는 인수로 판단하는데, 년주·월주에 오행상 水가
  있으면 부모덕이 있다는 식으로 통변하는 것이다.
- 형제관계는 비견·비겁으로 보는데, 년월에 있으면 형, 일시에 있
  으면 동생으로 보고, 양이면 남자, 음이면 여자 형제로 본다.
- 처는 재성으로 본다. 년월에 있으면 이성을 빠르게 사귀는 것이고,
  연상의 여자를 의미하고, 시에 있으면 연하의 여자를 의미하고, 장
  가 늦게 가는 것으로 보며, 처의 성격은 오행으로 土가 재성이면

신용을 중시하는 여인을 만나게 되니 처에게 신용을 잃으면 안된
다는 식으로 통변하게 된다.

- 건강관계는 木일간이니 木기(氣)가 왕하고 잘 보존되어 있으면 건
  강하고, 木이 약하면 木은 간을 의미하니 간이 나쁘고 약하다.
- 재산관계는 재성으로 판단하는데, 오행으로 土가 재성이니 土가
  있으면 재산 있고 부동산 있다. '만약 돈 생기면 땅에 묻어라' 라는
  식으로 통변한다. 木일간은 인정이 많아서 땅 사두어야 돈이 안 나
  가기 때문이다.

- 직장, 직위는 관살로 본다. 관살이 투출되고 강하면 좋은 직업과 벼
  슬을 갖는다. 여자 사주라면 훌륭한 남편을 맞이하는 팔자로 본다.
- 자손관계는 역시 관살로 본다. 여자 사주라면 상식으로 본다.

- 기타 능력 여부는 뒤에 상세히 공부하겠지만 우선 인수나 견겁이
  많으면 내편이 많은 것이니 이럴 경우 일간이 신강 또는 신왕하다
  하여 능력이 있다고 하고, 인수나 견겁은 적고 반대로 상식, 재성,
  관살이 많으면 내 힘이 많이 설기되니 신약하다 하고 능력이 부족
  한 것으로 판단하게 되는 것이다.

- 또 진로와 관련해서는 이미 공부한 오행의 특성에서와 같이 木오
  행과 관련된 직업과 연결시키면 적중률이 높은 것이다.

나. 단편판단법 2(위치별 상생·상극에 따른 육친 활용)
- 년주(年柱) : 년주는 조상, 노인, 기관장을 의미하는 것으로

- 년이 일간을 생하면, 선조의 덕이 있고, 노인이나 기관장의 도움
   이 있으며 할아버지가 건강했다.
- 년을 일간이 생하면, 노인을 잘 모시거나 조상을 잘 섬기고, 조
   상 제사에 잘 참석하고

- 년이 일간을 극하면, 할아버지가 엄하고 벼슬했고, 기관장의 도
   움이 적고
- 년을 일간이 극하면, 노인·조상을 무시하고, 조상 제사에도 참
   석 하지 않고

- 년에 인수가 있으면, 할아버지 자리에 부모가 있으니 부모 나이
   가 많다거나, 철든 부모를 모시고
- 년에 편재가 있으면, 아버지의 나이가 많고
- 년에 정재가 있으면, 첫사랑의 여인이고, 사춘기 빨리 오고, 장
   가 빨리 가고, 연상의 여인이다.
- 년에 관성이 있으면, 여자의 경우 나이 많은 신랑한테 시집가고,
   할아버지 인연으로 결혼하게 되고
- 년에 상식이 있으면, 여자의 경우 자식이 철이 빨리 들고, 할아
   버지 닮았다.
- 년에 견겁이 있으면, 나이 많은 형제가 있다고 각각 통변에 응용
   할 수 있는 것이다.

• 월주(月柱) : 월주는 부모, 형제, 직속 상관을 의미하는 것으로

- 월이 일간을 생하면, 부모덕이 있고, 직장 상사의 혜택이 있고

－일간이 월을 생하면, 부모님을 도와주는 것이니 거꾸로 부모에게 도움을 받지 못하고 부모님이 가난하고

－월이 일간을 극하면, 부모님이 엄하시고 가정교육이 심하고 윗사람에게 엄격한 통제를 받게 되고
－일간이 월을 극하면, 통솔력은 좋으나 부모님과 윗사람을 이기려 한다.

－월에 인수가 있으면, 부모(어머니)가 제자리에 있어서 똑똑하고 수명이 길고
－월에 편재가 있으면, 아버지가 똑똑하고 엄하시고
－월에 정재가 있으면, 연상의 여인과 맺어지고, 여자의 경우는 재는 정복욕이므로 신랑을 누르려는 기질이 있고
－월에 관성이 있으면, 여자의 경우 남편이 친정아버지와 같이 든든하고
－월에 상식이 있으면, 여자의 경우 월이 제일 힘이 좋은 곳이므로 튼튼한 자식 두고
－월에 견겁이 있으면, 장남·장녀이고 부모 모셔야 된다. 월에 견겁이 없는데 장남·장녀라면 장남·장녀답지 못하고 동생한테 친다.

• 일주(日柱) : 일주는 나 자신과 배우자 자리이므로

－일지가 일간을 생하면, 배우자의 사랑을 받고

－일간이 일지를 생하면, 내가 배우자에게 잘해주고

－일간이 일지를 극하면, 배우자를 꼼짝 못하게 하고
－일지가 일간을 극하면, 배우자를 멸시하여 마음상하게 하고

－일지에 인수가 있으면, 처 자리에 어머니가 있어서 어머니 간섭
　　　　　　　이 지나치고, 부모 모시고 살고, 모와 처
　　　　　　　가 불합(不合)한다.
－일지에 편재가 있으면, 항시 여자가 따라 붙고 바람둥이이고 돈
　　　　　　　을 항시 깔고 앉아 있는 것이고
－일지에 정재면, 항시 여자와 연애하고
－일지에 관성이 있으면, 여성의 경우 항시 남성에 주의해야 하고
－일지에 식상이 있으면, 여성의 경우 자식사랑이 좋다.

• **시주(時柱)** : 시주는 자식, 아랫사람, 말년을 의미하니

－시가 일간을 생하면, 자식에 효도받고 아랫사람의 도움을 받고
－일간이 시를 생하면, 아랫사람에게 잘해주고

－시가 일간을 극하면, 아랫사람에게 관리당하고, 자식과 아랫사
　　　　　　　람이 반발하고
－일간이 시를 극하면, 아랫사람에게 군림하고, 자식과 아랫사람
　　　　　　　에게 엄하다.

－시에 인수가 있으면, 자식 자리에 부모가 있으니 어머니가 철들

기 어렵고, 나이 어린 어머니가 있게 되고

— 시에 편재가 있으면, 아버지의 마음이 어리고

— 시에 정재가 있으면, 처와 나이차가 많고 말년에 바람난다. 시는 앞이므로 밖에만 나가면 여자가 기다리고 있다.

— 시에 관성이 있으면, 여자의 경우 연하의 남자이고 결혼이 늦다.

— 시에 식상이 있으면, 자식이 제자리에 있으니 제 구실을 다하게 되고

— 시에 견겁이 있으면, 동생이나 자식 같은 형제가 있다.

이상과 같이 단편적으로 응용하여 추명하면 되나 이는 그대로 단편적이고 일부분에 지나지 않으니 추명의 이치와 요령을 계속하여 잘 터득해 나가야 되는 것이고, 사주에 따라 달라질 수도 있음을 명심하고 추후 지속적인 공부를 통하여 복합적인 추명을 할 수 있도록 하여야 한다.

다. 육친을 응용한 통변 예

지금까지 육친론의 기본적 내용을 공부하였는데, 이를 사주 실전에 응용을 해 봄으로써 사주추명의 원리와 통변력을 키우는 데 도움이 되었으면 한다. 자꾸 반복해서 공부하고 다른 사주풀이에도 응용함으로써 실력 향상을 기하기 바란다.

상관		편인	편관
辛	戊	丙	甲
酉	辰	寅	子
상관	비견	편관	정재

사주 예(3)

戊土 일주가 정월달 酉시에 태어나 음지의 흙인데 월상의 丙火가 양지로 만들어 준다. 그리고 이 丙火는 寅木과 甲木의 생

을 받아 숯불과 같고 아주 큰 불이다. 월주가 부모궁인데 생을 받고 힘이 있으니 부모덕이 큰 팔자이다. 부모덕이 좋으면 인생의 60% 이상을 먹고 들어가니 얼마나 좋은가. 또 정재에서 시작해서 편관으로 편관이 편인을 생하고 다시 편인이 나를 생하니, 결과적으로 관은 직장이고 나라이며, 인수는 공부이니 직장과 나라에서 나를 공부시켜 주는 사람이다. 그러니 학교는 국립대, 일류대 가고 장학생으로 공부한다.

년간의 甲木이 일간戊土를 甲극土 하려하나 丙이 있어서 극 못하고 木생火 火생土다. 이것이 탐생망극(貪生忘剋)의 원리이다. 년지에 子水 정재가 있으니 나보다 나이 많은 여자인데 1 · 6水로 한살 또는 6살이다.

丙火 편인의 영향으로 성질이 급하고 몰아서 공부하고 번갯불에 콩 구워 먹는다. 편인이니 외국어 잘한다. 일지에 辰土 비견이 있으니, 일지는 안방인데 형제를 깔고 있어서 돈 벌어도 형제에게 빼앗긴다. 시주에 상관이니 시는 자손궁이고 아랫사람을 의미하므로 아랫사람을 잘 도와준다.

만약 여자 사주라면 甲木편관 남편이 나를 木극土로 때리려고 하면 丙이 인수이므로 얼른 공부해라. 그러면 木생火, 火생土로 안 맞는다. 또 서방님이 나를 공부시켜주고 서방님한테 사랑받는 팔자다.

사주 예(4)

비겁		편재	편재
丁	㊚	庚	庚
酉	午	辰	辰
정재	비겁	식신	식신

우선 사주에 木인수가 없다. 木인수는 어머니, 공부, 옷, 집, 고향 등을 의미하니 공부에 취미가 없다. 그러나 공부는 잘한다. 왜냐하면 火일주로 火는 눈으로 보는 것이 많아서 배우지 않아도 잘 알고 눈치가 빠

르고 눈썰미가 좋다. 또 인수는 없으나 상식이 2개여서 하나 배워서 열로 써 먹는다. "지식은 없어도 일반 상식은 많네요" 한다.

또 水관성도 없다. 따라서 간섭받지 않고 자랐다. 누구에게도 통제받고, 간섭받기를 싫어한다. 그러므로 직장생활이 어렵다. 따라서 자유업 해야 한다. 이런 사주의 직업을 통변할 때 반관반민(半官半民) 팔자라고 한다.

년·월에 식신이 있으니, 윗사람에게 잘하고 희생, 봉사한다. 따라서 노인복지에 흥미있고 양로원에 관심있다. 만약 일시에 상식이 있어 생하면 아이들에게 잘하고 고아원, 육아원에 관심있다.

년·월·시에 재성이 있어서 눈에 돈만 보인다. 여자도 셋이다. 년월의 庚하고 살고 있으나 시지의 酉金이 기다리고 있다. 시는 앞이니 집 나서면 酉金 여자가 기다리고 있다. 酉는 8월이고 금은주옥으로 예쁜 여자다. 그러니 어찌하면 좋겠는가. 결국에는 酉金 여자하고 살게 되는 팔자다. 첫 여자 만나서 해로하기는 힘든 인생이다.

일간丙火가 일지午火, 시간에 丁火비겁이 있어, 안방에 형제가 들어와 있다. 그러므로 형제 한자락 깔고 사는 팔자다. 酉시는 태양이 없어지는 시간이다. 따라서 丙火는 낮에는 내가 火극金으로 이기지만 밤만 되면 내가 진다. 酉金이 金생水로 눈물 흘리면 水극火로 丙이 앞이 안 보이니 여자 울음에 항시 넘어가는 사람이다.

만약 여자라면 재성이 시어머니이다. 그러므로 시어머니 두 분 있는 대로 시집가는 팔자로 통변한다. 여기서 시어머니가 둘이라면 시아버지가 바람둥이이거나 시어머니가 재취로 시집 온 집안이다. 여자 팔자가 재성이 많다면 이와 같이 시어머니가 둘 있는 집안과 인연이 있다.

사주 예(5)

식신		정인	편재
丙	甲	癸	戊
寅	寅	亥	申
비견	비견	편인	편관

년간의 戊土처가 편재라서 편법으로 만났고 첫사랑이다. 나 甲木과 처 戊土 사이에 엄마 癸水가 있어서 둘이 사는데 꼭 엄마가 끼어든다. 따라서 부부해로 못한다. 癸亥는 대해수(大海水)로서 물 건너 갔네요. 왜 해로 못했는지 엄마 癸水에게 물어보자. 癸가 말하기를 "우리 아들이 甲木인데 며느리가 나이가 많아서 내가 쫓아버렸소." 한다. 그러므로 해로 못하는데 마누라에게 물어보면 戊土 왈 "속 모르면 말 마소. 시어머니 癸水에 가려서 서방 얼굴 보기 힘들고, 서방이 책만 보고 있고, 癸水가 인수이니 책이고 공부이니까, 공부하고 연애하고 있어서 그만 끝냈다오." 한다.

甲木이 寅寅으로 아름드리 뿌리깊은 나무이다. 대쪽같다. 송죽(松竹)같다. '고려 말 정몽주가 환생(還生)한 팔자네요' 한다. 寅은 비견으로 형제다. 3·8木으로 3남매 중 하나다. 시에 丙火가 있어서 양이고 크니 겹꽃이고 향기가 진동한다. 식신이니 큰 학생이고 이 사람이 가르친 제자는 丙寅으로 태양과 같은 존재가 된다. 사장과 장관 길러내는 사람이다. 사주에는 그릇이 있는데 이 사주는 대학교수 그릇이고 총·학장도 한다. 시(時)의 丙이 앞에서 길잡이하고 있는 것으로 비서 데리고 산다. 2·7火이니 두 명 이상이다.

甲寅은 동량지목으로 대들보 노릇한다. 亥월은 추운데 丙이 있으므로 이 사주를 빛내준다. 丙은 상식으로 내가 가르치는 사람이 나를 빛내준다. 상식은 희생, 음덕으로 음덕을 쌓음으로써 내가 좋아진다. 甲寅은 위도 나무요, 아래도 나무로 위아래로 이층 빌딩집과 같다. 3·8 木으로 키도 1m80cm는 된다.

申金 편관이 申극甲 하려 하면 癸亥水를 먼저 건너야 하니 물에 가라앉는다. 그러므로 金극木을 절대 못한다. 金생水, 水생木으로 역시 탐생망극이다.

사주 예(6)

식신		비겁	비견
己	⑴	丙	丁
酉	丑	午	巳
편재	식신	비견	비겁

우선 丁火의 성격부터 진단해 보자. 火 일간으로 태어나고 火가 많아서 명랑, 쾌활하다. 그리고 거짓말 못하고 1급 비밀이 없다. 이 사람 보면 모든 사람이 즐거워한다. 그러므로 사람들이 상담해 달라고 찾아 온다. 火는 말이므로 말도 잘하고 말한 것은 씨가 된다. 따라서 말조심 해야 한다. 火는 이마이니 이마도 넓다.

그러나 火가 많아서 불 같은 성격이다. 그리고 등잔불인 丁火가 태양인 丙火를 보니 丁이 丙에 치여서 산다. 아무리 잘났고 공부 열심히 해도 반장 못 되고 항상 2등이다. 비견·비겁이 많으니 형제·친구가 많다. 이복형제도 있다. 丁이 벌어서 丙·丁들을 도와줘야 한다. 형들에게 줘야 한다.

자연에 비유해보자. 午월달의 丁이 꽃에 해당하는데, 꽃이 만발하게 피었다. 그러나 음·양이 섞여서 잡꽃이다. 丙은 큰 것이고 적색이고 겹꽃이고 丁은 작은 것, 홍색, 홑꽃이기 때문이다. 따라서 잡꽃이라서 배다른 형제도 있다는 것이다. 金인 열매도 있다. 酉丑으로 丑土도 열매로 들어온다. 午월은 더운데 酉金 에어컨이 앞에 있어서 살기 좋은 팔자이다.

일지 식신으로 식복이 있다. 일지는 배우자 궁으로 일지를 생해주므로 배우자를 아껴준다. 酉金은 편재이니 큰돈이므로 말년에 잘 살겠네요. 酉金은 금은보석으로 집에 보석도 많네요. 酉金은 편재로 이 사람 눈에는 남의 여자가 나의 마누라로 둔갑해 보인다. 사주에 정재가 없고, 편재만 있을 때 이런 현상이 생긴다.

남의 여자가 내 여자로 둔갑해 보이는데, 대문 나가면 예쁜 여자가 인사하는데, 가진 돈도 많은데 나는 과연 어떻게 처세해야 되나? 극복할 수 있을까? 여기서 삶의 철학이 나온다.

三. 지지암장론(地支暗藏論)

1. 의의

　지지암장이란 천간은 양이고 명(明)으로 모두가 보이고 나타나 있는 반면, 지지는 음이고 암(暗)으로 보이지 않고 나타나 있지 않는 무엇인가가 지지 내에 숨어있는 기운이 있는데, 이렇게 숨어있는 천간의 기운을 지장간(地藏干)이라고 한다.

　따라서 지지를 응용함에 있어서는 이 장간을 가지고 논하게 되는 것이고, 지금까지 공부한 子・丑・寅・卯라는 것은 각각의 간지의 기본적인 형체, 즉 체(體)를 말함이고, 실제로 응용함에 있어서는 장간을 용(用)이라 하여 각각의 간지가 양인지 음인지, 또는 습한지 조(燥)한지를 구분하고 나아가서는 그 지지를 대표하는 것이 장간인 것이다.

　천간은 노출이고 남자요, 지지는 비밀이고 여자이며 '감추다' 이므로 천간은 암장법이 없고 지지는 암장이 있는데, 여자는 아들 즉 양도 낳고, 딸 즉 음도 낳으며 또 하나나 둘, 셋도 낳을 수 있으니 암장도 지지의 성질에 따라 하나에서 셋까지 장축하고 있으며, 또 그 장간의 기(氣)에 의해 전혀 다른 기로 변화될 수 있는 것이며, 암장이란 용어 자체가 의미하고 있는 것과 같이 모든 인간사의 숨어 있는 비밀을 알아내는 데 응용하게 되니 철저하게 공부하여야 한다.

한편, 지지암장과 관련해서 월률분야(月律分野)라는 것이 있는데, 이는 월지에만 국한시켜 절기의 특성과 강약 등을 구분하는 데 응용하는 것으로, 암장과 혼동해서는 안되는 것이고, 암장은 년월일시 어디에 있든지 응용되는 것이다. 월률분야에 대해서는 격국론에서 다시 언급될 것으로 여기서는 구체적 설명을 생략하고자 한다.

2. 암장의 구성

암장을 유형별로 구분하면 子 · 午 · 卯 · 酉는 동서남북의 정방에 해당하여 장간이 한 개, 일위(一位) 밖에 없고, 寅 · 申 · 巳 · 亥에는 둘씩 있으며, 辰 · 戌 · 丑 · 未에는 각기 세 개, 삼위(三位)가 있는데, 천간은 천(天)으로 一이요, 지지는 지(地)로 二가 되며, 장간은 인(人)으로 三에 해당하여, 장간에도 천 · 지 · 인의 원리가 있는 것이다.

장간이 하나밖에 없는 것은 천(天)으로 一을 말함과 동시에 정방으로 타오행으로 변화하지 않기 때문이고, 둘씩 있음은 지(地)로써 一의 반대인 二수를 말하며, 변화에 있어서도 두 가지 이상 못 하며, 셋이 있음은 인(人)으로 상대인 三수를 말하고, 세 가지 이상 변화할 수 없고, 셋 이상 비장(秘藏)할 수도 없는 것이나, 이 세 가지가 음 · 양이 혼합되어 있어 잡기(雜氣)라고도 한다. 그러나 천과 지는 인과 달리 양이면 양, 음이면 음으로 통일되어 있음이 다른 점이다.

이와 같은 원리에 따라 지지의 암장을 도표로 표시하면 다음과 같다.

地支	子	丑	寅	卯	辰	巳	午	未	申	酉	戌	亥
장간(藏干)	癸	癸 ㉛ 己	(戊) 丙 甲	乙	乙 ㉱ 戊	(戊) 庚 丙	(己) 丁	丁 ㉦ 己	壬 庚	辛	辛 ㉤ 戊	甲 壬

위 표의 지지장간의 구성원리를 살펴보면

子중에는 癸水천간의 기가 자리하고 있으니 적은 물이고 우로수(雨露水), 천수(川水), 천수(泉水)요, 동절(冬節)의 물이라 한냉지수(寒冷之水)이다. 또 동짓날 한겨울로 癸水一기가 존재하게 되고,

丑중에는 癸水가 있어 습토(濕土)요, 겨울의 흙이라 동토(凍土)이고, 음토로 얇고 약한 흙이고, 辛金이 있어 철분(鐵分)이 많은 흙이다. 丑중에 癸水는 丑土가 겨울水에 소속되어 있고, 겨울과 봄을 이어주는 환절기이니 아직 水기를 장축하고 있는 것이고, 辛金은 가을金의 반대인 봄의 木을 앞두고 金기를 거두어 땅 속으로 수장(收藏)하여 보호하는 역할 때문이다.

寅중에는 양 甲木이 본래의 기이니 동량목이고, 정월은 봄의 시작으로 어리다 하여 눈목(嫩木)이 되고, 丙火가 있어 조목(燥木)이고, 인화물질과 같다. 寅중에 丙火가 있는 것은 정월부터는 보이지 않는 火기가 발생하고, 또 寅시에는 새벽으로 낮인 火의 시작이기 때문이다. 寅중의 戊土를 응용하는 것은 火土공존의 법칙에 연유한다.

卯중에는 음 乙木이 있어 적은 나무요, 2월에는 나무에 물이 오르기

때문에 습목이 되고, 살아있는 나무로 바람(風)이요 양류목(楊柳木)이다. 따라서 木생火는 잘 못하고 木극土는 잘한다.

辰중에는 乙木이 있어 대목지토(帶木之土)가 되고, 癸水가 있어 습토가 되며, 습토는 농사를 지을 수 있으니 가색지토(稼穡之土)라 하고, 土생金은 잘하나 土극水는 잘 못한다.

辰중에 乙木은 辰土가 봄木에 소속되어 있고, 봄과 여름을 이어주는 시기이니 아직 木기를 장축하고 있는 것이고, 癸水는 겨울水의 반대인 여름火를 앞두고 水기를 거두어 땅 속에 수장하여 보호하는 역할 때문이다.

巳중에는 丙火가 있어 강렬지화(强烈之火)에 노야지화(爐冶之火)다. 따라서 체(體)는 음이나 용(用)은 양이 되는 것이고, 庚金이 있게 됨은 가을의 金의 시작은 이미 巳월부터 시작되기 때문이고, 戊土를 응용하는 것은 火土 공존의 법칙에 연유한다.

午중에는 丁火음이 있어 등(燈)·촉(燭)火이다. 따라서 체는 양이나 용은 음이고, 己土를 응용하는 것은 火土공존의 법칙에 연유하는 것이다.

未중에는 음 己土가 있어 적은 흙으로 보기 쉬우나 여름철 삼복더위의 흙으로 눈에 보이지 않는 火생土를 받고 있어 오히려 왕토(旺土)가 되며, 丁火가 있어 조토(燥土)이고 火기를 장축하고 있으며, 乙木은 木봄의 반대인 金가을을 앞두고 木이 상할까봐 木기를 거두어 땅속으로 수장(收藏)하여 보호하는 역할 때문이다. 未土는 조토로 土생金은 어렵고 土극水는 잘한다.

申중에는 양 庚金이 있어 완금(頑金)이요, 무쇠가 되고, 壬水기가 있는 것은 申은 오후이고 추절(秋節)이라 해가 서산에 기울고 있으니 밤의 시작이며, 석양에는 잎새에 이슬이 맺히고, 또 추절은 겨울의 시작으로 水기가 발생하기 때문이며 金생水도 잘하고 金극木도 잘한다.

酉중에는 辛金이 있어 금·은·주옥이요, 酉는 8월로 1년중 가장 맑은 때가 되어 예쁘고 청백하다.

戌중에는 丁火가 있어 조토라 하고, 戊土 양이 있어 왕토(旺土)요, 큰 흙이 되며, 戌중에 辛金은 戌土가 가을에 소속되어 金기의 잔여 기운이 지속되고 있고, 丁火는 여름의 반대인 水겨울을 앞두고 水극火 당하여 火가 피상될까 염려되어 火기를 거두어 땅속으로 수장하여 보호하는 역할 때문이고, 戊土는 조토가 되어 土극水는 잘하나 土생金은 어렵다.

亥중에는 양 壬水가 있어 해수(海水)요, 호수(湖水)가 되며, 甲木이 있어 온난수(溫暖水)요, 난류(暖流)가 되고, 또 체는 음이나 용은 양이 되고 있다. 亥중에 甲木이 있는 것은 亥는 十월로 봄의 시작이요, 또 가을 金의 金극木 수제(受制)를 벗어나 亥水 온난수의 기(氣)에 의해 水생木으로 木이 다시 소생할 수 있으므로 甲木이 자리하게 되는 것이다.

3. 암장의 응용

암장은 인간사의 비밀을 캐는 데 초점을 맞추어 응용하기 위한 목적이 있다 할 수 있다. 천간은 누구나 본다. 지지까지 볼 수 있는 것은 개안(開眼)이다. 암장까지 모두 볼 수 있어야 혜안(慧眼)이 된다. 암장 속의 육친도 육친으로서의 소임을 다하고 있는 것이므로 이를 파헤쳐 통변에 응용해야 된다. 예를 들면 투간된 정재는 처·마누라이나 암장된 정재는 애인이라는 식이다. 따라서 암장의 응용방법에 대해 잘 공부할 필요가 있다.

우선 각 지지를 대표하는 것은 子중癸水, 丑중己土, 寅중甲木, 卯중 乙木, 辰중戊土, 巳중丙火, 午중丁火, 未중己土, 申중庚金, 酉중辛金, 戌중戊土, 亥중壬水를 각자의 본기(本氣)로서 응용하는 것이고, 따라서 개별적으로 지지를 호칭할 때도 위와 같이 본기로서 子水가 아니라 子중癸水로, 丑土가 아니라 丑중己土 등으로 해야 된다.

또 丑중에 본기 己土말고도 辛金과 癸水가 있는데 이는 土 속에 잠장 (潛藏) 되어 있고, 寅중에 甲木은 본기요, 丙火는 寅木 속에 잠장되어 있고, 辰중에는 乙木과 癸水가 土 속에, 巳중에는 戊土와 庚金이 火 속에, 午중에는 己土가 火 속에, 未중에는 乙木과 丁火가 土 속에, 申金에는 壬水가 金 속에, 戌중의 丁火와 辛金이 土 속에, 亥중의 甲木은 水 속에 각각 숨어 있어, 이를 암장이라 하며, 또 이 암장의 기는 겉으로는 보이지 않으나 일주에 미치는 영향은 크므로 응용에는 철저를 기하여야 된다.

예를 들면, 辛金일주 여명(女命)에 寅木이 있다면 겉으로는 寅중 甲 木으로 정재가 되나 보이지 않는 丙火 정관까지 가지고 있으므로, 겉으로는 정재이나 속으로는 정관까지 있으니 돈으로 인하여 정부(情夫) 까지 생긴다는 식으로 응용되고 통변되는 것이다.

또한 암장된 기운의 작용으로 타간지를 만나면 타오행으로 변화되어 응용되는데, 丑土의 경우 辛金과 癸水를 장축하고 있어 때로는 金이나 水기로서 변화될 수 있고, 寅중에는 丙火가 있어서 본기는 木이면서도 火로 변화할 수 있으며, 辰중에는 乙木과 癸水가 있어 木이나 水로서 변화할 수 있고, 巳중에는 庚金이 있어 때로는 金으로, 未중에는 乙木과 丁火가 있어 土이면서도 木이나 火로, 申金은 壬水 때문에 金이면서도 水로, 戌土는 丁火·辛金 때문에 土이면서도 火나 金으로, 亥중에는 甲木이 있어 水이면서도 木으로 변화될 수 있는 것이니, 나중에 지지 합의 변화에 대해 공부하겠으나 이러한 암장의 원리를 응용하는 것이다.

또 子水와 午火는 子寅辰午申戌로 양에 속하여 있고, 巳火는 亥水와 함께 丑亥酉未巳卯로 음에 속하여 있으면서도 실제 응용에 있어서는 음·양이 바뀌고 있는 것은 앞서 나온 바와 같이 巳중丙火, 午중丁火, 子중癸水, 亥중壬水로 체(體)와 용(用)이 각기 다르기 때문이다.

암장의 통변과 관련해서 예를 들어 좀 더 익숙해져 보자.
여자가 乙巳일주라면 庚金서방이 巳火 불 속에 들어 있다. 자식 巳火 상관 속에 정관이 들어와 있다. 고로 자식 때문에 애인 생긴다. 암장의 정관이라 애인인데 남편으로 둔갑해 보인다. 남자도 암장으로 재가 있으면 귀신도 모르게 연애한다. 만약에 庚년에 신수 보러 왔다면, "애인 놔두고 또 애인 생기네요. 참 복도 많으시네요." 해봐라.

$\begin{smallmatrix} \bigcirc & \textcircled{辛} & 丙 & \bigcirc \\ \bigcirc & 丑 & 子 & \bigcirc \end{smallmatrix}$의 예를 보자. 子丑은 물이다. 丙火는 물 위에 불이다. 꺼져 간다. 금방 날라갈 것 같다. 壬子년이면 丙이 꺼진다. 여자면 丙이 날

라가서 과부됐다. 서방 떠나고 한 해가 어떻게 갔는지 모른다. 다음 癸 丑년까지. 다음에 甲寅년이 오니까, 재운이라 정신차리고 돈 벌려고 한 다. 이때 신수 보러 왔다. "금년엔 장사하시게요? 되니까 해보세요. 그 런데 돌아가신 서방님 같은 애인 하나 생기시겠네요." 가게하다. 손님 중에서 남편 같은 남자 만나서 서로 사귄다. 寅중에 丙火가 애인이다. 이렇게 통변된다는 것이다.

○乙庚○의 경우는 庚金이 본 남편이고, 巳 속의 庚金은 애인이다.
○巳○○

○乙辛○의 경우는 辛金이 편관이지만 본 남편이다. 편관이라 편되게
○巳○○
만났다. 오다가다 만났다. 편되게 만났으면 결혼식도 안 올리고 산다. 살다보니 巳 속의 庚金을 만났는데 辛과 庚을 자꾸 비교하다 보니 庚 에게 마음이 끌린다.

남자가 庚寅일주면 편재라 편되게 만났다. 寅 속에 丙이 있어서 여 자 만나면 자식까지 달고 온다. 부모가 庚寅일주 자식 사주 보러 오거 던 "나중에 자식이 총각득자 즉 장가도 가지 않은 아들이 여자 건드려 서 임신시켜 놓을 테니 조심하세요." 한다. 즉 여자 건드리면 자식 생 긴다.

甲寅년이 오면 "애인 하나 생긴다. 조심하세요. 여자가 임신했다고 책임지라 하오." 2개월 됐다고, 丙은 2·7이니까. ○○壬○○의 여자는 午
○午戌○
戌火局으로 관이 재로 변했다. 서방戌土가 재(財), 즉 돈으로 둔갑해 보인다. 고로 서방만 보면 "돈, 돈 얼마 벌었어요?" 결혼 때도 남자를 돈으로 환산하여 본다. 여자가 조심해야 할 것이 재생관으로 돈놀이 한다면 돈 때문에 남자 생긴다. 돈 뺏기고 몸 뺏기니 조심하라.

庚<u>壬</u>庚庚 / 戌子辰辰 의 경우, 辰중에 癸水 비겁이 암장되어 있어서 숨어있는 형제니 배다른 형제다. 戌중丁火가 마누라다. 마누라가 땅 속에 있다. 고로 마누라 왈(曰) "나는 곧 땅 속에 들어갈 것 같아요." 한다. 丁火돈이 땅 속에 있어서 돈 보면 저장만 잘 한다. 즉 쓰지 않고 버는 재미로 산다.

○<u>乙</u>○○ / 巳巳巳巳 의 경우, 巳火 속에 庚金이 암장되어 있다. 남자가 없는 것 같았는데, 애인이 수두룩하다. 자식은 巳중에 丙으로 살피고, 아버지와 시어머니는 巳중에 戊土로 얘기하라.

○<u>壬</u>○○ / 戌戌戌戌 의 경우, 남자라면 火재(財)가 없다. 그러나 암장에 戌중丁火가 많다. 고로 늙은이 젊은이 없이 여자가 많이 따른다. 자식은 戊土로써 丁壬합하면 戊자식이 생긴다. 4명의 여자에게 자식 하나씩 다 나왔다. 돈은 불속의 말라있는 흙으로 큰 돈은 없다.

○<u>戊</u>○○ / 卯午卯寅 여자의 경우, 늙은이 젊은이 할 것 없이 남자가 많이 따른다.

사주 예(7)

己 <u>壬</u> 己 乙 곤(坤)
酉 辰 卯 未

己土서방이 木극土 당하여 없어진다. 水일주라서 흘러가야 하므로 돌아다녀야 한다. 선머슴아다. 己土서방이 木극土로 쥐어터졌다. 己는 입인데 木인 실로 꿰맸다. 서방한테 입닥치라고 한다. 월에 상관으로 남편 꺾는다. 상관은 광대뼈 나왔고, 입이 나왔다. 남편이 존재 못한다. 남자 무시하고 엎질러 버린다. 卯월은 바람이 심하다. 乙·卯·未 바람으로 壬水물에 바람이 부니 水+바람은 풍파다. 고로 만고풍파를 끼고 사는 사람이다.

시의 己土는 연하의 남자로 문밖에서 기다리고 있다. 재(財)인 火가 없다. 없으면 더 찾는다고 돈에 대한 애착이 강하다. 시지(時支)의 酉는 인수로 친정이다.

말년에 친정 앞으로 가야 한다. 친정 끼고 살아야 한다. 상관 다(多)면 억세게 생겼고, 木이 많아 간땡이가 크고, 손이 크고, 배짱이 좋다. 남편이 많으나 극(剋)을 당하고 있어서 왔다갔다한다.

시(時)에서 金생水로 일(日)을 생하고, 일에서 월을 생하니 거꾸로 세상을 살아야 올바르게 산다. 여자가 억세다. 재취·소실 팔자다. 물로 태어난 팔자는 물이 바르게 흐르는가, 거꾸로 흐르는가, 물이 잔잔한가, 파도가 이는가, 옅은 물인가, 깊은 물인가, 막아서 써야 하나, 흘러보내야 하나를 판단해야 한다.

물이 얕고, 土가 있고, 풍파가 일고 있고, 더러운 물이다. 얕은 물은 동네 애들이 들어와서 논다. 고로 남에게 멸시·무시 당하고 풍파 끼고 산다. 깊은 물은 사람들이 못 들어 온다. 그 사람을 두려워한다.

四. 합충론(合冲論)

천간·지지는 간지가 가지고 있는 오행별 특성과 음과 양, 그리고 서로의 생과 극의 작용 등에 따라 두 간지 사이에 상호 인력(引力), 즉 끌어 당기고, 만나고, 묶이고, 의의가 좋은 관계가 성립되기도 하고, 추력(推力), 즉 분산되고, 싸우고, 충돌, 이탈, 쟁투, 불화로 대립되는 관계가 성립되기도 하는데, 전자의 경우를 합(合)이라 하고, 후자를 충(冲)이라 하는 것이며, 합과 충은 서로 상대가 있는 것이니 상합(相合), 상충(相冲)이라 한다.

여기서 합·충은 편의상 구분했을 뿐이고, 합 속에 충이 있고, 충 속에 합이 있다. 겉이 합이면 속이 충이고, 속이 충이면 겉은 합이다. 합 다음에 충이 오고, 충 다음에 합이 온다. 충은 합을 낳고, 합은 충을 낳는다.

충에도 좋은 충이 있고, 나쁜 충이 있으며, 합에도 좋은 합이 있는가 하면, 나쁜 합도 있다. 중요한 것은 충과 합은 서로가 필요하다는 것이다. 따라서 합을 푸는 데는 충이 필요하고, 충을 해소시키는 것은 합으로서만이 가능하다는 것이다.

합의 구성은 음과 양의 배합이다. −와 +의 만남이고, 남과 여의 만남이다. 따라서 상호인력이 생기는 것이고, 충은 음과 음, 양과 양의 대립이다. 동서남북으로 맞서야 충이 성립된다. 즉 거부반응으로 밀어내기이고 추력이 생기는 것이다. 고로 戊己土 중성자는 중앙이므로 합은 되나 충은 없다.

또 지금까지는 사주를 단편적이고 개체론으로 접근하여 왔으나 이제부터는 복합적이고 이원론으로 접근함을 알아야 한다.

1. 천간의 합·충법

가. 합·충의 원리

상합(相合)   상충(相冲)

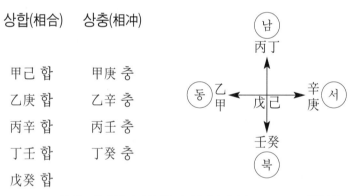

甲己 합   甲庚 충

乙庚 합   乙辛 충

丙辛 합   丙壬 충

丁壬 합   丁癸 충

戊癸 합

※충은 대립이다. 즉 동과 서, 남과 북 180도로 대립하는 것이다.
※戊己는 중앙이고 조절신이므로 충이 없다. 여기서 甲戊, 乙己, 戊壬, 己癸는 극이지 충이 아니다.

합의 구성원리는 자연의 이치와 같이 음과 양, 양과 음의 배합에서 성립된다. 그러므로 甲木은 양, 己土는 음이기에 甲己로 합이 되고, 乙木은 음, 庚金은 양이기에 乙庚합, 丙火는 양, 辛金은 음이기에 丙辛합,

丁火는 음, 壬水는 양이기에 丁壬합, 戊土는 양, 癸水는 음이기에 戊癸합이 각각 되고 있다. 그러나 무조건 음양이 다르다 하여 합이 되는 것은 아니고, 인간관계와 같이 甲己합은 木극土이나 정재 · 정관으로 부부가 되어 합이 되는 것이고, 乙庚합, 丙辛합, 丁壬합, 戊癸합도 같은 이치로 합이 되는 것이다. 이와 같이 서로는 극이면서도 합이 되는 것은 남자와 여자는 음양이 정반대이면서도 부부로서 일체가 되는 것과 같다. 따라서 천간합을 일명 부부합이라고도 하며, 서로간의 합이니 상합으로서 철저한 합으로 그 어느 합보다 우선한다 하겠다.

여기서 주의할 것은 음양지기만 다르면 모두가 정재 · 정관으로 합이 되는 것은 아니고, 양일주 남자와 음일주 여자만이 해당하는 것이고, 음일주 남자와 양일주 여자는 정관 · 정재라도 합이 될 수 없다. 이는 남자는 양, 여자는 음이라는 근본에 기초하기 때문이다. 또 이와 같이 극이면서도 합이 되는 것은 유정지극(有情之剋)으로 길(吉)로 판단하는 것이니 극이라 하여 모두 흉이 될 수 없고, 음양지기만 다르다면 상호간 귀물(貴物)이 됨을 알아야 한다.

또 천간합을 일명 육합(六合)이라고도 하는데, 甲에서 己까지가 여섯 번째이고, 乙庚, 丙辛, 丁壬, 戊癸가 모두 여섯 번째가 되기 때문이다. 수리학적으로도 1과 6은 양수와 음수로 짝이 될 수 있고, 또 1에서 생하여 6에 이르면 성(成)이 되어 하나의 완전한 개체가 되는 것과 같으며, 또 甲木 남자가 己土 여자와 결혼함으로써 하나의 완전한 인간이 형성되는 것과 같다.

다음으로 甲己합을 중정지합(中正之合), 乙庚합을 인의지합(仁義之

合), 丙辛합을 위제지합(威制之合), 丁壬합을 음란지합(淫亂之合), 戊
癸합을 무정지합(無情之合)이라고도 하는데, 그 연원을 살펴보면

甲 무근지목(無根之木)이 己 전답(田畓)土에 뿌리하고 있으니, 土 중
앙에 좌우되어 중정지합이 되고, 乙木 인(仁)과 庚金 의(義)가 합하여
인의 지합이 되고, 丙火 군주가 辛金 미인을 강제로 합하고, 또 丙火 강
렬지화에 연약한 辛金이 꼼짝 못하니 위제지합이 되며, 丁火 장정(壯
丁)과 같은 기가 강한 여자가 壬水 스테미너 왕한 남자가 합하니 음란
지합이 되고, 戊土는 5수로 늙었고, 癸水는 1수로 어린 여자와 합하였
으므로 무정지합이라 하는 것이다.

따라서 甲己합이 있으면 중정으로 만난 부부가 되어 서로가 존경하
면서 그 정이 항구하며, 乙庚합은 인정과 의리의 만남이니 처음은 인
정으로 만나 종래는 의리로 변화하여 오도 가도 못하며, 丙辛의 위제
지합은 강제로 만난 부부요, 丁壬합은 서로가 즐기는 것으로 만족하니
오래가지 못하고, 戊癸합은 戊土는 아버지 같은 남자요, 여자는 딸과
같으니 서로 간에 정이 없다.

다음에는 합도 유정지합과 무정지합으로 구분되는데, 이는 합은 합
이나 일간에 좋은 영향을 미치면 유정지합이라 하고 나쁜 영향을 미치
면 무정지합이라 하며, 합이라는 것도 과다하면 흉이 되는 것으로, 아
무리 좋은 것이라도 지나치면 병이 되는 것이기 때문이며, 이를 두고
다정도 병이라고 하며, 이를 합비합(合非合)이라고 하는 것이다.

다음 충의 구성원리는 양과 양, 음과 음이 대립되기 때문이며, 동과
서, 남과 북의 방위가 대칭되고, 180°로 평행이기 때문이다. 육친으로

는 편관과 편재의 관계가 되어 편되게 만난 부부와 같이 눈에 보이지 않는 벽이 있는 것과 같고, 충이 되어 오래가지 못하고, 따라서 초조와 불안 그리고 긴장과 불신을 내포하고 있어 모든 면에서 갈등과 쟁투의 요인이 되고 있다 하겠다.

이를 실례로 보면 甲庚과 乙辛은 동과 서로 丙壬과 丁癸는 남과 북으로 맞서고, 양과 양, 음과 음의 대립이 되고, 甲木의 편관은 庚金이고 庚金의 편재는 甲木이 되며, 乙木의 편관은 辛金, 辛金의 편재는 乙木이 되고(이하 丙壬, 丁癸도 같다), 또 甲에서 庚, 乙에서 辛, 丙에서 壬, 丁에서 癸까지가 일곱 번째가 되면서 일명 7충이라고도 하는데 戊甲, 乙己, 壬戊, 癸己는 충이 되지 않음도 이미 말한바와 같다.

그리고 충에서도 유정지충과 무정지충이 있는데, 유정지충은 좋은 충이요, 무정지충은 나쁜 충이 되니 충도 길·흉이 있다.

나. 합·충의 변화

간지의 합과 충이 발생하면 반드시 변화, 변동이 발생한다. 인간은 동적인 동물이므로 항상 변동이 있게 마련인데, 이 변동상황을 읽어내는 데는 합·충의 변화가 핵심이 되므로 그만큼 중요하다고 강조하는 이유다.

합의 변화는 합거(合去)라고 한다. 배우자 만나서 짝을 만들어 보내는 것과 같다. 정확하게 말하면 일간과 합하는 것은 합신(合身)이고, 일간 외에 다른 간지가 합을 해서 연애하여 가버리는 것과 같은 변화가 합거(合去)이다. 따라서 일간의 변화와 다른 육친의 변동·변화를 합의 변화로 읽어낼 수 있는 것이다.

충의 변화는 충거(冲去)라고 한다. 매질해서 강제로 쫓아내는 것과 같다. 합도 변화이고 충도 변화다. 즉 甲木이 혼자 있다가 己土 여자 만나면 합으로 인한 변화가 오고, 庚金으로 충되면 싸우고 떨어져 나가는 변화가 오는 것이다. 다만 변화과정이 다르다. 합은 자연적 변화로 알고 있었고, 예견되었고, 자의(自意)에 의한 변화라 할 수 있고, 충은 갑자기 모르고 있다가 억지로 타의(他意)에 의한 변화로 쫓겨나는 것이다.

또한 甲木의 사람이 庚년의 해를 맞이하면 머리(木) 얻어 맞았다. 따라서 멍하니 정신이 없다. 쫓겨난다. 기억력이 감퇴된다. 머리가 아프다 등으로 통변하는 것과도 같다.

합으로 만난 부부는 연애결혼이 많고, 충으로 만난 부부는 억지 결혼이 많아 해로하기 힘들고, 사이클이 맞고 안 맞고로도 연결할 수 있다. 또한 선보는 날을 택일할 경우에도 남자는 재(財)와 합되는 일진이면 여자가 예쁘게 보이는 날이고(예 ; 甲己합), 여자는 관(官)과 합되는 일진이면 남자가 좋게 보인다.

합은 길(吉)이라고는 하나 합도 과하면 정(情)에 묶여서 다정도 병인 것과 같이 오히려 흉이 되니 충으로 묶인 것을 해소시킬 수 있는 것이고, 충이 나쁘다고는 하나 합으로 해소시켜 유용하게 할 수 있는 것이므로, 합은 충으로 풀고, 충은 합으로 해소시킬 수 있는데, 이를 탐합망충(貪合忘冲)이라 한다.

예를 들면 甲庚이 충하는 곳에 己土가 개입하면 甲己합 때문에 甲庚충이 해소되고, 乙木이 개입하면 乙庚합 때문에 甲庚충이 해소되는 이치와 같다. 여기서 충을 해소하는 방법에는 충 되는 양간지 사이를 생(生)으로 해소시키는 방법도 있다는 것이다. 즉 甲庚 사이에 壬水를 넣어 庚金생壬水생甲木으로 연결하면 충을 해소할 수 있다. 이와 같은 방법을 탐생망극(貪生忘剋), 탐생망충(貪生忘冲)이라 한다.

이 내용은 사주원국에서 충으로 인한 흉과 운에서 오는 흉을 해소시키기 위한 방법으로 활용하는 핵심원리이다. 따라서 원국과 운에서의 충의 폐해를 해소시키기 위한 수단 중에서는 작명이나 개명이 중요한 수단 중 하나이므로 작명에서는 원국과 운에서의 충극을 해소시킬 수 있는 글자를 넣어주는 것이 핵심이다. 획수나 맞춰서 작명·개명하는 것은 이 원리를 모르거나 과소평가한 소치라 할 수 있다.

또 운에서 오는 충극의 폐해를 해소 내지는 완화시키는 방법으로는 여러 가지 수단이 있겠으나, 부적도 한 가지 방법인 바 부적 작성에 있어서도 이 원리를 응용한 글자를 활용하는 것이 최선의 방법이다. 이미 작성 인쇄된 부적은 좋은 효과를 보기 어렵다는 것이 정설이다.

탐합망충은 합을 탐하여 충을 하지 않게 되는 이치인데, 그러나 충을 안 당하는 대신, 여자면 서방을 뺏겨야 한다. 즉 충은 해소했지만 잃는 것도 있다는 것이다. 즉 ○甲乙庚의 경우로 乙木이 庚金과 합거되기 때문이다. 乙庚합이 되고 충은 해소된다. 그러나 ○甲庚乙의 경우는 甲庚충도 되고 乙庚합도 된다. 이 경우 항상 합이 먼저이고 충이 나중이다. 甲일주가 庚년 만나면 甲庚충이 되는데, 이를 해소시키려면 乙

자(字)를 써서 갖고 다니면 이것이 부적이고 효과가 있다고 보는 것이다. 글자에는 자령동력(字靈動力)이 나오고 여기서 나오는 기운이 충을 해소시키는 데 도움이 된다고 보는 원리이다.

육친과 충의 해소를 연결해서 보면, 甲庚충의 경우 己土가 개입하면, 己土는 甲기준으로는 아버지, 여자로는 시어머니, 庚 기준으로는 어머니, 여자 기준으로는 친정, 남자 기준으로는 외가 등을 개입시켜 문제 해결의 방향을 잡을 수 있는 것이고, 乙木을 개입하면 甲기준으로는 형제나 친구가 되고, 庚기준으로는 처나 시어머니가 되니 여기서 해결책을 찾으면 된다. 이하 다른 충의 해소방안도 같은 이치로 찾으면 된다.

즉 丙壬충은 丁·辛으로, 丁癸충은 戊·壬으로, 乙辛충은 丙·庚으로 각각 해당 육친을 응용하면 해소할 수 있다는 것이다. 이는 사주원국과 운에서 충이 되어 왔을 때 중요한 해결방안이 된다. 또 생(生)으로 해소하는 방법도 있는데, 甲庚충의 경우 金생水생木으로 水를 사이에 넣어 화해시키는 방법인데, 甲기준으로는 인수이니 모친이나 외가이고, 庚기준으로는 상식이니 자식, 할머니, 아랫사람 등이 해법이 되는 것이다.

또 합이 많으면 합비합(合非合)으로 좋지 않은데, 합다(合多)하면 쓸데없는 정을 많이 베풀고, 여자가 정관(正官)년이면 천리밖의 남자가 찾아오는 해이다. 10년 주기로 온다. 따라서 합도 필요한 합, 즉 유정지합(有情之合)도 있고, 필요없는 합, 즉 무정지합(無情之合)이 있는 것이고, 충의 경우도 충이 되는 경우와 충이 안되는 경우를 구분할 줄 알아야 된다.

가령 甲일주 여자가 庚년이 되면 甲庚충으로 있던 애인도 떨어져 나가는데 만약 丙甲丙丙이면 庚이 沖을 못 한다. 丙火들이 火극金으로 제(制)하므로 庚金이 못 들어간다. 즉 甲의 자식들이 甲을 보호해 준다는 것이다.

그러나 ○甲庚○의 경우, 庚년이 오면 甲木이 완전 파괴된다. 甲은 운에서 오는 庚보다 원국의 庚이 더 위협적이다. 일간의 일거수 일투족을 모두 감시하다가 운에서 온 庚에게 모두 알려주고 합세해서 일간을 무너뜨린다. 가장 무서운 적은 가장 가까운 데 있다는 것이다.

다. 합·충의 통변

합은 서로가 만나고, 모이고, 화합하고, 의가 좋고, 묶이고, 합거(合去), 인력(引力) 등으로 응용되고, 충은 충돌, 이탈, 불목, 파괴, 불화, 추력(推力) 등으로 응용된다.

따라서, 일간이 년주와 합하면 선조의 유덕 있고 조부모와 화목하며, 반대로 충이 되면 선조와 불합하고, 선조 제사 안 지내고, 직장장과도 충돌이 많고, 일간이 월주와 합하면 부모형제는 물론 윗사람의 덕이 있고, 반대로 충이 되면 부모형제와 불합하고, 모처도 불합이요, 이웃과 윗사람과도 불화가 잦으며, 일간이 시주와 합하면 자손 그리고 아랫사람과 화합하며, 반대로 충이 되면 자손과 불화에 동거할 수 없고, 부하와도 쟁투가 많다.

육친과 연결하여서는 일간과 인수가 합하면 공부 잘하고, 부모 모시고 살며, 반대로 충이 되면 부모님과 인연이 희박하고 공부도 못하며, 만약에 재와 인수가 합하면 부모가 화합한다. 일간과 비견겁이 합하면 친구가 제일이고 형제가 모여 살고, 반대로 충이 되면 형제와 반목하고 친구와도 불화한다. 일간과 상식이 합하면 아랫사람과 화합하고 여자는 자식과 같이 살고, 반대로 충이 되면 부하와 불목하고 여자의 경우 자식과 동거는 어렵다. 일간과 재가 합하면 가만있어도 돈과 여자가 따라 오고, 남자가 재합이면 연애결혼 하고, 반대로 충이 되면 재물이 분산됨과 동시에 본처와 해로가 어렵다고 추명한다. 일간과 관이 합하면 가만있어도 감투, 직장이 따라오고, 여자가 관합이면 연애결혼 하고, 반대로 충이 되면 직장 갖기가 어렵고, 여자의 경우 본 남편과의 해로가 어렵다.

또 일진이 합되는 날은 기분 좋은 날이고, 충되는 날은 기분 나쁜 날이며, 무슨 일을 이루고자 할 때에는 합되는 일진을 택해야 된다.
만약에 원국에서 ○庚甲○로 일간庚金이 편재甲木과 충되었을 때, 극도 받고 충도 받고 이중으로 곤욕이다. 월에 甲이 있으니 편재지만 마누라인데 맨날 싸우고 해로 못 한다. 월의 재는 부모 유산도 되는데 충되므로 유산을 쫓아낸다. 재가 木으로 3 · 8이니 3번 엎어 버리고 4번째가 제것이 된다. 남자면 3번 결혼 실패하고, 4번째가 내 마누라다. 재는 음식인데 음식 가지고 투정한다. 재는 돈이니 자기 돈 가지고 자기가 쓰는데도 구설이 따르고 자기 마누라 데리고 외출해도 주위에서 말이 많다. 왜냐하면 매일 싸우고 같이 나가니 흉보게 마련이다. 음식 먹으러 가도 머리카락 나오고, 파리 있고, 돌 씹는다. 재가 충된 사주추명방법이다.

또 운에서의 추명예를 들면 ○○甲○ 사주가 庚년이 되면 甲庚충이 되는데 일간이 庚년에 집을 짓는다면 월상의 甲木이 충이 되므로 월은 뒷집으로 보면 뒷집과의 불화로 시비 · 제동이 걸리게 되고, 甲○○○ 사주의 경우는 시상은 앞집이니 앞집과의 불화 시비가 생기는 것으로

도 추명할 수 있는 것이고,

만약에 일간이 충 받는 해의 운세 풀이는 일년 동안 꽈배기같이 꼬이는 한 해가 된다고 보면 된다. 이탈, 쟁투, 관재, 사고의 해다. 골치아픈일만 생기고, 기억력이 감퇴되고, 두통 오고, 꿈자리가 사납다. 여자면 서방과 싸우고, 남자는 자식과 싸우고, 직장 떨어지고 취직이 되지 않는다. 일년내내 힘들고 어렵다.

사주 예(8)

癸 甲 庚 庚
酉 寅 辰 辰

이 사주를 통변위주로 풀어보자. 우선 木일주이므로 항상 인정있고자 노력하나, 甲庚충이 되어, 庚이 "야, 의리로 살아라." 한다. 甲이 庚에 시달려서 죽겠다. 인정으로 살아야 되는지, 의리로 살아야 되는지 헷갈리는 삶이다. 또 년·월에서 金극木 당하니 항상 뒤에서 내 뒤통수 때리는 것 같아 뒤 잘 돌아본다. 따라서 1시 방향으로 기울어져 있는 체질이다. 인수 癸水가 시(時)에 있다. 따라서 어머니가 젊고 철이 안 들었다.

甲寅은 아름드리 동량지목이다. 辰월에 태어나서 金 열매는 많고, 꽃인 火가 없다. 나무는 날씨가 좋아야 하는데, 火가 寅중 丙火만 있고 겉으로는 없다.

육친으로는 상식이 없다. 고로 요령과 꾀가 없다. (상식은 요령, 꾀, 응용, 추리, 언변술, 인정, 학생, 신도, 기술 등이다.)

土인 재가 지지에 있어서 마누라 자랑은 하지 않는다. 천간에 재가 있어야 마누라 자랑한다. 년월에 재가 2개 있으니 결혼때는 쌍립(雙立) 선다. 나보다 나이가 많다. 마누라는 土이므로 두리뭉실하고 키는 별로 안 크다.

재는 흙이므로 돈 모으면 땅을 사라.

또 관살이 3개이니 "한번에 세 지게 지고 사는 팔자네요."(관살은 직장, 직업, 자식, 남편, 쟁투, 싸움, 모략, 매, 짐, 일복 등이다.) 3월의 나무가 열매가 많아서 여기 가나 저기 가나 일복이 많다. 여자라면 시집 3번 간다. 모두 충이고 원진이다. 해로 못 한다. 년월은 편관이니 결혼해도 번갯불에 콩구워 먹듯이 한다. 辰중에 乙木이 있는데 누나다. 누나가 庚과 乙庚합이니 연애박사다.

편재가 있어서 세상 여자가 모두 내것이다. 또 일확천금 노린다.

※ 참고사항 : 나이를 빨리 아는 方法

1. 항상 그 해와 합이 되는 것이 6살이다.
그리고 그 해가 1살이다.

2. 예
壬寅년이면 壬과 합이 되는 것이 丁이다.
고로 丁으로 시작되는 띠가 6살, 16살, 26살…이고
壬으로 시작되는 띠가 1살, 11살, 21살…이다.

그러므로 : 甲 乙 丙 丁 戊 己 庚 辛 壬 癸
9살 8살 7살 ⑥살 5살 4살 3살 2살 ①살 0살 이다.

癸卯년이면 癸가 1살
戊가 6살이다

그러므로 : 甲 乙 丙 丁 戊 己 庚 辛 壬 癸
0살 9살 8살 7살 ⑥살 5살 4살 3살 2살 ①살 이다.

2. 지지의 합·충법

가. 합·충의 원리

상합(相合)	상충(相沖)
子丑 합	子午 충
寅亥 합	丑未 충
卯戌 합	寅申 충
辰酉 합	卯酉 충
巳申 합	辰戌 충
午未 합	巳亥 충

지지의 합은 태양을 기준으로 지구의 자전과 공전으로 발생하는 음과 양의 합체의 형태를 지지합으로 보는 것이다. 천(天)은 태양이 되어 좌전(左轉)하고, 지(地)는 음이 되어 우선(右旋)하면서, 하늘과 땅이 상합(相合)하기 때문에 천지상합(天地相合)이라고도 하며, 지지를 양은 순행하고, 음은 역행의 원칙에 따라 子丑을 맞춘 다음 회전시키면 모두가 합이 되고 있으며, 여섯개의 합으로 6합이라고 한다.

이를 알기 쉽게 도표로 살펴보면 6합이 두 가지 형태로 나타나는데, 寅에서 未까지는 양적인 합이 되고, 申에서 丑까지는 음적인 합이 되고 있는데, 이는 같은 합이라 하여도 양적인 합은 남자가 주도하고, 음적인 합은 여자가 주도한다 하겠다.

또, 위 6합은 생합(生合)과 극합(剋合)으로 구분되는데, 생합은 진정한 합으로 볼 수 있으나, 극합은 어쩔 수 없이 합한 것이니, 결과는 흉

(凶)이 될 수밖에 없으며, 이를 다시 말하면 극할 목적으로 합을 한 것으로 종래는 결과가 나쁘게 귀결되는 것으로 종견괴래(終見乖來)라 한다.

이는 뒤에서 논할 합화법(合化法)과 관련하여 사주추명에 대단히 중요한 시사점을 제시하게 되는 사항이다.

地支의 순환도(循環圖)

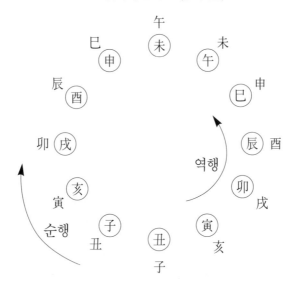

또 합 중에서 생합은 寅亥합(水生木), 辰酉합(土生金), 午未합(火生土), 극합은 子丑합(土극水), 卯戌합(木극土), 巳申합(火극金)으로서 셋은 생합, 셋은 극합으로 균형을 이루고 있으며, 합의 순서로 보면 극합 다음엔 생합, 생합 다음엔 극합이 차례로 진행되고 있으므로 역시 본 학문은 중화(中和)의 도(道)를 목적으로 함이 입증되고 있다. 지지의 순환에서는 순행이 주(主)가 되며, 역행이 종(從)이 되어 합이 되고 있으므로 동서양을 막론하고, 남자가 주(主)가 되고 여자가 종(從)하여 삶을 영위하게 되는 것이다.

다음으로 지지충도 천간과 같이 양과 양, 음과 음의 대립이며, 지지의 방위로 볼 때 상호 대칭인 180도에 해당함으로써 서로 충이 되고 있으며, 천간의 충은 내적으로는 합이 될 수도 있었으나 지지충은 철저한 충으로 완전한 파괴가 된다.

또한 지지충은 칠충(七冲)이라고도 하는데, 이는 子에서 午, 丑에서 未, 寅에서 申까지가 모두 칠위(七位)에 해당하고 있기 때문이며, 또 1에서 6까지는 합이 되나 1과 칠위는 같은 양수(陽數)요, 합한 연후에 분리되는 것은 곧바로 경쟁을 의미하며 순칠위(順七位)와 역칠위(逆七位)는 모두 충으로서 무정지극(無情之剋)이요, 6합, 즉 천간합의 극은 유정지극(有情之剋)이다.

충에서 주의할 것은 子午충은 水극火, 寅申충은 金극木, 卯酉충도 金극木, 巳亥충은 水극火로 상극작용이 바로 충이 되는 것으로 알고 있으나, 실은 극과 충은 다르다는 것을 강조하며, 丑과 未, 辰과 戌은 같은 土이면서도 충이 되고 있어, 이를 붕충(朋沖)이라 하며, 또 체(體)가 충이면, 장간(藏干)끼리도 충한다는 것을 알아야 한다. 그리고 子午가 상충할 때 子水가 午火를 극하니 午火만 피상(被傷)될 것 같으나 상충(相冲)이므로 서로가 상(傷)하는 것이고, 여타 충도 같은 원리로 이해해야 된다.

그러나 상충이므로 서로가 피해를 보는데, 정확히 구분한다면 午火가 강하면 子水가 상하고, 즉 불이 강하면 적은 물은 증발되는 것이고, 寅木이 강하면 오히려 申金이 상하는 것으로 일방적인 논리는 금물이다. 또 丑未, 辰戌충도 강왕한 자가 승리하는 것은 사실이다. 그러나 다른 충과 달리 수장(收藏)과 묘고(墓庫)가 되어 오히려 충을 희(喜)하는데, 그 이유는 묘고로서 금고는 열어야 비로소 사용이 가능하기 때문이다. 다만 재고(財庫)에 한해서이며, 육친이나 위치별 추리는 같다.

나. 합·충의 변화

천간과 지지의 합과 충을 복합적으로 연계시켜 그 변화를 살펴보면, 천간은 시작이고 지지는 끝이고 결과이므로 천간끼리는 충하든지 합하든지, 지지의 결과에 따라 결론은 난다. 천간도 지지도 모두가 충을 하면 간충지충(干冲支冲)이라 하여 시작도 결과도 나쁘고, 사주내에 충이 많은 자, 그만큼 평안할 날이 없으며, 천간이 충하고 지지가 합하면 간충지합(干冲支合)이라 하고, 시작은 나쁘나 결과가 좋고, 천간이 합하고 지지가 충하면 간합지충(干合支冲)이라 하고, 시작은 좋으나 결과가 나쁜 것으로 역시 지지충은 없는 것이 좋다. 천간도 합이고 지지도 합이면 간합지합(干合支合)으로 찹쌀궁합으로 싸이클이 잘 맞는다. 따라서 부부끼리 연결하면 일주(日柱)끼리 사이클이 맞고 안 맞고를 맞추어 볼 수 있다.

또 같은 충이라 해도 주중(柱中)의 왕자(旺者)가 충을 받으면, 왕자충발(旺者冲發)이라하여 더욱 억세어지고 많아진다. 잠자는 호랑이 코 찌르는 것과 같고, 젊고 강왕한 걸 건드려 놓으니 더욱 기승 부리는 것과 같다. 반대로 쇠자(衰者)가 충을 받으면 쇠자충발(衰者冲拔)이라 하여 완전 소멸되는 법이니, 약한 걸 건드려 놓으면 뿌리까지 없어지고, 쇠약한 노인을 건드리면 픽 하고 쓰러지는 것과 같은 이치이다. 강렬한 불을 건드리면 더욱 잘 타고, 꺼져가는 불을 건드리면 꺼져 버리고, 또 강자를 건드리면 더욱 강하고 약자를 건드리면 더 쇠약해지는 이치와 같다.

가령, _{丁甲戊丙}_{卯戌戌戌} 남자인데 戌이 마누라로 土가 억세서 악처다. 辰날에 서방이 들어오는데도 누워있자 발로 찼다. 戌土가 辰戌충 받자 "내가 개야?", "왜 차?" 한다. 괜히 건드렸다가 혼났다.

또 辰戌丑未는 흙이다. 고로 땅에 감추고 저장하니 창고이고, 죽으면 땅에 들어가니 무덤인데, 땅 속의 것을 파내려면 땅을 파헤쳐야 한다는 것이다. 土는 충을 좋아하지만, 단 적당히 필요한 충이라야 한다는 것이다. 예를 들면 ○辰戌○의 경우는 좋지만 戌辰戌○의 경우는 辰이 죽는다. 이렇게 나쁜 경우에는 원국에서든 운에서든 충을 해소시키는 것이 중요하다.

丑未가 충할 때는 巳나 亥가 개입하면 巳丑, 巳未 또는 亥丑, 亥未로 합이 되어 충이 해소되고, 이를 탐합망충(貪合忘沖)의 원리라 한다. 이 때 巳丑으로 하느냐, 巳未로 하느냐는 사주가 木火가 필요하면 巳未로, 金水가 필요하면 巳丑으로 해소시키면 된다.
또 辰戌충에는 卯나 酉를 개입시키는 방법으로 卯辰, 卯戌 또는 辰酉, 酉戌로 합이 되어 충이 해소된다. 같은 방법으로 寅申이 충할 때는 辰과 戌로 寅辰, 申辰, 寅戌, 申戌합으로, 巳亥충에는 丑과 未로 巳丑, 亥丑, 巳未, 亥未합으로 각각 충을 해소시킨다.

또 卯酉충이면 戌이 들어가면 해소되고, 辰이 들어가면 해소된다. 개나 용의 부적으로 개운시키는 방법을 사용한다는 것이다. 뒤에 나오겠지만 형(刑)살과 충을 해소시키는 방법은 원명에서나 운에서나 대단히 중요한 개운방법이 되는 것이다. 부적의 원리나, 작명의 원리에서도 응용함은 물론이다.

닭장 위에 토끼 키우면 닭병이 오지 않는다. 사주에 卯酉충된 자가 신수보러 오면 金극木으로 자동차 사고 위험하니 개 마스코트를 차 뒷편에 달고 다니게 하는 방법으로 개운하는 것이다.

같은 충이라 해도 년과 월, 월과 일, 일과 시와 같이 가까울수록 심하나 년과 시, 년과 일, 월과 시 등은 거리가 있어 충이 약화될 뿐더러 때에 따라서는 중간에 생(生)이 있으면 탐생망충(貪生忘冲)이라 하여 충이 해소되는데, 가령 卯酉충이 월과 시로 있을 때, 일지에 亥가 있으면 金생水 水생木으로, 寅년子월申일도 金생水 水생木으로 寅申충이 해소되니 이와 같이 충의 해소방법은 합으로도 풀고 생으로도 푸는 것이다.

또한 충은 장간(藏干)끼리도 충이 되는 것인데, 子午충은 子중癸와 午중丁火가 丁癸로, 巳亥는 巳중丙火와 庚金이 亥중壬水와 甲木으로 丙壬충, 甲庚충으로 상충(相冲)하고, 丑未는 丑중辛金과 癸水가 未중 乙木과 丁火가 乙辛·丁癸로 충하고 있고, 다른 여타 충도 같다.

충의 작용을 육친과 연결하여 보면 그 작용의 변화가 다른 특징이 있는데 편재, 편관이 되면서도 충이 될 때와 안될 때가 있다. 丙甲庚○의 경우에 甲庚충이 되는데 丙火가 있어서 火극金 당하는 것을 염려하여 쉽게 충하지 못 한다. 따라서 사주구성이 이렇게 되었을 때 무조건 충이 있어 나쁘다는 식으로 해석하면 틀린다. 좀더 자세하게 설명하면, 庚金이 甲木을 조준하여 총을 겨누는데, 다시 말하면 칠살(七殺) 작용이다. 丙火가 팔짝 뛰어나오니 충을 못 한다. 庚金이 甲木을 향해서 총구를 겨누고 총을 쏘려고 할 때, 丙火 빛이 보이니 조준이 안 돼서 엉뚱한 곳으로 총알이 가버렸다. 甲木여자가 庚金서방에게 시집갔는데, 丙火자식을 못 낳자, 庚金이 甲庚충으로 쫓아내려고 하는데, 이때 甲木이 丙火식상을 임신한 사실을 庚金에게 알리자 庚金이 태도가 돌변하여 잘해주는 이치와 같다.

내가 식상으로 좋은 일 많이 하면 오래 살고 재앙이 물러가는 것이다.

편재이면서 충 되는 것과 안되는 것의 차이가 있다. ○庚甲○의 경우는 충이 된다. 혼전동거해도 해로를 못 한다. 그러나 ○甲戊○의 경우는 충이 되지 않는다. 혼전동거해도 해로한다. 남자가 편재면 여자와 결혼하지 않고 사는 것이고, 여자가 편관이면 남자와 결혼하지 않고 산다.

편관이면서 충될 때와 안될 때가 있다. ○壬戊○의 경우는 충이 아니다. 고로 해로한다. ○庚丙○의 경우도 충이 아니다. 고로 해로한다. ○甲庚○의 경우는 편관이면서 충이므로 꼴도 보기 싫다. 따라서 못산다.

○戊○○의 여자가 있다. 서방님 寅木이 寅申충 당하고 있다. 따라서
○○申寅
이런 여자하고 살면 남자가 다친다. 딸은 충이 아니므로 괜찮지만 어떤 경우든 아들 낳지 마시오. 申金이 아들이다. 그러니 아들 낳고서 4·9金으로 아들이 9살 되자 寅木 남편이 충으로 사망했다. 따라서 팔자 도망 못 간다는 말이 틀린 말이 아니다.

다. 합·충의 통변

충하면 흔들린다. 싸운다. 그러므로 싸우면 악담하므로 충 받는 운에서는 비밀이 탄로난다. 비밀이란 남이 모르는 일로 남녀 애인관계나 비리, 비밀 자식 두는 것 등을 의미하고, 들통 나는데도 직접 들키는 것

과 간접적으로 들통나는 것이 있다.

가령 乙巳일주 여자가 아이들 학교에서 자모회 나가면 담임선생과 눈 맞는다고 했는데, 亥운이 와서 巳亥충이 되면 들통난다. 육친적으로 살펴보면 겁재운에서 비밀이 탄로난다. 왜냐하면 비겁날에는 고향친구 등을 만나게 되는데, 애인 데리고 유원지 놀러갔다가 들통난다.

지지(地支)가 충이면 천간도 흔들려서 충으로 생각해야 된다. 동주(同柱)는 부부와 같아서 남자가 지지인 처·가정에 뿌리하고 있는데, 지지가 충하면 남자도 같이 흔들린다. 따라서 천충지충(天冲地冲)이면 하늘도 무너지고 땅도 흔들린다. 머리도 때리고 다리도 걷어차인다. 정신적으로도 육체적으로도 고통이다. 나가도 고통, 들어와도 고통, 겉과 속이 하나도 편한 게 없다. 그러므로 관재, 송사, 득병이거나 사건, 사고, 수술이 있거나 부부이별이 있거나 부모상을 당하거나 등등의 좋지 않은 일들이 있으리라고 통변한다.

○丙丁己의 여자가 庚辰년이다. 천간은 火극金이고 지지는 辰戌충으
○戌丑亥
로 간극지충(干剋支冲)이다. 따라서 "이혼수 아니면 부모상 당했네요"라고 하자 2월달에 아버지 돌아가셨다고 한다. 일지가 충 받으니 남편이 실수연발이고 제정신이 아니다. 현재 도박에 미쳐 난리도 아니란다. 충의 통변술이다.

일지가 충할 때, 1년 동안 앉은 자리가 흔들리네요, 제 마음대로 못하니 짜증만 부리고, 땡깡을 부리고, 동으로 가라 하면 서로 가고, 서로 가라 하면 동으로 간다. 내가 변동수다. 타의에 의한 변화이고, 배

우자의 심성도 좋지 못하다. 년지가 충하면 조상이 흔들렸다. 그러므로 무덤 옮긴다. 또는 사초(莎草)를 하게 된다. 타의에 의한 변화이니 산 팔아 먹거나 산소 있는 곳에 도로가 나니 산소 옮기라 한다. 월지가 충하면 부모형제간에 변동수가 생긴다. 또 월주는 환경이고 격국의 주체이니 자신의 환경에 큰 변화가 온다. 시지가 충하면 자식의 자리이니 자식의 변동수가 있게 되고, 아랫사람의 변화가 많게 된다.

육친의 통변과 연결하면, 먼저 일지와 합되는 오행의 육친에 대한 변화다. 비견겁이 합을 했다. 그러면 형제가 찾아온다. 인수가 합을 하면 부모가 찾아온다. 상식이 합하면 자식이 찾아오고, 아랫사람이 찾아 온다. 재가 합을 하면 돈, 여자가 찾아오고, 관이 합을 하면 관과 관계된 일, 하다 못해 주민센터라도 간다.

또 년·월·일·시의 어디에 있든지, 재가 충 받으면 돈 나간다. 이럴 때 돈 받을 거 있으면 소송해야 된다. 아니면 내용증명이라도 보내라. 그래야 돈 받는다. 남자라면 이혼수 들어 왔다. 만약 합이 되면 좋게 연결되고 돈이 많아지고, 나쁘면 묶인다. 활동정지고 압류가 들어온다.

인수가 충이면 집으로 인한 구설 생긴다. 법원에서 보증섰던 문제 때문에 압류 날아온다. 나도 모르게 도용당하고 이전되기 쉬우니 가끔씩 등기부 열람해 보라. 어머니 아프거나 사고나고, 귀인이 도망가 버린다. 인수는 시작인데 충 받으니 무엇을 해야 할지 계획이 안 선다.

비견겁이 충 받으면 형제까지 사이가 나빠지거나 형제에 사고가 생기고, 친구간에 불화가 생긴다. 상식이 충하면 자식이 흔들린다. 자식이 사고내거나 심하면 경찰서 끌려간다. 관이 충하면 여자면 서방이 흔들린다. 이혼수 들어왔다. 남녀 모두 직장이 흔들린다. 남자의 경우 자식이 흔들린다.

일주를 예로 구체적으로 통변해 보자.

甲戌일주가 辰년에는 재가 충 받는다. 辰戌충으로 체인지코트한다. 戌이 나가고 辰이 들어온다. 운에서 들어오는 것은 새것이고, 원명의 것은 헌것이다. 따라서 묵은 돈 나가고 새 돈 들어온다. 남자라면 원래 여자 나가고, 새 여자가 들어온다. 오행이 같으므로 물물교환한다. 물물교환은 土에게만 있다. 네 부동산하고 내 부동산하고 바꾸자. 구르는 돌이 박힌 돌 빼고 들어앉는다. 물론 결과는 사주에 따라 길·흉이 달라진다.

戊戌일주가 辰년이면 비견겁이 충이다. 형제가 등진다. 심하면 형제끼리 땅, 부동산 가지고 네 땅이다, 내 땅이다 하고 송사한다.

庚戌일주가 辰년이면 인수가 충이다. 집 바꾸고 옷 바꾼다. 어머니 바꾸고 하던 공부 바꾼다. 학생은 전과한다. 선생도 바꾸어진다.

壬戌일주가 辰년이면 관이 충이다. 여자면 서방이 바뀌진다. 이혼수 걸렸다. 남녀 모두 직장 바꾼다. 직업이 바뀌고 명예가 바꾸어진다.

乙酉일주가 辰년이면 재가 합해 들어오니 가만있어도 돈, 땅, 여자가 들어온다. 己酉일주가 辰년이면 형제가 찾아 들어온다. 여자라면 오빠다. 네 집에서 좀 살아야 겠다고. 癸酉일주가 辰년이면 관이 합해 들어왔다. 여자면 남자가 찾아 들어온다. 남자면 윗사람이 뭐 같이 하자고 달라붙는다.

무엇이든지 시작은 천간에서 하고 결과는 지지에서 머물다가 암장에서 끝난다. 다만 들어온 뒤의 결과는 사주에 따라 길·흉이 달라진다.

일지戌土의 경우 辰년에는 辰戌충이 되니 위의 통변과 같이 충값을 치러야 한다. 흉한 충값을 약하게 겪거나 별일 없이 지나가게 해결책을 제시해야 된다. 卯가 해결책이다. 卯辰, 卯戌합이 되면 탐합망충으로 충이 해소된다. 卯가 사주에서 어느 육친이 되는가로 해결책을 다양하게 찾아 제시해야 된다.

3. 간지합화법(干支合化法)

간지의 합은 만남이고, 합하게 되면 반드시 변화하게 되고, 변화하면 또 다른 형질의 것으로 바뀌게 되는데 이런 현상을 합화(合化)라 한다. 반대로 충은 이탈(離脫), 파괴(破壞)가 되므로 어떤 형질의 생성이 없기 때문에 충에는 합화와 같은 변화된 물질이 없는 것이다.

가. 천간합화(天干合化)

甲己합화土, 乙庚합화金, 丙辛합화水, 丁壬합화木, 戊癸합화火

甲己합화土라 함은 甲木과 己土가 만나면
　　　　　　　　甲己로 합해서 土로 변화하고
乙庚합화金이라 함은 乙木과 庚金이 만나면
　　　　　　　　乙庚으로 합해서 金으로 변화하고
丙辛합화水라 함은 丙火와 辛金이 만나면

丙辛으로 합해서 水로 변화하고

丁壬합화木이라 함은 丁火와 壬水가 만나면

丁壬으로 합해서 木으로 변화하고

戊癸합화火라 함은 戊土와 癸水가 만나면

戊癸로 합해서 火로 변화되어 작용한다는 것이다.

여기서 변화되어 나오는 오행은 양과 음이 합해서 나오는 오행이고, 부부가 합해서 나오는 오행이며 이질과 이질이 만나서 동질(同質)이 되는 것으로 완전한 오행이 되는 것이다.

甲己가 합하여 土가 되는 이유는 모든 조화가 寅호랑이와 辰용(龍)으로 인하여 발생한다는 데 기인하였기 때문에 甲己는 丙寅월로 시작하여 丁卯, 戊辰이 되는데 辰용 위에 戊土가 있어 甲己합화는 土가 되고

乙庚은 戊寅호랑이로 시작하여 己卯, 庚辰으로 辰용 위에 庚金이 있어 乙庚합화는 金이 되고

丙辛합화는 庚寅월 호랑이로 시작하여 辛卯, 壬辰으로 辰 위에 壬水가 있기 때문에 丙辛합화는 水가 되고

丁壬은 壬寅월로 시작하여 癸卯, 甲辰으로 辰위에 甲木이 있어 丁壬합화는 木이 되며

戊癸는 甲寅월로 시작하여 乙卯, 丙辰으로 辰 위에 丙火가 있어 戊癸합화는 火가 된다라고 옛글에 있으나

좀더 분석해 보면, 합화한 오행은 완전한 오행이기에 土를 중심으로 甲己로부터 시작하여 乙庚합화에 土生金, 丙辛합화에 金生水, 丁壬합화에 水生木, 戊癸합화에 木生火로서 상생순환하고 있으며, 또한 이것

이 바로 오운(五運)의 운행작용(運行作用)을 말함과 동시에 만물을 화생(化生)시키는 것이지만 반대로 기의 변화를 보면 己甲土, 庚乙金, 辛丙水, 壬丁木, 癸戊火는 만물을 제화(制化)하는 작용을 하는 것이다.

만약 합화되어 변화된 오행이 음이냐 양이냐를 알고자 할 경우에는 음변양, 양변음(陰變陽, 陽變陰)의 법칙으로 일주(日主)가 음이면 양이 되고, 일주가 양이면 변화된 오행은 음이 된다. 甲己가 화土할 때 甲木일주는 양이므로 변화된 오행은 음土가 되며, 己土일주는 음이니 변화된 오행은 양土가 되고, 이하 같다. 이 합화된 오행은 음과 양이 배합된 오행으로 완전한 오행이며 따라서 더이상의 변화는 없는 것이다.

여기서 합의 변화과정을 잘 관찰할 필요가 있다. 어디에 초점을 맞춰서 살아가고 있는지, 즉 합화한 오행에 초점을 맞춰서 생(生)·극(剋)의 관계를 육친과 연계해서 판별해 보면 다양한 통변이 가능해진다.

己⑪○○의 경우 甲己합土인데 양일주니까 음土다. 甲⑫○○의 경우는 음일주니까 양土다. 두 경우 모두 변화되어 土가 하나 생겼으니 배다른 형제가 있다고 추리할 수 있다. 양이면 남자형제이고, 음이면 여자형제이다.

또 합화중에서 甲己부부는 土신용(信用)을 위주로 가정을 형성하였으며, 乙庚의 부부는 金의리(義理)를, 丙辛의 부부는 水지혜(知慧)로, 丁壬의 부부는 木인정(仁情)을, 戊癸의 부부는 火예의(禮儀)를 위주로 사는 가정이라고 할 수도 있으며,

甲己합과 乙庚합은 둘 중에서 하나의 본질은 그대로 남게 되므로 결

혼 후 연애에 빠지게 되는 경우 연애는 해도 가정만은 버리지 않는다. 그러나 나머지 丙辛합, 丁壬합, 戊癸합은 타오행으로 변해서 정신 빠져서 도망간다.

甲己○○의 경우를 보자. 己土여자가 3·8木이니 3살 연하의 남자가 도망가자고 해도 甲己합土해서 제자리를 지킨다. 타오행으로 변화가 되지 않아 도망가지 않는다.

乙庚○○의 경우, 庚남자가 말년에 乙과 바람나는데, 乙木이 쳐다보면서 도망가자고 하자 庚金은 제자리 지킨다. 세상 여자들이여 庚金남자하고는 연애하지 마라. 만약 누가 상담하러 왔는데 서방님이 바람났다고 해서 보았더니 서방님 일주가 庚金이다. 그러면 "걱정마시오. 서방님은 절대 도망가지 않으니 안심하고 참고 사세요."라고 통변하면 된다.

丙辛합은 水로, 丁壬합은 木으로 戊癸합은 火로 변질되어 버리니까 가버린다. 조금 더 응용해서 보자. ○辛丙○의 부부를 보자. 丙辛합해서 水로 변하는데 水는 밤이다. 역사는 밤에 이루어진다. 水는 캄캄하다. 남녀가 미치면 주위 눈치보지 않는다. 水가 상식으로 자식 생긴다. 그러나 水극火하면 남편이 간다. 丙辛합해서 丙남편이 죽으니 복상사다. 辛金은 상(傷)하지 않고 丙火만 간다.

한 사람이 공부하러 왔다. 사주를 보니 丙寅년 辛卯월 甲寅일생 남자다. 69세에 공부하러 왔는데, 운(運)을 보니 운이 지나갔다. 그러면 어디서 돈이 생겨 공부하러 왔을까? 辛은 정관으로 딸, 丙은 정관의 남편으로 사위다. 丙辛합水로 水는 인수이고 인수는 공부다. 딸이 辛金

으로 치과의사다. 딸辛하고 사위丙과 합해서 나甲의 인수水를 만들었다. "따님이 사위와 의논해서 수강료 대주어 공부하러 오셨군요?" 하니 깜짝 놀라더라. 辛이 "여보 당신하고 상의할 게 있어요. 아버지가 공부하시겠다 하는데, 당신과 내가 합해서 공부시켜 드립시다." 그래서 공부하러 왔단다. 합의 변화이고 통변의 응용과정이다.

다음으로 합화 중에서 주의할 것은 합한다고 무조건 합이 되는 것이 아니라는 점이다. 합해도 화(化) 되는 것과 합만 하고 화(化)는 안되는 경우가 있다는 것이다. 합화되려면 방해자가 없어야 된다. 합화된 오행에 도움을 주어야만 비로소 성립되고 방해자가 있으면 합이 안되는데 여기서 방해자란 쟁합(爭合), 투합(妬合), 합화된 오행을 극(剋)하는 경우가 있는데 이것을 합이불화(合而不化)라고 한다.
여기서 합하는 오행의 근(根), 즉 뿌리가 있거나 합화된 오행을 극하는 경우를 부종(不從)이라 한다.

○己甲甲의 경우나 甲己甲○의 경우를 보자. 甲己합해서 土가 될까? 己土입장에서 보면 甲과 합을 해야 하는데 甲이 둘이 있어, 즉 친구나 형제가 있어 합을 할 수가 없다. 어느 장단에 춤춰야 하나? 남자 둘이 싸운다. 이 경우가 쟁합(爭合)이다. 甲己己○의 경우나 甲己己의 경우는 반대로 여자들이 남자 하나 놓고 질투한다. 따라서 이런 경우를 투합(妬合)이라 한다.

위 두 경우 모두 합까지만 봐주고 합화(合化)는 안된다는 것이다.
○庚乙乙, ○乙庚庚, ○丙辛辛 등도 마찬가지다. 합만 봐주고 진정한 부부일 수는 없다. 내 남편, 내 아내라는 것은 인정하는데 방해자

때문에 진정한 부부관계가 어렵다는 것이다.

己甲○○의 경우를 보자. 甲己합해서 土로 변했다. 甲己합土하는데 巳
巳○○○
火는 火생土로 장모인데 甲己합해서 土로 변하는데 도와준다.

그러나 己甲○○의 경우는 甲己합만 했지 土로 변하지 않는다. 甲木
○子○○
에게 子水어머니가 내 발밑에, 내 옆에 있기 때문에 합화가 되지 않는
다. 즉 甲木의 근(根) 뿌리가 있어서다. 합하는 오행을 극하는 경우도
있는데 이 두 경우를 앞에서 말한 대로 부종(不從)이라 한다.

이 극하는 경우의 예를 더 들어보자.

辛丙○○의 경우다. 辛딸이 丙辛합으로 연애해서, 土(未・戌)엄마에
未戌○○
게 "丙과 결혼시켜주세요. 水로 변해서 살게요." 그러나 土극水하므로
엄마 입에서는 "너희들 연애하는 것까지는 봐줘도 결혼은 안 돼.", "내
눈에 흙 들어가기 전에는 죽어도 못 해" 한다. 土가 모(母)・인수이므
로 흙을 응용해서 통변할 수 있다.

○乙庚○의 경우, 乙庚합해서 金이다. 乙이 庚 만나서 행복하게 잘
살다가 자식 火를 낳았다. 乙木이 火자식 낳자 火극金으로 부부 사이
에 금이 간다.

○辛丙○의 경우, 丙辛합해서 잘살고 있는데, 土인 친정만 갔다 오
면 싸운다. 丙辛합화水를 土극水로 깨므로 그렇다.

○丁壬○의 경우, 丁여자가 壬水와 丁壬합화木으로 잘살고 있는데
金 만나면 金극木으로 깬다. 金은 재성으로 시어머니가 못살게 한다.
두 부부가 사이좋게 사는 것을 시어머니가 꼴보기 싫다 한다.

○癸戊○의 경우, 癸여자가 戊남자 만나서 戊癸합해서 火가 되는데, 癸가 癸동생에게 "나 시집갈래" 하니까 癸가 水극火 하면서 "언니, 이 결혼 못 해" 한다. 왜 그럴까? 戊土는 노랑(老郞)이거나 재취로 가는 경우다. 그러니까 "언니가 테이프 그렇게 끊으면 우리도 그러니까 가지 마." 한다. 언니가 재취 가면 동생도 재취 간다. 테이프를 어떻게 끊느냐가 중요하다.

○癸戊戊
○亥午午의 아가씨가 상담하러 왔다. "저 결혼은 할 수 있나요?" 한다. 어떻게 해야 하나? 노랑 아니면 재취로 가라. 왜? 여자가 癸水인데 戊가 둘이므로 두 번 시집간다. 즉 재취로 간다는 것은 장가 2번 가는 서방님한테 갈 경우에는 부부는 일심동체로 자기가 시집 두 번 가는 것을 때우고 가므로 좋다. 그렇지 않으면 나이차가 많아야 한다. 癸水일주는 정신적 연령이 높아서 동년배와는 대화가 잘 되지 않는다. 나이 많은 남자라야만 대화가 된다는 것이다. 당시에 이 여자가 사귀는 남자가 13살 많다고 한다. 따라서 좋다고 했다.

甲己합화土라는 것은 甲木이 己土마누라 보고 土가 되려 하는데, 木의 근(根)·뿌리가 있어서 木극土 한다는 것은 남자라면 형제 때문에 결혼 안 되고, 己土여자라면 木남자 형제나 시댁 때문에 결국 못한다. 己土왈 "당신 봐서는 살아야 하는데, 당신 시댁 식구들 꼴보기 싫어서 안 산다." 한다. 甲己합화土 한다는 것은 甲木이 저를 버리고 처가살이 한다는 것인데, 뿌리 즉 통근이 돼서 합화가 안 된다는 것이다.

乙庚丙○
○午午○의 경우, 庚이 乙木 만나서 잘 살려고 하는데, 火가 많으니 火

극金 한다. 火는 관(官)으로 자식인데, 자식 낳기까지는 잉꼬부부였다가 자식 하나둘 낳자 부부 사이에 금이 간다. 결국에는 못살겠다고 한다.

辛丙○○의 경우, 丙이 丙辛합해서 잘 살고 있는데 土가 많다. 여자辛
未戌戌○
이 인성土가 많아서 친정가고 싶어진다. 火극金으로 때리지도 않았는데 벌써 친정 가 있다. 土생金으로 친정에서 나를 부른다는 것이다. 결론은 土극水로 같이 살지 말라고 부르는 것이 된다.

각 일주(日主)에 따라서도 달라진다.
가령 甲일주라면, ○甲辛丙의 경우 관辛金딸이 丙火사위와 丙辛합으로 힘을 합쳐, 합화水인수로 나를 水생木 해서 공부시켜 준다.
水일주라면, ○壬辛丙의 경우 辛엄마가 아빠丙하고, 丙辛합화水로 자식놈 것 뺏어 가느라 정신없다.
戌일주라면, ○戌辛丙의 경우 여자라면 辛이 딸, 丙이 사위다. 丙辛합水로 水가 나오는데, 水는 나에게는 재(財)다. 고로 나에게 돈 갖다 준다. "장모님 오늘 봉급 탔어요." 하고, 또 재는 음식이므로 장모 불러내서 외식하러 간다.
庚일주라면, ○庚辛丙의 경우 월상의 辛이 누나인데 누나와 누나의 남편 丙이 丙辛합하니 역시 水가 생긴다. 누나가 제 서방하고 짜고서 金생水로 내것을 자꾸 뺏어 간다. 어떤 핑계를 대서라도 뺏어 간다. 못살겠다.
丁일주라면, ○丁辛丙의 경우 丁에게 辛은 시어머니다. 시어머니가 시아버지 丙火와 丙辛합水해서 水극火로 나를 때린다. 못살게 군다.

이상과 같이 합이불화 되는 경우와 통변의 응용 예를 살펴 보았는데 상당히 중요한 사항이다. 한편 합화가 완전하면 연애결혼은 물론이고 대인관계와 외교(外交)가 탁월하다. 그러나 합이불화(合而不化)가 되고 있는 자는 외교는 좋으나 사장과 같은 장(長)은 되기 어렵다. 선승후패(先勝後敗), 선득후실(先得後失), 선합후리(先合後離)이므로 항상 시작으로 만족해야 한다.

합이불화(合而不化) 즉 방해자가 있는 경우를 다시 정리해보면

甲己합화土에 木이 있거나(木극土하고, 甲의 뿌리가 되고),
水가 있어서(甲의 뿌리) 방해할 때
乙庚합화金에 火가 있거나(火극金하고),
木이 있어서(乙의 뿌리) 방해할 때
丙辛합화水에 土가 있거나(土극水하고),
木火가 있으면(丙의 뿌리) 방해가 되고
丁壬합화木에 金이 있거나(金극木하고),
水가 있으면(壬의 뿌리) 방해가 되고
戊癸합화火에 水가 있거나(水극火하고),
金이 있으면(癸의 뿌리) 방해가 돼서 합화가 되지 않는다.

다시 요약하면 합화된 오행을 극(剋)하는 것이 있거나, 타오행으로 변화할 것에 뿌리, 즉 힘이 있으면 합화되지 않는다. 즉 부종(不從)이다.

나. 지지합화(地支合化)

子丑합화地, 寅亥합화木, 卯戌합화火, 辰酉합화金, 巳申합화水, 午未합화天

지지합화의 구성은 子와 丑을 지구로(土) 기준하여 우주(宇宙)를 구성하고 丑, 寅, 卯, 辰, 巳, 午, 未, 申, 酉, 戌, 亥, 子로 1년 12개월이 순환하는 데 따라 丑에서 午까지는 상승(上昇)하고, 未에서 子까지는 하강(下降)하면서 교차하고 있는 합치점(合致點)을 춘(春)·하(夏)·추(秋)·동(冬)의 사시(四時)로 표출한 것이 지지합화인데, 이를 좀더 세분화해서보면 午와 未는 하늘로 기준하고 午는 일(日)로서 태양(太陽)이 되고, 未는 월(月)로서 태음(太陰)으로 午未를 천(天), 子丑을 지(地)로 우주가 형성되고, 寅亥합木은 봄이요, 卯戌합火는 여름이며, 辰酉합金은 가을이고, 巳申합水는 겨울로서 지구가 공전하면서 발생하는 시절을 말한다.

여기서 주의할 점이 있다. 사주분석에서 응용시에는 생합(生合)은 합의 변화된 오행을 그대로 사용하고, 극합(剋合)은 합까지만 보아주고 변화된 오행은 작용하지 않는다는 것인데, 이는 대단히 중요한 사항이므로 반드시 올바로 이해하고 응용해야 된다. 이유를 분석해보자. 寅亥합木은 水生木으로, 辰酉합金은 土生金으로 각자의 기(氣)가 木과 金으로 집결되어 철저한 합이라 변화된 오행이 작용된다. 지지에서 2자(字) 이상이 결속하면 사주 네 기둥에서 벌써 과반수를 차지하며 동시에 세력을 형성하였다 하여 국(局)이라는 용어가 붙게 되며 따라서 寅亥합木국, 辰酉합金국이라고 하게 되는 것이다. 이렇게 되면 亥는 水가 아니라 木으로, 辰은 土가 아니라 金으로 바뀌어 작용하는 것이다.

다음으로 午未합은 천(天)이라고 하나 실질적인 작용에서는 午월, 未월은 하절이요 여름은 火기가 사령(司令)하기 때문에 火국이 되고, 子丑합은 지(地)로서 土라고는 하나 子는 11월, 丑은 12월로 겨울이기 때문에 水기가 사령하므로 水국으로 응용하여야 한다. 따라서 未는 土가 아니라 火로, 丑도 土가 아니라 水로 바뀌어 작용한다. 많은 경우 子丑합土로 응용하는데 이는 안 써 먹는다. 통변실제에서 맞지 않는다. 뒤에서 지지방합법에서 다시 설명하겠지만 亥子丑합은 水국이 되므로 子丑합水로 응용한다.

다음으로 卯戌합, 巳申합이다. 이 두 극합은 합만 봐주고 卯戌합火, 巳申합水는 안 써 먹는다. 생극제화의 원리에 안 맞는다. 극합으로 합 이후에 오행이 변한다는 것까지는 이치에 안 맞는다. 무정지합(無情之合)이고, 子 · 午 · 卯 · 酉만은 정방(正方)에 자리하고 있어 타오행으로 변화하지 않는다. 즉 극합이란 나를 해코지 하러 와서 이물질이 생기므로 변화된 오행은 안 써 먹는다.

따라서 지지합화는 寅亥합木, 辰酉합金, 午未합火, 子丑합水의 4개만 써 먹는다. 여기서 합해서 국(局)이 생긴다. 국은 크다, 많다, 똑똑하다로 통변하며 개체가 아니라 하나의 큰 부피로 본다. 이를 통변에 응용해 보자.

- 인수가 국을 이루면, 큰 집, 부모가 똑똑하고 공부도 큰 학교 간다. 좋은 대학 가고 유학도 간다.
- 비견겁이 국을 이루면, 형제가 그만큼 똑똑하다. 잘난 친구도 있다.
- 상식이 국을 이루면, 사장보다는 부하, 비서가 똑똑하다. 엄마보다는 자식이 잘났고, 선생보다는 학생이 잘났다.
- 재가 국을 이루면, 마누라가 똑똑하고, 처갓집이 잘 살고, 본인도 엄청 큰 돈 번다. 여자의 경우 시어머니가 잘났고, 남녀 모두 아버

지가 똑똑하다.
- 관이 국을 이루면, 여자는 남편이 똑똑하고 잘났고, 시댁 잘 살고 좋다. 남자는 큰 벼슬하고, 육군대장, 장관도 할 수 있고, 자식도 잘나서 큰 인물 나온다.

여기서 합국했다고 해서 모두 좋은 게 아니라 얻는 것이 있으면 잃는 것이 있다.

즉 희생이 뒤따른다. 寅亥합木이 되면 木을 위해서 亥水는 희생했다. 즉 水는 없어졌다. 육친통변으로 亥의 육친이 희생된다는 것이다.

더 자세하게 예를 들어보자.

丁火일주라면,

○丁○○의 경우, 寅亥합木해서 木生火로 공부 잘하고, 부모덕이 있어
○○寅亥

서 좋지만 가장 좋아할 남편 亥水가 없어져 버렸다. 또는 남편이 공부하러 간다더니 안 온다. 이때 "우리 서방님 미국 공부하러 간다는데 보내야 되나요?", "보내서는 안 됩니다. 가는 날이 끝나는 날입니다."

丁火일주가 亥중 壬水와 丁壬합하면 연애박사라는 얘긴데, 일본인 현지처라고 가정을 해보면, 亥중 壬水서방이 寅亥합木의 인수로 집을 사준다고 한다. 몇 평짜리 사줄까? 3 · 8木이므로 38평이라야 하는데 일본인은 축소지향이다. 고로 18평이다. 우리나라 사람은 38평이라고 하라.

乙木일주면,

○乙○○의 경우, 寅亥합木국으로 비견겁이 국을 이루게 되니 형제가
○○寅亥

똑똑하고 본인도 똑똑하다. 겉은 乙木으로 적은 나무지만 뿌리는 아름드리 나무다. 겉보기와 속이 다르다.

己土일주면,
○己○○의 경우, 寅亥합木이 관(官)이므로 여자면 남편이다. 남편이
○○寅亥
똑똑하다. 시댁 좋다. 가만 있어도 똑똑한 남편이 시집오라 한다. "따님 시집보내는데 걱정마세요. 좋은 데서 업어 가겠네요." 해라.

辛金일주라면,
○辛○○의 경우, 재국(財局)으로 돈이 많다. 년월에 있으니 부모가 잘
○○寅亥
살았다. 할아버지 자리에서 水生木 했으니 할아버지가 아버지에게 많은 도움을 준다.

癸水일주라면,
○癸○○의 경우, 여자라면 자식 하나 똑똑하고 좋다.
○○寅亥

辛金일주 ○辛○○ 남자의 경우를 보자. 寅은 마누라요, 亥는 장모다.
寅亥○○
寅木마누라보다 장모亥水를 먼저 만났다. 일지에 있으므로 그렇다. 金生水로 장모를 구워 삶아서 마누라 만나 결혼했다. 앉은 자리 안방에 엄마는 없고 장모가 와 있다. 합이 들었다. 마누라와 합해 있다. 고로 장모 모시는 팔자다.

己土일주 ○己○○ 여자의 경우를 보자. 亥는 돈, 寅은 남편, 寅亥합木
寅亥○○
局으로 남편이 똑똑하다. 본인 己土는 음土로 못났다. 서방님 컴플렉스 걸린다. "당신은 훌륭한 여자 만나서 잘 사셔야 해요."라고 편지 써

놓고 나가버렸다. 서방님은 국을 이루어서 대통령감인데 나는 너무 보잘것없다.

합(合)은 두손끼리 깍지끼는 것이다. 묶이는 것이다. 풀기가 힘들다. 운에서 합이 될 때의 예를 들어보자. 乙木일주 여자가 庚金년에 신수를 보러왔다. 乙庚합으로 官과 합되어 들어온다. 나이에 따라 통변이 달라진다. 13세, 14세의 사춘기라면 남친이 생기거나 남친 사귀고 싶어진다. 10대 후반이면 연애한다고 본다. 20대로 가면 결혼수와 연결되고, 30대라면 바람둥이 사주이면 애인 생기고, 50이 넘었는데 혼자 산다면, '나도 늘그막에 결혼 한번 할까? 팔자 한번 고쳐 볼까?' 한다. 그렇지 않으면 돌아가신 서방님 생각이 꿀떡 같다.

사주 실례를 들어보자.

사주 예(9)

己 甲 庚 庚
巳 戌 辰 辰

甲木일주가 甲庚충에 甲己합에 辰戌충에 巳戌원진이 걸린 사주다. 甲木은 아름드리나무인데 극을 받으니 乙木만도 못한 나무다. 甲庚충에 金극木도 받는다. 甲木인정이 金에 두들겨 맞는다. 인정없다. 木은 간·담인데 두들겨 맞으니 간도 약하고 간에 병이 들었다. 간이 약해서 남자라면 배짱없어 사업 못 한다. 지지는 土끼리 충한다. 土는 위이므로 위가 충받으니 위경련 잘 일어나고 또한 충 받으니 "너는 언젠가 장이 꼬일테니 알아서 해라." 배 한번 얻어 차이면 장 꼬인다. 뻑하면 위경련이 잘 일어나서 네 방을 뛴다.

甲과 庚이 충하니 조상, 할아버지, 부모와 인연 없고, 년월에서 충하므로 쫓아냈다는 얘기이다. 년월은 고향으로 고향 갈 수 없는 팔자다. 고향 가면 터져야 한다. 고로 술 한잔 먹으면 "고향이 그리워도 못 가는 신세" 노래 부른다. 년월에서 金극木으로 자꾸 쫓는 것이 되므로 항상 불안하고 초조하여 비맞은 장닭이다.

일주의 천간은 상반신, 지지는 하반신인데 甲庚충으로 상반신이 충 맞고, 상반신 중에서도 머리가 제일 위이므로 머리를 자꾸 맞으니 머리가 아프다. 두통 와서 아무것도 못 하겠다고 한다. 재(財)가 년월일시에 있으니 장가 여러 번 간다. 또한 꽃밭에서 논다. 여자라면 정신없어 한다. 辰戌충은 여자끼리 싸우고 있다. 甲木 하나 놓고서 싸운다. 고로 바람피면 들통난다. 고자질하니까 그렇다. 돈으로 연결하면 항상 돈 가지고 싸운다. 만약 돈 빌려주고 돈 받으려면 그냥은 못 받는다. 충해야 받으므로 송사하거나 하다 못해 내용증명이라도 보내야 한다.

庚辰생이니까 庚辰년이 되면 61살 환갑이다. 庚辰년에 간충지충(干冲支冲)으로 세운에서 또 충이 들어온다. 큰일 났다. 사고 나고 병원에 입원할 일 생긴다. 여행도 가지 말라고 말해줘라. 회갑잔치도 하지 마라. 이럴 때 회갑하면 좋지 못해 재앙 일어난다. 甲己합으로 천간합이다. 그러나 지지는 巳戌원진이다. 즉 겉으로만 합이 들고 속으로는 원진이 들었다. 겉으로만 연결되니까 안 보면 보고 싶고 보면 원수다. 들자니 무겁고 놓자니 깨지겠고 난감하다.

암장을 보니 辰中乙癸戊, 戌中辛丁戊, 巳中戊庚丙으로 암장이 많다. 암장이 많은 팔자는 비밀이 많을 수밖에 없다. 또 암장으로만 癸水인수가 있다. 땅 속에 있는 물이므로 어머니가 일찍 돌아가셨다. 이것을 증명이라도 하듯이 월과 일지, 연월과 일간이 충하니 부모형제와 인연이 없다. 재는 돈이고, 돈 있으면 밥도 많이 사 먹는데, 밥그릇이 여기저기 많아서 할아버지 자리에서 밥 먹고, 아버지 자리에서 밥 먹고, 일지·시에서 밥 먹어야 하니 남의 집 밥 먹고 자랐다. 즉 눈치밥 먹고 자랐다. 충 받으니 밥그릇 엎는 데 1등이다. 사주에 충 많으면 위·아래가 막혀서 돌아가지가 않는다. 얼마나 힘들겠는가?

사주 예(10)

```
庚  乙  乙  乙 곤(坤)
辰  酉  酉  酉
```

乙木일주다. 乙木나무가 酉라는 쇠 위에 놓여 있다. 년월의 乙木도 뿌리 못 내리고 죽어 있는 나무다. 酉월이라서 乙木의 나뭇잎이 떨어지고, 일지(日支)도 酉金이라서 역시 뿌리 못 내리고 庚辰시라서 乙庚합화金이 된다. 년·월·일·시가 모두 金이다.

乙庚합은 부부인데, 乙木에게 庚은 서방님이다. 한방에서 자고 있는 경우로 보면 자기 乙木 옆에 서방님 庚金이 자고, 옆에, 또 옆에 친구나 형제가 자고 있다고 하자. 乙庚합 하려고 하는데, 옆의 乙木, 乙木 두 친구가 신경쓰인다. 건드려보니 모두 세상 모르게 자고 있다. 뿌리 없는 나무다. 즉 金극木 당해서 가사(假死) 상태다. 고로 乙庚합 하는데 방해하지 못한다.

또한 일주 乙木나무가 뿌리가 없다. 뿌리 없는 나무는 전쟁 당시에 포로가 되면 원하는 곳으로 갈 수 있도록 살려주는 것처럼 저 스스로 가고 싶고, 좋은 곳으로 따라서 간다. 이런 것을 종(從)이라 한다. "나는 의지가 없으니 너를 따라 가겠다. 살려달라."고 한다. 고로 강한 庚金이 乙木을 죽이지 않는다. 오히려 庚金에게 따라가서 金으로 종(從)해서 잘산다는 것이다. 뿌리 없는 것은 종(從)한다. 乙木이 庚金에게 따라가서 행복하게 잘 살았다.

庚金 하나에 乙木이 여러 명이면 원래 투합(妬合)으로 합이불화(合而不化)다. 즉 종하지 못한다. 부종(不從)이다. 그러나 乙木들이 뿌리, 즉 근(根)이 없어서 합화(合化)가 성립된다. 격국론(格局論)에서 공부하겠지만 소위 종격(從格)이 성립되는 것이다.

사주 예(11)

辛 ⓑ 壬 壬
卯 寅 子 辰

년·월이 모두 물이고 子월이라 꽁꽁 얼었다. 동짓달은 물로 보지 말고 눈으로 보아도 된다. 천간에까지 있으므로 사람 키를 넘게 왔다. 다행히 丙火일주가 지지에 寅卯木이 있어서 木生火 받고 있다. 水는 넷이고 木은 둘로써 나를 치려는 즉 水극火의 水가 더 많다. 고로 운은 木이 좋다.

子·丑운에는 꽁꽁 얼어서 고생 많이 한다. 丙辛합水인데 丙火에는 木인 뿌리가 있다. 辛金미인이 丙火와 丙辛합하여 水로 변해야 되는데, 丙辛합하면서 "나 데리고 도망가요." 하자 "미쳤냐?" 우리 부모 즉 木인수는 "어떡하라고?" 한다. 또한 "너는 金 하나지만 나는 木火가 셋이다."고 한다. 丙辛합까지는 되어도 丙辛합화水는 되지 않는다.

겨울은 눈이 오니까 설(雪)이고, 丙은 꽃이고 겹꽃이니 겨울에 피는 꽃으로 매화(梅花)이다. 고로 이런 사주를 설중매화(雪中梅花)라고 한다. 나름으로 좋은 사주다.

그러나 단점 없는 사주는 없다. 이 사주도 木生火로 받아만 먹었지, 火生土 못한다. 辰土에게 火生土하러 가다가 水에게 가로막힌다. 고로 받아먹고만 살아야 한다. 자기 위주이고 지 입만 알고 산다. 제몸 하나 아끼는 데는 금쪽같다. 나를 극(剋)하는 水는 많고, 재물인 金은 적으므로 직장생활 해야 한다.

4. 지지삼합법(地支三合法)

가. 지지삼합의 원리

육합(六合)은 둘이 만나서 합이 된 것으로 부부(夫婦)간의 합과 같고, 이 지지삼합은 지지의 삼자가 만나서 합을 하고 있다 하여 삼합(三合)이라는 명칭이 붙게 되었으며, 이를 가족으로 연결하면 천륜(天倫)으로 부모·본인·자식이 되는 것이고, 일촌(一寸)이 된다. 육합은 무촌(無寸)이다. 또 삼합은 이질(異質)과 이질이 만나서 하나의 동질(同質)이 되는 것이고, 강(強)해지는 것이다. 여기서 강해지는 과정에서 집합하고 단체를 이루고 부피가 이루어져 국(局)을 이루게 된다. 집합체(集合體)를 이루어 크고, 잘나고, 많고, 힘이 강해졌다.

亥卯未의 셋이 만나서 木국을 이루고
寅午戌이 만나서 火국이 되고
巳酉丑이 만나서 金국이 되고
申子辰이 만나서 水국이 된다.

이러한 삼합은 가운데의 子·午·卯·酉의 중심자가 주변의 기를 모아 자신의 기를 크게 국으로 변화시켰다 할 수 있다. 즉

亥卯未합木국은 亥는 水, 未는 土이나 삼합의 중간 卯木을 중심으로 결속되었기 때문에 亥水와 未土는 木으로 변화하며

寅午戌합火국은 寅은 木, 戌은 土이나 午火를 중심으로 결속되었기 때문에 寅木과 戌土는 火로 변화하고

巳酉丑합金국은 巳는 火, 丑은 土인데 酉金을 중심으로 결속되기 때문에 巳火와 丑土는 金국으로 변질되며

申子辰합水국은 申은 金, 辰은 土이나 子水를 중심으로 결속되었기 때문에 申金과 辰土는 水국으로 변질되어

앞으로 활용에 있어서도 주(柱) 중에 亥卯未木국이 있으면 亥나 未는 水나 土가 아니라 木의 일원으로서 응용되며, 寅午戌火국의 寅이나 戌은 木이나 土가 아니라 火의 일원으로서 작용한다는 것을 알아야 한다. 巳酉丑, 申子辰도 같다.

또 지지삼합을 계절과 연결하면 亥卯未는 봄, 寅午戌은 여름, 巳酉丑은 가을, 申子辰은 겨울을 의미한다. 즉 춘하추동(春夏秋冬)으로 되어 있고, 亥卯未, 寅午戌은 봄·여름으로 양(陽)이 되고, 巳酉丑, 申子辰은 가을·겨울로 음(陰)이 되며, 다음과 같이 도표로 볼 수 있다.

일기(一氣)에서 음과 양으로 연결되고
양 중에서도 음은 亥卯未木국이고,
양 중에서도 양은 寅午戌火국이고,

음 중에서도 음은 巳酉丑金국이고,
음 중에서도 양은 申子辰水국이 된다.

그러므로 하나에서 둘이 되고, 둘에서
넷이 되는 것이 여기서도 증명이 된다는
것이다.

삼합은 이질과 이질이 만나서 동질(同
質)로 변질된다. 이것을 응용한다면 申子

```
              일기(一氣)
                 ○
         ┌───────┴───────┐
         음               양
      ┌──┴──┐         ┌──┴──┐
      양   음         양   음
      :    :          :    :
      :    :          :    :
      申   巳          寅   亥
      子   酉          午   卯
      辰   丑          戌   未
      합   합          합   합
```

辰날에는 비오는 확률이 60%이고, 寅午戌날에는 맑을 확률이 70%는
된다는 것이다. 또 삼합은 부모와 자식이다. 寅午戌 삼합을 보면 寅木
은 木生火로 午火를 생한다. 따라서 午火를 본인, 나로 보면 寅木은 부
모다. 午火는 火生土로 戌土를 생한다. 따라서 戌土는 午火 본인의 자
식이다. 부모와 나 그리고 자식의 관계이다.

또 삼합은 큰 부피로 연결된다. 寅午戌로 보자면, 火는 태양이고 낮인
데 해는 寅시에 밝아오다 午시에 제일 강하다가 戌시가 되면 넘어간다.
巳酉丑으로 연결하면, 酉는 金으로 쇳덩어리인데, 巳火라는 용광로
속으로 들어가서 丑이라는 광석으로써 이물질을 걸어내면 巳酉丑金이
라는 멋진 베어링, 스테인레스가 된다. 여기서 亥卯未는 水生木 받고,
寅午戌은 木生火 받고, 申子辰은 金生水 받고 있지만 巳酉丑은 火극金
을 받고 있는데 쇠는 불을 만나야 제구실을 하니까 그렇다.

다음 이 삼합의 구성원리를 정확히 알아야만 되는데, 우리 인간의 생
활단면과 비유할 수 있으니 一은 하나요 천(天)이며, 원(圓, ○)이고,

二는 둘이요 지(地)이며 정방형(正方型,□)이고 동서남북을 지칭한다.
三은 셋으로 사람이요 각(角, △)이 되는 것이니 천지인(天地人)의 구
성원리인데 一로서 출생(出生)하고, 二로서 부부(夫婦)가 되며, 三으
로서 타인(他人)들과 만나고 헤어지고 있으며, 원(圓)을 360도로 볼 때
3합의 만남은 각기 180도로서 삼각형이다. 따라서 인간은 180도로 만
나고 헤어진다는 것을 알 수 있으니 도식화하면 다음과 같다.

(천)天 : (원)圓 : 一 : ○
(지)地 : (방)方 : 二 : □
(인)人 : (각)角 : 三 : △

또 생(生)·왕(旺)·묘(墓)의 법칙으로 본다면, 木은 亥에서 생하여
卯에서 왕(旺)하고 未에서 입묘(入墓)하며, 火는 寅에서 생하여 午에
서 왕(旺)하고 戌에서 입묘(入墓)하고, 金은 巳에서 생하여 酉에서 왕
하고 丑에서 입묘하고 水는 申에서 생하여 子에서 왕하고, 辰에서 입
묘하면서 유시유종(有始有終)하고, 또 절처봉생(絶處逢生)함과 동시
에 윤회(輪廻)하고 있으며,

또 木 봄은 亥十월에 시작하여 卯二월로 왕(旺)하다가 未六월로 입
묘(入墓)하여 申酉戌 七월 八월 九월의 금왕절(金旺節)에는 금극목(金
剋木)의 수제(受制)가 두려워 잠장(潛藏)하여 있다가 다시 亥十월이 오
면 水生木 또는 亥중甲木을 따라 다시 소생하고,

火여름은 寅正월에 생(生)하여 午五월로서 극왕(極旺)하다가, 戌九월에 입묘(入墓)하여 亥子丑 十월 十一월 十二월의 겨울 수왕절(水旺節)의 水극火가 두려워 잠장(潛藏)하여 있다가 입춘(立春) 寅이 오면 寅중丙火 또는 甲木의 木생火를 따라 다시 회생(回生)하며,

金가을은 巳四월에 시작하여 酉八월에 극왕(極旺)하였다가 丑十二월로 입묘(入墓)하여 寅卯辰 正월 二월 三월 춘절(春節)을 만나 절지(絶地)라 행세를 할 수 없어 잠장하여 있다가 다시 巳四월이 오면 巳중庚을 따라 회생(回生)하고,

水겨울은 申七월에 시작하여 子十一월로 극왕하였다가 辰三월에 입묘하여 巳午未 하절(夏節)에는 절지라 잠장하여 있다가 申七월이 다시 오면 申중 壬水 또는 庚金에 金생水로 회생하고 윤회(輪回), 부활(復活)하는데

그 기간은 3개월이나 실제로는 3년, 30년, 300년이 될 수도 있는 것이니, 우주의 변화를 가늠하기란 실로 어려운 일이다.

여기서, 寅·申·巳·亥를 모두 갖고 있으면, 생지(生地)이므로 사생지국(四生之局), 子·午·卯·酉를 모두 갖고 있으면, 모두 왕지(旺地)이므로 사왕지국(四旺之局), 辰·戌·丑·未는 모두 고장(庫藏)·묘장(墓藏)이므로 사고지국(四庫之局)·사묘지국(四墓之局)이라고 하는 이유가 여기에 있고, 큰 형을 맹(孟)씨, 둘째를 중(仲)씨, 동생을 계(季)씨라 하므로 사생지국을 사맹지국(四孟之局), 사왕지국을 사중지국(四仲之局), 사고지국을 사계지국(四季之局)이라고도 한다.

또 주중(柱中)에 寅申巳亥를 모두 갖추고 있으면, 물론 순서는 달라도 된다. 활발하고 생기(生氣)가 있으며 두령격(頭領格)으로 매사에 앞장서는데, 전체의 균형만 잘 이루고 있으면 큰 인물이 되며, 子午卯酉를 모두 구비하고 있으면 합의 중심으로 변함이 없고, 사(邪)에 물들지 않고, 역시 균형을 잘 이루면 큰 인물로서 만인의 중심이 되며, 辰戌丑未를 구비하면 고장(庫藏)이 되어 욕심이 많고, 감추기 좋아하며, 생활의 의욕이 강하게 나타나고, 이 또한 균형이 잘 조화되면 큰 인물이 될 수 있다.

또 합이 되는 이유는 각기 가지고 있는 암장(暗藏)의 작용 때문인데 亥卯未는 亥中甲木, 卯중乙木, 未中乙木의 각각 木기(氣)를 갖고 만나서 木국이 되고, 寅午戌은 寅中丙火, 午중丁火, 戌中丁火의 각각 火기를 갖고 만나서 火국이 되고, 申子辰은 申中壬水, 子중癸水, 辰중癸水의 각각 水기를 갖고 만나서 水국이 되고, 巳酉丑은 巳중庚金, 酉중辛金, 丑중辛金의 각각 金기를 만나서 金국이 된다. 이것을 공식으로 연결하면 亥十卯十未=木국인데 부피로 보라.

여기서 꼭 삼자가 만나야만 국을 이루는 것인가? 아니다. 삼합은 둘이 만나도 합이 성립한다. 亥卯, 卯未, 亥未가 만나도 합이 성립된다. 寅午, 午戌, 寅戌, 巳酉, 酉丑, 巳丑, 申子, 子辰, 申辰이 만나도 합이 된다. 이처럼 둘이 모여서 합국으로 작용하는 것을 준삼합(準三合)이라고 한다. 반합(半合)이라고도 하는데 준삼합의 용어가 더 적절하다.

암장에서도 양자가 합을 하는데 이를 암합(暗合)이라 한다. 암장 속에서 서로 몰래 비밀스럽게 합을 한다. 귀신도 모르게 연애를 한다. 예를 들면 亥중甲木과 未중己土와 甲己합을 하는데, 따라서 亥未木국을 하면 이 합에는 甲己암합이 있다는 것이다. 물론 亥중壬水와 未중丁火가 丁壬암합도 한다. 뒤에 통변에서 자세히 기술하겠지만 이와 같은 암합을 기초로 사주의 비밀을 알아낼 수 있는 것이다. 巳丑합에는 戊癸, 丙辛암합이 있고, 寅戌합에는 丙辛암합, 申辰합에는 乙庚암합이 있는 등이다.

삼합중에서 子·午·卯·酉가 빠지면 삼합이 되지 않는다고 하는 이론을 주장하는 분들이 있는데, 그렇지 않다. 합이 된다. 다만 그 합의 작용이 조금 약하다. 그러면 삼합 중에서 삼합이 모두 구성되어야 좋은가? 아니면 준삼합으로 양자가 합국을 이루는 것이 더 좋은가? 오히려 준삼합이 더 좋다. 사주는 네 기둥인데 균형을 이루는 게 제일 좋다. 삼합이 모두 있으면 균형을 이루기 힘들지만 준삼합이 있으면 수학적으로 계산해도 절반이 되므로 균형을 이루기가 쉽다는 것이다. 즉, 예를 들면 寅午戌 모두가 있는 것보다 寅午, 午戌, 寅戌의 준삼합이 더 좋은데 다만 이 삼자 중에서 午火가 빠진 寅戌의 작용력이 寅午, 午戌 보다 약하고 午戌보다는 寅午가 火국의 작용이 가장 강하다고 볼 수 있다. 다른 삼합도 그 작용력의 순서가 같다 할 수 있으나, 다만 巳酉丑 金국의 경우는 酉丑, 巳酉, 巳丑 순으로 강하다.

나. 지지삼합의 변화

삼합은 무조건 변화다. 없는 것은 들어오고(입, 入), 있는 것은 나간다(출, 出), 이것이 삼합의 변화과정이다. 예를 들어 子년생이 辰년이 되면 子辰水국으로 삼합권 내에 든다. 위치별로 보면 년월일시가 각각 합하면 각각의 변화가 생긴다. 년지가 합하면 조상이 동한다. 월지가 합하면 부모형제가 움직인다. 일지가 삼합되면 마누라가 변동수고 내가 변동수다. 시지가 합하면 자식이 들썩거린다.

 육친별로 보면, 인수가 삼합권으로 동했다면 이사수 있다. 집터가 동했고, 사고 팔고가 나오고 부모님 여행수가 나온다. 비견겁이 삼합권으로 동하면 형제가 움직인다. 상식이 삼합권내로 동했다면 내가 데리고 있는 종업원, 비서가 왔다갔다하고, 이때 부하직원들이 국을 이루면 집단으로 움직인다. 여자라면 상식이 자식이니 자식의 여행수, 변동수, 결혼수가 나온다. 재(財)가 삼합권이면 돈, 마누라가 움직인다. 관(官)이 삼합권이면 남편, 자식, 직장에서의 변동수이다.

 일지가 삼합되는 해는 내가 변화이다.
 甲子일주가 辰년이면 子辰합으로 금년에 변화가 오는 운이다. "금년에는 변동수 있네요.", 이사, 전근, 발령, 여행이다. 또 삼합은 해외이민까지도 해당된다. 이사 가려면 방위(方位)도 봐야 하는데, 이사 방위에 있어서 가장 중요시해야 할 것은 첫째가 주거환경이다. 다음이 직장과의 거리관계, 그 다음이 남향집 여부다. 남향이 일조량이 좋으므로 박테리아가 번식 못 하고 건강하게 살 수 있고, 건강하니까 재수 있다. 고로 남향집이 좋다는 것이다. 그러나 삼대(三代)가 적선해야 인연이 닿는다고 한다.

 역시 甲子일주 남자가 수술하고 입원해 있다. 卯일날 부인이 와서 "선생님. 우리 서방님 오늘 퇴원하겠어요?" 한다. "안돼요." 합이 되지 않으니까 내일 辰일에 합이 돼서 퇴원하게 된다. 합의 변화원리이다.

일지가 합되는 날은 다사분주(多事奔走)하다. 가정부인이라도 누가 불러내서라도 돌아다니게 되어 있다. 고로 남자들이여, 역학 배워 써 먹으려거든 마누라가 일지 삼합되는 날에는 돌아다니고 싶으니, 이때만이라도 같이 여행이라도 다녀와라.

丁巳일주가 巳火를 만나면 巳중의 丙火가 있는데, 丁火 본인이 작고 음화(陰火)인 데 반해 丙火는 양(陽)으로 커서 丁이 丙을 보면 행세 못하고 자기 것 모두 뺏긴다. 酉金일이 되었다. 巳酉합이므로 丙에게서 전화가 왔다. 만나자고 한다. 金이므로 종로(鐘路)이고 을지로 아니다. 4·9金이니 종로4가이고, 종(鐘) 다방에서 만나자고 한다. 기가 막히다. 점심이나 할까? 아니다. 저녁 5시 즉 酉시에 만나 차 한잔 하고 저녁이나 하잔다. 만나서 차 한잔 하고 얘기하는데 마음이 편치가 않다.

그동안 丙이 계속 돈을 빌려 갔으므로 불안한다. 巳酉金국으로 丁火에게는 재이므로 돈이다. 국을 이루었으니 큰 돈이다. 그동안 네가 빌려준 돈으로 한 몫 잡았다고 고맙다 하면서 몫돈을 주고 간다. 그간의 이자까지 보태서 주고 간다. 이것이 합의 변화인데, 만나자는데 무슨 소리를 할 것인가? 돈을 뜯어 갈 것인가? 돈을 줄 것인가? 사주원국에 따라서 다를 것인데, 여하튼 金인 재로 변화했으니 돈이 되는 것이다.

丁卯일주가 亥일이 됐다. 丁火가 亥중壬水와 丁壬으로 암장으로 만났다. 암장으로 만나니 애인인데 전화 와서 만나잔다. 亥卯木국이 되니 인수다. 인수는 집, 공부, 옷 등을 의미하므로 壬이 애인이고 인수를 옷으로 적용해서 풀이하면 된다. 무조건 나오라고 하더니 옷 한 벌 사준다.

○_丙○○의 사주를 보자. 丙火일간 기준으로 하여 戌土는 식상이므로
戌午○○
자식이나 제자다. 내 제자가 午戌火국으로 변했다. 丙火에게 火는 비
견겁이므로 나 丙火와 같아졌다. 제자가 나 있는 학교에 발령 받아 동
료 교사로 부임해 왔다. 비견겁은 나와 같으니까 동등해졌다. 또한 비
견겁은 내것을 빼앗아 가므로 제자인 학생이 내집에 왔다 가면 물건이
없어진다. 또 戌은 土로 신용(信用)이고 부처님, 스님으로 연결하면 丙
火가 다른 사람이 달라고 하면 외면하지만 午戌火국으로 비견겁이 되
므로 스님이 와서 말하면 즉시 준다.

　乙未일주라면 未土는 재로서 돈, 마누라, 여자인데 卯년을 만나면,
卯未木국이 됐다. 돈이 없어졌다. 土재가 木의 비견겁으로 변해서이
다. 재를 마누라로 연결하면 마누라가 없어져 버리므로 "이혼수 걸렸
네요" 한다.

　따라서 삼합국 권내에 걸려들면 "변화한다", "움직인다" 이다.
　丁亥일주가 未년에 亥未木국으로 변하였다. 丁火가 원래 亥水물을
깔고 있다가, 亥는 서북 건방(乾方)인데 亥未木국으로 변했으니 木은
동방(東方)이다. 즉 서북에 있던 사람이 未년이 오니 동쪽으로 간다.
즉 이사수, 변동수가 있다. 그러면 어느 쪽으로 가게 되나? 동쪽으로
간다. 다른 면, 즉 육친 쪽에서 보면, 여자의 경우 亥水가 서방인데, 水
극火로 "나를 때리고 괴롭히니 못살겠소. 도대체 언제나 그렇지 않겠
는지요?", "寅, 卯, 未년이 와야 丁火 나를 업어준다"는 것이다. 寅亥합
木국, 亥卯木국, 亥未木국이 되니 관살이 인수로 변하여 어머니같이 자
애로워지니 나를 업어주게 되는 것이다.

甲辰일주가 乙丑년에 신수 보러 왔다. 그런데 乙丑년의 이전이 甲子년인데 甲子년이 먼저 생각나더라. 甲이 甲을 만나니 친구다. 子辰水국이다. 합이니까 만나자고 하더라. 子辰합은 변화, 변동이다. 辰土재가 子辰합水로 인수로 변했다. 돈이 없어지고 문서만 남았다. 돈을 빌려달란다. 5 · 10土이니 5천만원을 자꾸 빌려달라 애원하니 甲木은 정 있고 인정이 많으니 빌려준다. 차용증서(인수, 문서) 써 준다는 말을 믿고 돈을 내주고 말았다. 甲木이 子辰水국이면 겨울이므로 甲木이 꽁꽁 얼어버렸다. 水는 근심, 걱정, 눈물이므로 근심, 걱정이 생겼다.

乙丑년에 신수 보러 왔으므로 乙木은 또 친구고, 丑土는 돈이므로, 甲木에게 빌려준 돈 좀 받을 수 있을까? 궁금해서 왔다. "작년에 친구에게 5천만원 빌려주고 있다가 금년에 돈 받을 수 있을까 해서 왔어요?" 했더니 깜짝 놀라더라. 합의 변화관계를 이런 식으로 응용하면서 연결해라.

합끼리 섞여 있을 때는 어떤 합이 우선일까? 예를 들어보자. 未土는 암장에 丁乙己가 있어서 午火를 만나면 午未火국, 亥를 만나면 亥未木국이 되고, 未만 있으면 그냥 土가 된다. 그러면 지지가 卯未午○의 경우, 未土가 午未火국으로 잘 지내다가 卯木을 만나니 卯未木국으로 간다. 午火가 말하기를 未土가 卯未합으로 卯木에게 가버렸네요. 그러면 우리는 "조금 기다려라. 곧 다시 너에게 온다." 왜냐하면 卯未는 木이고 木은 木생火로 오게 돼 있기 때문이다. 여기서 未土는 혼자 오는 것이 아니라 卯木까지 데리고 올 것이다.

戌土는 암장에 辛丁戊가 있어서 寅을 만나면 寅戌, 午를 만나면 午戌로 火로 간다. 寅이나 午를 안 만나면 그냥 土이다. 寅亥卯○로 구성된

지지의 예를 보자. 亥를 기준으로 한다면 寅亥합이고 亥卯합인데 어느 합을 더 잘하겠는가? 寅과 卯가 亥를 가운데 두고서 서로 줄다리기를 한다. 어디로 갈 것인가? 이런 합의 변화를 알아야 정확한 상황 판단이 나온다.

　寅亥합은 부부합이고 무촌(無寸)이다. 亥卯합은 水生木이니 부모·자손의 일촌(一寸) 관계다. 그러므로 寅亥합으로 간다. 부부가 더 가까우니까. 그리고 卯는 음이고, 寅은 양으로, 양은 크고 음은 작다. 고로 亥水는 큰 데로 가고 작은 데로 가지 않는다. 천간은 개체로 논다. 강자이고, 지지는 약자다. 약자는 선인(善人)이고, 약하니까 군중심리에 의해서 좌우된다. 세력에 따라간다. 고로 亥水는 寅木 강자에게 따라간다. 고로 卯木이 오라 해도 안 간다.

　子·午·卯·酉는 정북(正北), 정남(正南), 정동(正東), 정서(正西)이므로 사정방(四正方)이라고 하고, 지장간이 한개밖에 없어서 자기 주장이 강하고, 또한 어떤 지지를 만나도 자기 자리를 지키고 있어서, 다른 오행(五行)으로 변하지 않는다는 것이다. 子·午·卯·酉는 고집이 세다. 이 점을 잊으면 안된다.

　천간과 지지 암장과의 삼합 관계를 보자. 戊辰일주가 있다. 辰중의 癸水가 戊癸합으로 자기 애인인데, 辰중에도 또 戊土가 있다. 이때 辰중癸水는 일간인 나와 戊癸합을 하겠는가? 아니면 같은 통속의 辰중의 戊土와 戊癸합을 잘하겠는가? 일지니까 코앞에서 자기 애인이 戊癸합하는 것을 구경하고 있어야 한다. 자기 마누라가 다른 놈하고 합하는데 정통으로 들통나는 것이다. 戊土가 辰중癸水가 자기만 좋아하는 줄 알았더니 나중에 보니까. 자기 코앞에서 다른 놈하고 손잡고 가더라. 이런 것이 암합의 변화이다.

천간의 합의 변화도 보자. ○甲丁壬의 여자의 경우를 보면, 丁火가 甲木의 딸인데, 딸의 연애결혼이 나온다. 丁壬합은 음란지합이다. 잘못하면 딸이 날라리 된다. 내 팔자에서 딸의 특성이 나온다. "딸네미 단속 잘하세요." 한다. 더하여 丁壬합木은 비견겁이 되어 내것 뺏어 간다. 甲木이 딸 하나 낳았더니 丁壬합으로 자기 서방하고 한통속이 되어서 친정집 돈 뺏어간다는 것이다. 자기 팔자에 딸네미가 돈 뺏어가는 것으로 구성된다는 것이다. 월간에 딸 丁火가 있으니 상전덩어리이다.

庚申일주가 子년이 12년마다 한번씩 오는데, 申子 합하면 변화가 온다. 庚金이 申金 위에 있는데, 子申水로 옮겨 앉았다. 방위(方位)적으로는 서쪽에 있다가 水인 북쪽으로 옮겼고, 색(色)으로는 백색을 깔고 앉았는데, 子년은 검정색으로 바꿔 깔았다. 삼합은 신상의 변화가 온다. 또한 金생水로 내것이 나간다. 내것을 줘야 한다.

辛巳일주 여자가 火가 서방인데, 즉 巳중丙火가 丙辛합으로 만나서 사이클이 잘 통하고 정이 좋았다. 잉꼬부부라 소문이 났다. 그러나 12년마다 酉년이 온다. 巳酉합金국이 되니, 火는 없어지고 金만 남았다. 火인 남편은 없어지고 나 홀로 된다. "서방님 어디 가셨어요?" 죽었거나, 해외 나갔거나, 바람나서 나갔거나 원인은 많다.

다. 지지삼합의 통변

역학(易學)을 공부하는 데는 통변술(通變術)을 잘 익혀야 한다. 통변의 요점은 합충의 변화를 육친과 연결하여 어떤 상황이 벌어지는가를 6하(六何, 5W·1H)원칙에 의거 답을 찾는 것이 통변(通變)이다. 물론 답의 길흉은 용신(用神)에 의거 결론이 나고, 과거와 미래의 시기별 길흉은 운(運)에 따라 결정된다. 뒤에 격국, 용신론과 육친의 변화에 따른 통변술을 공부하겠지만 여기서 간략하게 기본개념을 정리하고 가자.

우선 격국(格局)이란 무엇인가? 그 사주의 그릇이다. 돈 버는 그릇, 직장 그릇, 대장 그릇, 졸병 그릇, 본처와 해로하는 그릇, 장가 몇번 가는 그릇이냐 등의 규격을 말한다. 규격 중에서도 넓이도 있고, 길이도 있고, 숫자도 있고, 부피도 있고, 무엇으로도 다 연결되는 것을 격국이라고 한다. 격국도 두 가지인데, 사주의 본명(本命)을 선천(先天)이라 하고, 사주의 후천(後天)을 운(運)이라고 하는데 격국도 후천에 따라서 변한다. 후천이란 운을 말한다. 나오기는 배우로 나왔어도 국회의원 되는 것은 격국의 변화이다. 즉 운에서 들어오는 격국의 변화도 있다.

그러면 운을 좀더 자세히 보자. 한자로 운(運)을 파자(破字)해서 분석하면, 차(車)가 있는데 冖(민갓머리)로 포장씌워 놨다. 차 속에 뭐가 있는지 모른다. 그런데 고정되지 않고 주(走)(辶) 달리고 있다. 이 속에 뭐가 들어 있을까? 이것을 알아내는 것이 운(運)이다. 재(財)운이면 여자가 탔다. 사물로 연결하면 금괴가 실려 있고, 돈이 실려 있다. 관운(官運)이라면 그 속에 군수, 판사가 간다. 인수운이라면 옷, 문서를 싣고 가는가 보다. 이런 식으로 알아내는 것이 미래의 운이다.

운이 좋다는 것은 크게 보면 한 나라의 통화량은 정해져 있고, 그 속에서 주고, 뺏고 하는 것과 같다. 내가 운이 나쁠 때는 운 좋은 이에게 맡겨 놨다가 운 좋을 때 가지고 오는 것과 같은 것이다.

용신(用神)이라 함은 쓸 용, 귀신 신이다. 귀신을 부리는 것이다. 용신이란 사주의 핵(核)이요 꽃이다. 사주가 균형을 이루는 데 있어서 없어서는 안될 귀중한 보물이다. 이 용신을 제대로만 잡을 줄 알면 귀신도 꼼짝 못한다. 왜냐하면 귀신 신(神)자가 들어 있으므로 그렇다.

丙⑪○○의 사주를 보자. 동짓달이 셋이므로 꽁꽁 얼고 추워 죽겠다.
寅子子子
깜깜해서 아무것도 안 보인다. 그런데 丙寅이 있어서 따뜻하게 해주고 밝게 해주므로 이 사주를 빛내주는 것은 火이다. 이때 丙火를 이 사주의 용신이라고 한다. 또한 水가 많아서 음이 많으므로 양을 보충해 주어야 음양이 균형을 이룬다. 따라서 火를 용신이라 하고, 용신에 의해서 희비애락과 길흉관계가 좌우된다.

고로 용신이 사주의 핵(核)이다. 핵이 떨어지면 죽는다. 丙이 죽으면 이 사주도 죽고, 丙이 살아야 이 사주의 기(氣)가 펄펄 산다. 운으로 연결해도 추울 때 태어나서 여름이 와야 살고, 하는 일이 잘 된다.

합충의 변화를 통변과 연결해서 보자.
甲戌일주 여자가 庚辰년에 상담하러 왔다. 甲庚충, 辰戌충으로 이혼수 걸렸다. "남편하고 살고 싶지 않지요?" 하니 그렇단다. 결혼한 지 4, 5년 됐고 아직 젊은데도 간충지충(干冲支冲) 얻어 맞으니 꿈자리가 사납다. 칠살(七殺)·귀(鬼)이므로 눈만 감으면 귀신이 나타나서 꿈자리가 사납다. "꿈자리가 사나워서 어떻게 사시나요." 한다.

만약 丙午일주 남자가 병원에 입원해 있다 하자. 남자가 산재환자인데, 병원에서 퇴원하란다. 종합병원에서 산재환자는 귀찮아 나가라 한다. 그런데 남자한테는 움직이는 운이 없다. 삼합이 아니다. 여자에게는 남편이 쫓겨나는 운이 들어와 있다. 그래서 물어본다. "혹시 마나님이 병원에서 실수한 것 없었나요?" 그것 때문에 이유가 된 것 같다. "마누라가 담당의사 욕했다더라, 찍혀서 나가란다." 이것이 추리하는 방법이다.

가령 ○甲○○의 여자가 申년이 되었다. 申子子합이 된다. 申은 관으
　　 ○子子子
로 남자인데 申子합이 되어서 만난다. 申이 나와 인연이 되어서 만났는데 水국이 되므로 金은 없어지고 水만 남았다. 고로 남자가 존재할 수 없다. 남자가 이 집에 들어가는 것은 보였는데, 나오는 것은 안 보인다. 남자가 죽었다. 이상한 팔자다.

○戊○○의 남자가 있다. 말라있는 흙이다. 未土는 만지면 손이 데인
未戌未未
다. 물 한 주전자를 부으면 흙이 흡수하고서 안 내놓는다. 土일주에 水가 재(財)로서 여자다. 고로 이 집에 여자가 들어가는 것은 보였는데 나오지를 않는다. 흔적이 없다. 이상하다. 가택수색해 보니 토막토막 시체가 나온다. 왜일까? 여자가 들어가기만 하면 죽어버린다. 바싹 마른 많은 흙이 흡수하고 내놓지 않으니 그게 바로 죽어있는 시체가 아니겠는가? 참으로 무서운 팔자다.

寅午戌의 삼합은 寅에서 시작해서 午를 거쳐가지고 戌로 빠져 나간다. 甲戌일주라면 戌土는 마누라인데 午운이 오면 午戌火로 火는 장모인데, 장모가 왔다. 무엇 때문에 왔을까? 火이므로 木은 火를 보면 木

生火로 생해주므로 장모가 손벌리려고 왔다. 戊土마누라가 없어지므로 장모가 왔다 가더니 마누라가 없어진다. 이런 식으로 통변하는 것이다.

甲戌일주가 아침 일찍 왔다. 午날에 왔다. 午戌火국으로 "마누라가 없어졌어요." 한다. 기다리면 다시 오니 걱정말라. 火生土로 土를 생하므로 다시 온다. 며칠만에 올까? 5 · 10土이니 5일 안에 온다는 것이다.

다음에는 육친의 변화에 따른 통변 예를 들어본다. 추후 상세한 예시를 들어 공부하겠으니 여기서는 간단한 요령만 보자.

삼합에 의해 비견겁이 변하여 재로 변했다. 고로 형제나 친구로 인하여 돈이 생긴다.

○戊○○의 경우라면, 일주가 土이므로 土는 모두 친구·형제인데 子子辰○○ 시라서 子辰水국으로 辰土가 水로 변질됐다. 고로 土극水로 재가 되므로 친구와 형제가 돈으로 둔갑해 보인다. 또한 친구나 형제 만나면 "너 먹을 것 없니?", "너 돈 가진 것 없니?" 한다. 성격, 욕심으로 연결하면 내 것은 내 것이고, 형제 것도 내 것이고, 친구 것도 내 것이다. 욕심쟁이다. 또한 친구가 만약 재로 변했다면 친구하고 동성연애한다. 이런 것까지 나온다는 것이다. 국(局)을 이룬다는 것은, 정(正)과 편(偏)으로 구분한다면 편이고 정이 될 수 없다. 고로 삼합국을 이루면 편으로 크고 많은 것을 의미한다. 따라서 큰 욕심쟁이다.

여기서 비견겁이 변하여 재가 되는 일주는 土일주와 火일주만 있다.
가령 ○丁○○의 경우 巳酉金으로 金국, 재(財)가 된다. 火인 친구가 酉巳○○ 재로 변했으니 친구나 형제 때문에 돈 번다. 욕심이 많아서 친구, 형제가 모두 돈으로 둔갑해 보인다. 그런데 酉월에 태어났다면 $\frac{○丁○}{酉巳酉○}$ 으로 金이 많아서 친구가 내 돈 가지고 도망간다. 金이 많으면 火가 꺼지므로 내가 관리 능력이 모자라서 당한다. 만약에 午월에 태어났다면 $\frac{○丁○○}{酉巳午○}$ 로 큰 불이다. 고로 巳火가 酉金을 달고 36계 도망간다면, 火가 火극金하므로 오히려 나에게 큰 도움을 주게 된다.

인수가 재성으로 변하면, 공부의 목적이 돈에 있다. 공부하다가 연애한다는 것이다. 가령 $\frac{○癸○○}{卯未○○}$ 라면, 未土는 인수로 공부다. 卯未木국이 되어서 재국이 되므로 "너 뭐 때문에 공부하니?", "응, 나 공부해서 돈 벌려고" 한다. 또한 인수는 나를 도와주는 것이므로 문서 또는 사들이는 것에도 해당한다. 만약 애가 8, 9살 때 데리고 외출하면 "엄마, 요것 사서 팔면 얼마나 남을까?" 하는 식으로 머리가 이런 식으로 돌아간다. 어린이들이지만 사주에 따른 사고와 행동이 나온다는 것이다.

또, $\frac{○癸○○}{○○亥未}$ 남자라면, 未土는 모(母)요, 亥水는 장모인데, 亥未합이라서 여기까지만 추론한다면, 엄마와 장모가 합이 들어서 형제보다 더 잘 통한다. 그런데 둘이 합하여 木국을 만드니 재가 된다. 돈이 되므로 이것을 연결하면, 이때의 주도권은 장모가 쥐고 있다. 왜냐하면 亥水장모가 월지에 있기 때문이다. 장모가 더 똑똑하다. 장모가 "안사돈, 시간 좀 내주세요.", "네." 하고 卯일날 만난다. 만나니까 亥水가 말하기를, "사위자식도 자식인데 3·8木으로 한 3억 내놓을 테니까. 안사돈이 조금만 보태시오. 그래서 우리 辛金사위 사업자금 좀 만들어 줍시다."라고 한다. 이런 식으로 엮어서 통변해보라.

다음으로 비견겁이 인수로 변하면, 형제가 집 사주고, 부모 같은 형제 있고, 공부도 시켜준다. 戊午일주가 상담하러 왔다. 올해가 辰년이면 앞으로 辰巳午未申酉戌~로 가므로, 예견한다면, 戌은 너무 멀리 있다. 6년 후다. 고로 가까운 데를 찾아라. 역학을 하려면 무엇을 알아야 할까? 지금 말을 한다는 것은 가까웠다는 것이다. 기(氣)가 이미 조성되어 있어서 말이 나오는 것이다. 기가 만들어져서 가슴에 차 있다가 기도를 타고 입으로 옮겨지고 행동으로 옮겨지는 것이다. 고로 소리가 나왔다는 것은 행동이 얼마 안 남았다는 것이다.

그러므로 未운에 집 사준다. 未土는 土로 형제요, 戌土도 형제이므로 午未합火하여 火생土로 나를 생하여 들어오므로 인수다. "未년에 가서야 집 사주겠네요." 하라. 未년에는 이 사람 명의로 단독명의냐, 공동명의냐? 이때는 학(學)보다 술(術)이 더욱 필요하다. 배우는 데는 학이고, 써먹을 데는 술이다. 오죽 못났으면 형제가 집 사주겠나? 고로 공동명의다. 이미 벌써 답은 나와 있다는 것이다.

사주 실례를 들어보자.

사주 예(12)

亥卯未木국, 午未火국으로 년·월에 재국(財局)이 먼저 있고, 火국이

$$甲 \ ⾟ \ 己 \ 乙$$
$$午 \ 未 \ 卯 \ 亥$$

뒤에 있다. 먼저 돈 벌고 나중에 벼슬, 권력 잡는다. 출마하려고 죽어라고 돈 번다. 관(官)은 정치고, 재(財)는 경제다. 재생관으로 항상 정경유착이 된다. 그래야 나라가 발전한다. 辛金일주로 예쁘고 완벽주의다. 午未火로 금이 녹아난다. 金은 피부로 피부가 약하다. 인수와 상관이 변해서 재가 됐다. 상관은 장모다. 장모가 돈으로 보인다. 어머니가 역시 돈으로 보

인다. 맨날 돈돈돈 한다.

　일지未土는 午火와 합으로 인수가 변해서 관이 됐다. 먼저 돈 벌고 나중에 출마하려 한다. 未土는 火국으로 가느냐? 木국으로 가느냐? 지지는 군중심리에 좌우되므로 亥卯未 木국으로 갔다가, 결국은 木生火로 오니까 午未火국이 된다. 未土를 기준으로 하면, 木이 지배하는 寅・卯년이면 木국이 되고, 巳・午년이 되면 내가 너희 편이지 하면서 午未火국으로 들어온다. 년에 따라서 이런 변화가 온다. 木이 많으니 간땡이가 크다. 金이 나쁘니 폐활량 부족하고, 木이 강하니 심장에 털났다.

사주 예(13)
　寅午합, 辰酉합, 돈복 타고 났다. 재가 국을 이루어서 알부자이다. 이런 사람은 돈자랑 말라. 천간은 자랑, 지지는 감추

丁 ⓑ 甲 丙
酉 辰 午 寅

는 것이다. 자랑하면, 돈이 천간에 나왔다 하면 丙・丁이 모두 가져가 버린다. 절대 돈자랑 말라. 丙火가 午월생이고, 火국이 있고 木生火하므로 불이 많다. 가뭄, 낮이 길다로 연결해도 되고, 양(陽)이 많다로 연결해도 되고, 꽃으로 연결하면 꽃이 활짝 피었다. 훤하다. 눈에 정기가 서렸다. 이마가 넓다.

　년에 丙火가 있으니 장남 아니고 둘째다. 월에 비견겁이면 장남이라는데 장남 아니지만 장남 노릇하게 된다. 고로 형을 꺾는다. 꽃이 피었고 열매도 있다. 열매가 辰酉합국을 이루어서 아주 좋다. 일하는 데도 마무리를 잘 해 놓는다. 아무데 가서도 필수요원이 된다. 火일주라서 눈썰미가 좋아 일을 금방 배운다.

5. 지지방합법(地支方合法)

가. 지지방합의 원리

寅 卯 辰 합 木국(局), 동방(東方), 춘절(春節)
巳 午 未 합 火국(局), 남방(南方), 하절(夏節)
申 酉 戌 합 金국(局), 서방(西方), 추절(秋節)
亥 子 丑 합 水국(局), 북방(北方), 동절(冬節)

방합은 형제합이다. 형제는 2촌(寸)이다. 부모·자식은 1촌이고, 부부간은 무촌이다. 여기서 방(方)이란 방위(方位)를 말하는 것으로 동·서·남·북이다. 따라서 방위합이다. 줄여서 방합이라고 한다. 여기서 지지 12달을 봄·여름·가을·겨울의 4계절로 나누어서 보면 계절합으로 본다.

寅 卯 辰은 합해서 木국이 된다.
1·2·3월은 봄이고, 봄은 木이다. 木은 동쪽이다.
巳 午 未는 합해서 火국이 된다.
4·5·6월은 여름이고, 여름은 火이다. 火는 남쪽이다.
申 酉 戌은 합해서 金국이 된다.
7·8·9월은 가을이고, 가을은 金이다. 金은 서쪽이다.
亥 子 丑은 합해서 水국이 된다.
10·11·12월은 겨울이고, 겨울은 水이다. 水는 북쪽이다.

여기서 子午卯酉는 타오행으로 변하지 않는데, 이 원리를 적용하면 子丑합은 土가 아니고, 水국인 것이 증명되고, 午未합은 火국이 되는 것이다. 子丑합과 午未합은 6합으로 써먹지 않고 방합으로 써먹는다. 6합작용이 나오지 않는다. 6합으로의 제구실을 하는 경우는 辰酉합과 寅亥합 밖에 없다.

여기서 辰未戌丑의 土는 조절신으로 계절과 계절 사이에 있으면서 다가오는 계절을 적응시키는 역할을 한다. 辰土 3월을 상순(上旬)·중순(中旬)·하순(下旬)으로 각각 10일씩 나누어 보면, 상순은 봄의 木기(氣)가 남아 있어 木여기(餘氣), 중순은 봄의 木기가 물러갈 때가 되어 木퇴기(退氣), 하순은 얼마 안 있으면 여름의 火기가 오니 火진기(進氣)로 각각 본다. 未土 6월도 상순·중순·하순으로 나누어 각각 같은 이유로 상순은 火여기, 중순은 火퇴기, 하순은 金진기로 보고, 戌土 9월도 상순은 金여기, 중순은 金퇴기, 하순은 水진기로 본다. 丑土 12월도 같은 원리로 상순은 水여기, 중순은 水퇴기, 하순은 木진기로 본다. 다만 하순의 경우는 봄이 오니까 木진기라고 하지만 여기서 木火는 양(陽)이니까 양진기(陽進氣)라고도 한다. 추운 것이 물러가면 따뜻한 것이 오므로 몰아가지고 양진기라고 한다.

丑월은 겨울과 봄의 적응 역할을 하므로 섣달에는 아주 추운데 봄날처럼 따뜻할 때가 있다. 戌월은 水진기가 들어가는 것은 水겨울의 시작이 입동(立冬)부터인데, 입동 하루이틀 전이나 후나 이웃집이다. 고로 水진기가 들어간다.

未월은 金진기라는데, 未는 여름이고 未6월중에 삼복(三伏)이 있어서 삼복더위가 있다. 未월은 소서(小暑)가 입절(立節)해야만 未월이 된다. 소서가 입절하기 전에는 망종절(芒種節)인데, 소서가 입절(入節)하고 첫 庚일이 초복(初伏)이다. 하지(夏至) 이후 세 번째 庚日과 일치하지 않으면, 하지기준 세 번째 庚日이 초복이다. 庚은 가을인데 未월이 지나 얼마 안 있어서 내 계절이 왔다 하고 庚이 나오려다 너무 더워서 땅속으로 엎드렸다. 이것이 초복인 것이다.

중복(中伏)은 초복이 지난 다음 두 번째 庚일이 오는데, 이때도 庚이 나오려다 아직도 아니다 싶어서 다시 엎드렸다. 마지막으로 세 번째 庚일이 말복(末伏)인데, 입추(立秋)전이라면 입추 후 庚일이 말복이 된다. 이를 월복(越伏)이라 한다. 보통 10일 간격으로 드는 중복과 말복 사이가 20일 간격으로 온다. 그러므로 말복은 입추가 입절하고 첫 庚일이 말복이다. 마지막으로 엎드렸다. 입추가 왔다는 것은 가을이 왔다는 것이고 庚이 제 계절로 왔다고 해서 말복이다. 복(伏)자는 인(人)변에 개 견(犬)인데, 사람은 개를 보면 무서워서 엎드린다. 고로 이것을 이기려면 사람이 개 잡아 먹는 날이 복날이다.

戌은 辰戌丑未 중에서 특히 부처님의 특성이 강하다. 戌은 하늘과 통한다는 천문성(天門星)이고, 고로 종교와 통한다. 왜 개고기를 먹으면 더위를 이기는가? 戌은 5·10土니까 개고기 한 그릇에 10일의 더위를 이긴다. 이유는 寅午戌이 火국인데, 火는 戌에 꺼져 들어가므로 더위가 가라앉을 시각이다.

또한 戌土는 조토(燥土)니까 조토는 수분을 잘 흡수한다.
고로 늑막염에는 두 가지가 있는데, 건성과 수성이 있다. 수성으로 물이 차는 데는 개고기 먹으면 즉효다. 옛날엔 어린애들이 설사하는 데는 황토를 갈아서 볶아가지고 체에 밭쳐서 가루를 먹이면 즉효다. 土극水

하기 때문이다. 또한 감이 곶감은 빨강색이다. 애나 어른이 설사하면 대장은 金인데 金이 차가우면 金생水로 설사한다. 金이 열 받으면 변비다. 감은 빨강색으로 火극金하여 설사하는 데 즉효약이다. 2・3일간 복용하면 설사가 멎는다.

참고로 하루중 시간에서 寅시의 경우는 인시초와 인시말은 차이가 크다. 인시말은 일어나서 활동하는 시간인 것이다. 인기상(寅起床)이다. 寅중의 丙은 활동하고, 시작이고, 광명(光明)이다. 寅은 동(東)이고, 시작이고, 간방(艮方)인데 우리나라가 인방(寅方)이다. 木생火로 세계문명의 발생지는 우리인 것이다.

그리고 합의 원리 중에서, 동합(同合)으로 동성(同性)일 때는, 합은 합이로되 결국은 국이면서도 개체가 된다. 子와 子, 丑과 丑, 寅과 寅, 卯와 卯, 辰과 辰, 巳와 巳, 午와 午, 未와 未, 申과 申, 酉와 酉, 戌과 戌, 亥와 亥 등 모두가 합이 될 수 있는 것은 사실이나 종(從)은 없고 주(主)만 있기 때문에 결정적인 데 가서는 서로가 주권(主權)을 차지하려다가 종내는 분파작용이 발생하는데 이는 인간사에서도 결당(結黨)은 하였으나 중심세력, 즉 확고한 인물이 없을 때는 다시 분당(分黨)이 되는 것과 같다. 따라서 합은 합이로되 국이면서 다시 개체가 되는 것이 흠이 되는 것이다.

나. 삼합과 방합의 비교

삼합과 방합은 어느 것이 강한가? 삼합과 방합이 똑같이 삼자(三者)가 모여 합이 되고 있으므로 그 중 어느 합이 강하고 크게 작용하는지, 그 정도는 어느 정도 차이가 나는지는 아주 중요하다. 또 합들이 서로 섞여서 구성된 경우에는 어느 합이 잘되고 어떤 변화가 일어나는지는 잘 알아야 한다. 결론부터 이야기하면 방합보다는 삼합이 강력하고 방대(方大)하며 우선하고 있으며, 또 삼합보다 앞서고 있는 것은 육합(六合)이나 이는 寅亥와 辰酉합에만 국한되고 있을 뿐이다. 午未합과 子丑합은 육합으로 써먹지 않고 방합으로 써먹는다. 육합작용이 나오지 않는다는 것이다.

그 이유는 육합은 부부합으로 촌수도 없으며, 삼합은 부모, 자신, 자손과의 합에 이질과 이질이 만나 하나의 동질로서 가장 견고하기 때문이고, 방합은 동질로서의 형제의 합이기 때문이다. 또 다른 면으로는 亥卯未 木국은 10월에 시작하여 2월을 중심으로 6월까지 포용(抱容)한 데 반하여, 寅卯辰 木국은 正월, 2월, 3월로만 구성되어 있고, 寅午戌 火국은 정월에서 시작하여 5월을 중심으로 9월까지 포용하고 있으나 巳午未 火국은 4·5·6월로만 구성되어 있기 때문에 방합보다는 삼합이 앞서고 강하다. 또 亥卯未 木국은 亥水생 木국하고, 寅午戌 火국은 寅木생 火국하므로 국의 원류가 있으나 방합은 없기 때문에 뒤떨어질 수 밖에 없다.

그러면 어느 정도 차이가 날까? 실제 사주분석에서 필요한 사항인데, 수치로 연결하면 삼합 대 방합을 10 : 1 정도로 보면 될 것 같다. 실제 사주예로 비교해 보자.

다음 두 사주 예에서 어느 여자의 남편이 어느 정도 차이나는지? 얼마나 능력 있고 똑똑할까?

○庚○○와 ○辛○○의 경우, 庚金여자의 남편은 寅午삼합이고, 辛金여
寅午○○ 午未○○

자의 남편은 午未방합이다. 寅午火국은 木生火하고 들어오니 남편이 공부도 많이 하고, 인수이니 덕(德)까지 갖추었다. 큰 인물이다. 午未 방합 남편은 木生火 하는 것이 없으니 공부도 못했고, 국의 크기도 작고 보잘것없으니 제멋대로 사는 남자이다. 따라서 10 : 1 정도의 엄청난 차이가 난다는 것이다. 삼합도 방합도 움직이고 변화가 오는 것은 같다. 그러나 그 차이는 역시 크다. 삼합은 멀리, 크게, 많이 움직이고, 이사의 경우도 멀리 가게 된다. 타지방이나 해외로까지 간다. 방합은 부서 내 이동이고, 앉은 자리 변동이고, 이사도 동네에서 동네로 이웃 간의 이사다.

삼합과 방합 공히 합하여 단일체가 되는 것이니 큰 하나, 즉 부피로 적용한다. 다만 그 부피의 크기가 다를 뿐이다. 즉 삼합은 亥卯未, 寅午戌 등의 경우 木이 셋, 火가 셋으로 보지 말고 큰 부피로써 적용하라는 것이다. 방합은 부피로 보지만 작은 부피이고 각각 모인 것이다. 예를 들어보자.

○庚○○와 ○辛○○의 두 여자의 경우, 庚金여자는 寅中丙火와 午中丁
寅午○○   午巳○○
火가 남편이니 시집 두 번 간다고 통변하면 틀린다. 寅午火국으로 훌륭한 남편 만나 잘 산다가 답이다. 시집 한 번 가는 것이다. 辛金여자는 별볼 일 없는 남자 만나는 것이고, 시집도 두 번 가는 것으로 봐라. 이것이 삼합과 방합의 차이다. 삼합은 하나로, 부피로 보라는 것이다.

○壬○○의 여자를 보자. 이 경우 丑土가 정관(正官)으로 남편이다. 子
○子丑○
丑합 水국으로 남편이 水로 변하여 없어졌다. 남편이 물에 빠져 죽었다. 丑은 동토(凍土)로써 꽁꽁 얼어버렸다. 동토는 혈액순환이 잘 안 돼서 쥐가 잘 난다. 준비운동을 하지 않고 물에 들어 갔다가 죽었나 보다. 또한 평소에 壬이 丑인 서방에게 말하기를 "당신은 왜 나만보면 꽁꽁 얼어서 기도 못 펴나요?" 한다. 마누라 앞에서는 얼어서 말도 잘 안 나온다는 것이다.

○丙○○ 의 남자의 경우, 삼합은 큰 하나로 부피로 보라 했으니 두 번
○○酉丑 장가 가는 걸로 보지 말고, 똑똑한 여자 만난다고 보라.

다음은 삼합과 방합이 섞여 있을 때 어떤 변화가 있을까? 어느 합이 우선이고, 그 차이점은 무엇인가? 비교·응용해보자.

○卯寅午의 경우, 寅卯는 방합이고, 寅午는 삼합이다. 이 중 어느 합이 더 잘 되겠는가? 이것을 알아야만 어디로 가는지를 알 수 있다. 또 사주에 午와 卯가 있다. 寅년을 만났으면 寅午냐? 寅卯냐? 火국이냐? 木국이냐? 어디로 가는지를 알아야 한다. 당연히 삼합이 더 잘된다. 寅卯는 방합이고 형제합이다. 寅午는 삼합이고 부모, 자식 합이다. 만약에 庚일간이 상담하게 되면 돈이 생기는가? 벼슬이 생기는가? 결론은 벼슬이 생긴다. 여자라면 돈이 생기나? 서방님이 생기나? 서방님이 생긴다. 寅木이 어디로 가는가의 문제이다.

○酉巳午의 경우를 보자. 巳酉金국이냐 巳午방합이냐의 문제다. 巳중丙과 연결하면 午중丁火는 여동생이다. 酉중辛金은 애인이다. 어디로 갈까 비교하면 애인한테 간다. 즉 巳酉합이 우선이다.

○丁○○ 의 사주를 보자. 이 사주에 12년마다 巳년이 온다. 巳午합이
○酉午○

냐? 巳酉합이냐? 巳酉金국이 먼저다. 丁火일주가 巳중의 丙火를 만나면 비겁으로 내 것을 뺏어가야 하는데, 巳酉金국으로 큰 돈을 갖다 주고 가더라. 이런 것을 알아야 써먹을 수 있다는 것이다.

◯酉辰卯의 경우, 辰酉6합이 우선이냐? 卯辰방합이 우선이냐? 6합이 우선이다. 辰酉합金이 먼저다. 辰에게 들어보면 土生金으로 좋게 酉金과 합했는데 卯木에게는 결과적으로 木극土로 터진다. 또 辰년이 되면 辰酉합이 우선이다. 丁火일간이라면 辰년이면 火生土인데 "선생님 辰이 돈 좀 꿔달라는데 꿔줘야 되나요? 안 줘야 되나요?"라고 물어온다. 辰酉합金 재국으로 결국 돈이 생기는 것이니 도와줘야 된다. "꿔줘라"가 정답이다. ◯子申戌 여자의 경우다. 申戌방합이냐? 申子삼합이냐? 가족관계로 연결해 보라. 戌은 부모요, 子는 자식이다. 자식한테 먼저 간다.

이제는 삼합을 좀더 구체적으로 분석해 보자.
먼저 亥卯未는 木국인데 亥卯, 卯未, 亥未의 준삼합이 있다. 이 삼자의 특성을 정확히 알아야 한다. 亥卯합은 木生火가 잘 안된다. 왜냐하면 濕木이기 때문이다. 다만 木극土는 잘한다. 卯未와 亥未合은 木生火 잘한다. 未土가 여름이기 때문이다.

예를 들어보자.
◯㋬㋯◯
◯卯亥◯
의 여자라면 木국이 木生火를 잘하면 여자라면 남편이 돈 달라면 잘 주고, 내조 잘하고, 남편 출세시킨다. 그러나 亥卯木국이 木生火가 잘 안 되니 돈은 있어도 서방은 없다. 그러나 亥卯木국으로 재가 국을 이루고 있으므로 돈은 많지만 남편에게는 인색하다. 심하면 돈 많은 과부 팔자다.

여기서 돈은 많지만 감투 쓰는 것은 어렵다고 한다. 이 돈 가지고 木
生火가 잘 되면 火인 관이 살아나서 국회의원 같은 감투가 되지만 木
生火가 못 되면, 돈만 없어지지 관이 살아나지 못하므로 벼슬은 안 된
다. "국회의원 출마하지 마라."가 정답이다. 사주에서 욕심의 한계를
알아야 한다. "너는 돈까지만 욕심부리고, 벼슬·남편은 욕심부리지
마라."이다.

다음은 寅午戌 火국인데 寅午, 午戌, 寅戌 모두 火生土를 잘 하는가?
못하는가? 모두 火生土를 잘한다. 단, 火生土 받은 土는 모두 조토(燥
土)이다. 불 속에서 나온 흙이므로 바람과 함께 사라진다. 사막과 같다.

巳酉丑 金국은 金生水를 잘하는가? 못하는가? 巳酉, 酉丑, 巳丑 모두
金生水 잘한다. 단, 지나치게 물이 깨끗하다. 청백지수(淸白之水)다.
물도 지나치게 깨끗하면 고기가 못 산다.

申子辰은 水국인데, 水生木을 잘하는가? 못하는가? 水生木 못한다.
꽁꽁 얼어있는 물이다. 단, 水극火는 잘한다. 다만 위치에 따라 차이가
있는데, 辰이 3월로 가면 봄이 되니 水生木이 가능하다. ○○子辰의 子
辰水국은 水生木 못한다. ○○辰子의 子辰水국은 水生木이 가능하다
는 것이다. 이러한 작용을 알아야만, 그 한계와 능력을 알 수가 있는 것
이다.

속독법은 아이들 사주가 丙寅·丙午일주만이 가능하다. 火는 투시
력으로 투시력이 발달해 있어서다. 水일주는 캄캄해서 절대 안 된다.

이러한 능력의 한계를 알아야 한다는 것이다.

합국 중에서 가장 강하고 견실한 것은 어느 합일까? 金국이 제일 강하고 견실하다. 金은 결실이고 열매이기 때문이다. 다음은 水局이고 다음은 木국이다. 火국이 제일 부실하다. 火는 분산이고 흩어지는 것으로 국이지만 흩어지는 것이다. 고로 火일주는 여기저기에 벌려 놓는데는 1등이다. 火일주의 마누라는 金인데, 가령 丙일주는 金이 財이고 마누라다. 丙서방님이 벌려 놓고서 수습하지 못하니까 마누라 金이 항상 돈 보따리 싸들고 다니면서 서방 다칠까봐 수습하느라 고생 많이 한다. 이런 경우 상담하러 오면 "서방이라고 여기저기 일만 저질러 놓고 다니는데, 수습하느라 고생 많았다"고 위로해줘라. 상담자는 눈물 흘린다. 자기를 알아주니까 감격해서다. 역학자의 상담기법이다.

끝으로 합과 충의 변화에 대해 다시 한번 정리해 보자. 사주에서 충(沖)이 있으면 많은 부작용과 좋지 않은 변화가 온다. 이를 완화 내지는 좋은 쪽으로 변화시키는 것이 역학의 사명이고, 운을 변화시키는 개운의 핵심이다. 작명과 부적의 원리에서도 중요한 핵심이다. 충의 작용을 없애려면 합으로 풀어야 한다. 이 방법을 잘 응용해야 한다. 합충론을 공부하는 목적이다.

일지 戌土를 깔은 사주가 辰년을 맞았다. 辰戌충으로 모든 것이 떠나가고, 이탈하고, 깨지고 한다. 이럴 경우에 卯가 들어가면 卯戌합, 卯辰합으로 충이 해소된다. 토끼띠하고 상의하시오. 토끼띠 도움을 받으세요. 토끼 마스코트라도 가지고 다니세요. 酉가 들어가도 辰酉합, 酉戌합으로 괜찮다. 과연 어느 것을 써야 하나. 卯는 木으로 양(陽)이고,

酉는 金으로 음(陰)이니, 사주에 木火가 필요하면 卯를, 金水가 필요하면 酉를 쓴다.

○酉戌卯의 경우는 卯酉충이 안 된다. 酉戌, 卯戌합으로 충을 해소시켰다. 그러나 ○酉卯戌의 경우는 卯酉충이 된다.

○巳亥○의 경우, 巳亥충으로 부모·형제와 불화하고, 모처가 불화하다가, 12년마다 未년이 오면 巳未, 亥未합으로 충이 해소되니 언제 그랬느냐고 서로 사이좋게 지내느라 정신없다. 다만 未가 지배하는 기간만 충이 해소되므로 未 다음해가 申년이다. 1년만 지나면 다시 똑같아진다. 이를 해소하려면 未는 사슴과이니까. 양·염소·기린 등의 마스코트 가지고 다녀라.

신생아 작명이나 개명에도 월지와 일지가 巳亥충된 사주는 반드시 충을 해소시키는 평생 부적을 이름자에 넣어줘라. 이름에 상서로울 상(祥)자 넣어주면 염소, 양(羊)이 있게 되니 부적의 효과가 나온다. 巳亥충이 없어지니 부모형제와 불화(不和)하는 것이 해소된다. 또한 충을 받으면 악기(惡氣)가 발생하고 나쁜데, 상서롭다는 것은 길조(吉兆)이므로 이 이름 자체만 가지고도 좋게 되는 것이다. 작명의 중요한 원리다. 한글 이름을 주장하는 한글 학자들도 있으나 작명에서 고집을 부릴 이유는 없다고 본다. 한글 이름으로 예쁜 "이슬"이라는 이름을 지어줬다. 그런데 이슬은 해뜨면 없어진다. 모두 병약하고 좋지가 않더라. 임상결과다.

10살 연하남자와 사는 여자가 상담을 하러왔다. 여자는 己酉일주이고, 남자는 庚戌일주이다. 乙卯년에 상담 왔다. 여자가 말하기를 "서방이 연하니까 온갖 정성들여서 사장 만들어 주었는데, 이제 와서 과거 본처한테 돌아간다고 헤어지자고 한다." 왜 이런 현상이 발생할까? 卯酉충이 걸렸다. 卯는 관(官)인데, 충이니 인연 다 됐다. 남자는 乙庚합, 卯戌합으로, 정재 乙木과 합이 되니, 본처와 합이 들어서 본처 찾아가는 해이다. 오직 본처만 눈에 들어오게 된다. 그동안 마누라 고생시킨 것이 후회되고 마누라 불쌍하다고 본처 찾는다. 이처럼 타이밍을 맞추려 해도 힘들다.

己酉일주 여자는 이혼수 걸렸고, 庚戌일주 남자는 본처 찾아가는 해이다. 남자가 戌일주라서 "서방님이 혹시 개 좋아하세요?" 그렇단다. "저녁에 들어갈 때 강아지 한 마리 사서 가지고 가면 서방님이 들어올 테니 잘 이야기 해 보세요." 했다. 庚金일주라서 결단 잘 내린다. 서방이 말하기를 "그동안 고마운 것은 알겠는데, 일주일에 반은 본처한테 가 있고, 반은 너한테 있을 테니 더이상 얘기마라." 한다. 결국 운명적으로 헤어지게 된다. 충은 합이 해소시키고 합은 충을 해소시킨다. 이 방법을 잘 응용하여야 된다.

五. 十二운성법

1. 의의

이 十二운성(運星)은 포태법(胞胎法), 절태법(絶胎法)이라고도 하며, 천간을 각각 지지에 대비하여 살고 죽는 것을 구분하는 데 응용하고 있다. 오행의 생극제화 원리가 최우선이므로 이 포태법은 사주공부에서 조그만 일부분에 지나지 않지만 일간의 강약을 쉽게 구분하는 데 유용하므로 잘 공부할 필요가 있다. 일간의 강약을 구분할 줄 알아야 사주의 분석과 통변이 가능해지기 때문이다.

十二운성은 十二종류로서 十二지(支)에 응용하고 있으며, 인간사의 생사 과정과 연결하여 응용되고 있으나 실은 만물의 생성·소멸법칙이 이 속에 담겨 있고, 동시에 음과 양의 생사과정이 함께 있는 것이다. 또 十二운성은 4계절을 중심으로 하여 성립하였기에 그 구성원리가 삼합의 원리와 같고, 상호 밀접한 관계가 있다.

우선 十二운성을 인간의 삶과 비유하면 정자(精子)와 난자(卵子)가 정합(精合)하여 어머니의 태반에 회임하는 것이 태(胎)요, 태중에서 10개월간 자라는 것이 양(養)이고, 이 세상으로 출생하는 것이 생(生)이고,

출생하면 목욕해야 되니 욕(浴)이 되며, 목욕 후 의관을 갖춰 입으니 이것을 대(帶)라 하였고, 다음 자라서 벼슬길에 오르게 되므로 관(冠)이라 하였고, 다음은 인생에서 가장 왕성한 활동기가 되니 왕(旺)이라 하고, 왕성한 시기가 지나면 쇠하여지니 쇠(衰)라 하고, 쇠하게 되면 병들게 되니 병(病)이라 하였고, 병들면 죽게 되니 사(死)라 하였고, 죽고나면 무덤에 들어가야 하니 이것이 묘(墓)요 장(藏)이 되고, 무덤으로 들어가면 모든 것이 절멸(絶滅)이 된다 하여 절(絶)·포(胞)라 하였고, 절은 다시 절처봉생(絶處逢生)으로 시작을 의미하여 태(胎)라고 하였다.

따라서 十二운성을 차례대로 다시 정리하면, 포(胞)·태(胎)·양(養)·생(生)·욕(浴)·대(帶)·관(冠)·왕(旺)·쇠(衰)·병(病)·사(死)·묘(墓)의 十二단계가 되고, 포(胞)는 절(絶), 생은 장생(長生), 욕은 목욕(沐浴), 대는 관대(冠帶), 관은 임관(臨官), 묘는 장(藏)·고(庫)라고도 칭한다.

이를 단계별로 설명하면, 태(胎)는 시작이기는 하나 무형의 시작으로 행동은 수반할 수 없고, 양(養)은 성장한 것은 사실이나 태에서 조그만 발전의 과도기라 할 수 있고, 생(生)은 실질적 행동단계이고 전진과 생기를 얻어 자신으로 매사 임하여 뜻을 이루게 되고, 욕(浴)은 목욕단계로 풍류·음란·주색 등과 연결되고, 곤욕·번다(煩多)함을 의미하며, 대(帶)는 의복을 갖추는 것과 같이 목욕의 좋지 않은 단계를 정리하며 내실을 기하게 되고, 관(冠)은 벼슬길에 올라 인간으로서 임무수행, 식록풍부 등의 전성기를 향하게 되고, 왕(旺)은 힘을 얻어 세력형성, 기세당당으로 인생의 가장 좋은 전성기를 맞이하고, 쇠(衰)는 기력이 쇠진하여 의욕상실과 함께 매사 쇠퇴하며, 병(病)은 신음하고 활동이 정지되고, 사(死)는 죽는 것이니 매사 동결되고 패망이 따르며, 묘(墓)는 감추고 비밀이요, 집합이고 축적이 되고, 옛것을 찾고, 포(胞) 는 종식으로서 끝이 된다.

2. 십이운성의 구성

십이운성의 구성은, 양 일간(日干)은 순행으로 ⊛申⊛土亥 ⊛寅 ⊛巳당(當)이고 음 일간(日干)은 역행으로 ⊛酉⊛土子 ⊛卯⊛午 당(當)인데 우선 표로 정리하고 설명하면 다음과 같다.

천간＼12운성	포	태	양	생	욕	대	관	왕	쇠	병	사	묘
甲	申	酉	戌	亥	子	丑	寅	卯	辰	巳	午	未
丙戊	亥	子	丑	寅	卯	辰	巳	午	未	申	酉	戌
庚	寅	卯	辰	巳	午	未	申	酉	戌	亥	子	丑
壬	巳	午	未	申	酉	戌	亥	子	丑	寅	卯	辰
乙	酉	申	未	午	巳	辰	卯	寅	丑	子	亥	戌
丁己	子	亥	戌	酉	申	未	午	巳	辰	卯	寅	丑
辛	卯	寅	丑	子	亥	戌	酉	申	未	午	巳	辰
癸	午	巳	辰	卯	寅	丑	子	亥	戌	酉	申	未

甲木日柱는 申金부터 포·절로 시작해서 酉에 태, 戌에 양, 亥에 생, 子에 욕, 丑에 대, 寅에 관, 卯에 왕, 辰에 쇠, 巳에 병, 午 에 사, 未에 묘가 되고,

丙火와 戊土는 亥에서부터 절로 시작해서 순행으로 戌에 묘가 되고,

庚金은 寅에서부터 절로 시작해서 순행으로 丑에 묘가 되고,
壬水는 巳에서부터 절로 시작해서 순행으로 辰에 묘가 된다.

위 양 일간과는 달리 음 일간은
乙木일주는 酉에서 절로 시작해서 申에 태, 未에 양, 午에 생, 巳에
　　　욕, 辰에 대, 卯에 관, 寅에 왕, 丑에 쇠, 子에 병, 亥에 사,
　　　戌에 묘가 되고,
丁火와 己土는 子에서 절로 시작해서 역행으로 丑에 묘가 되고,
辛金은 卯에서 절로 시작해서 역행으로 辰에 묘가 되고,
癸水는 午에서 절로 시작해서 역행으로 未에 묘가 된다.

그러면 12운성의 구성을 일간별로 상세하게 분석하면 다음과 같다.

● 甲木 : 甲木이 申金에 절(絶)이 되는 것은 甲은 봄인데 金 가을을
　　　　만나 木기가 절멸(絶滅)되기 때문이고, 생극으로도 金극木
　　　　을 받아 木이 절목(折木)되며, 암장으로 申中庚金과 甲庚충
　　　　되고, 木 새벽이 金 석양을 만나 꺾이기 때문이며, 또 절처
　　　　봉생(絶處逢生)이 됨은 甲木 나무가 申中壬水가 水생木하
　　　　여 살아남을 의미하는 것이고,

　　　　酉에 태(胎)가 되는 것은 정관을 만나 甲木이 酉金에게 시집
　　　　을 가니 태가 되고, 戌에 양(養)이 됨은 나무가 戌土에 착근
　　　　한다 하나 조토가 되어 어렵다고 보며, 결과적으로 木나무가
　　　　申酉戌 가을에는 낙엽 떨어지고 앙상한 가지만 남게 된다.

亥水에는 장생(長生)이 되는데, 木이 水生木 받아서 살아난다. 10월은 육림의 달이다. 亥중에는 甲木이 있어서 木은 봄이므로 水生木이 잘 되고, 亥중의 壬水로 난류가 되고, 木은 亥卯未 삼합인데 亥에서 살아나므로 생궁이다. 나무를 亥水에 담궈서 송진을 뺀 다음 사용하면 천년을 가는 것은 이런 이치에 연유되는 것이다.

甲木이 子水를 만나면 水生木을 받는다고는 하나 천수(川水)요 유수(流水)로서 부목(浮木), 표목(漂木), 동목(凍木), 음지나무가 되니 목욕궁(沐浴宮)이요 패지(敗地)가 된다. 丑土에는 암장으로 辛金정관과 癸水정인이 있어 의관이 생기니 관대(冠帶)가 되나 아직 섣달로서 나무가 섣달의 흙은 동토(凍土)라서 뿌리내리지 못한다.

甲木이 寅木을 만나면 寅 중에는 甲木을 얻어 제철을 만났고, 지지인 땅에 뿌리해서 자기 자리를 찾았으니, 임관(臨冠)이 되며, 卯에는 木기가 가장 왕한 절기이고 봄의 중심이므로 왕궁(旺宮)이 되고, 辰에는 木기가 쇠퇴하므로 쇠(衰)가 되나, 실제로는 甲木이 辰을 만나면 3월의 촉촉한 흙이 되므로 잘 살고 착근을 잘한다.

巳火에는 木生火로 기를 빼앗겨 병(病)들고, 午火에는 火왕절로 木이 불에 타면 재만 남고 죽기 때문에 사궁(死宮)이 되며, 未에는 未중乙木을 만나 땅속으로 들어가 수장(收藏)되므로 입묘(入墓)라 하였다. 즉 申酉戌의 가을을 넘기려고 땅속으로 들어간다.

● 丙火 : 丙火는 태양이요, 낮이며 여름이라 亥는 겨울이니 여름의 반대가 되고, 하루의 끝이고, 亥중壬水와 丙壬으로 충이 되고, 水극火 받으니 절(絶)이 되고, 子水에는 하루가 시작되면서 子중癸水가 정관으로 부부가 되니 태(胎)가 되며, 丑에는 寅을 향하여 준비하고 있기 때문에 양(養)궁이 된다.

寅木에는 조목(燥木)이라 木생火가 잘 되고 새벽의 시작으로 먼동이 터오고, 삼합으로 火의 시작이 되니 장생(長生)이 되며, 卯木에는 습목이라 木생火가 제대로 되지 않고, 卯시에는 먼동이 터오다 다시 어두워지므로 목욕(沐浴)궁이고, 패지(敗地)가 되고, 辰에는 암장으로 癸水정관과 乙木정인이 있어 의관이 생기니 관대(冠帶)가 되나, 습土로서내가 설기되는 것은 피할 수 없다.

巳午에는 한낮이고 여름으로 제때를 만났으니 해가 제일 강할 때로 관왕(冠旺)이며, 未土에는 2음이 당권(當權)하게 되고, 하루 중에는 3시 방향 이후로 기울게 되니 쇠(衰)가 되는 것이고, 申酉에는 석양으로 해가 지고, 계절로는 가을로서 火기가 퇴(退)함과 동시에 申金에는 재살지(財殺地)요, 酉金에는 辛金과 합하여 일몰(日沒)이 되므로 병사(病死)가 되고, 戌土에는 9月로서 火기가 수장되며, 戌시는 완전하게 어두워지므로 죽는 것이고 입묘(入墓)가 된다.

●庚金 : 庚金은 가을이요 석양이 되므로 정반대의 계절인 寅을 만나
면 寅中甲木과 甲庚충되고, 寅은 火가 장생하는 곳이니 庚
金은 꼼짝 못해 절(絶)지가 되며, 卯木에는 卯中乙木과 乙庚
합으로 부부가 되어 잉태하게 되니 태(胎)가 되고, 辰에는 습
土라 土생金을 잘 받아 庚金이 살아나므로 양(養)궁이 된다.

巳火에는 巳중 丙火로 용광로 불에 무쇠덩어리인 庚金이 녹
아 하나의 그릇이 되니 장생(長生)이라 하고, 巳午 여름에서
이미 가을은 시작된 것이다. 午火에는 약한 등촉불이니 강한
금을 제대로 녹이지 못 하니 실패작이요, 따라서 목욕궁이고
패지가 되며, 未土에는 土생金이나 조토가 되어 완전치 못하
므로 대궁(帶宮)이 되고, 申金에는 申中庚金으로 제자리 찾아
서 관궁이요, 酉金에는 八월지기로 金기가 가장 왕한 때가 되
므로 전성기로 왕궁이 되며, 戌土에는 九월로 金기가 퇴기되
는 시기인데다 조토로서 土생金이 시원치 않아 쇠궁이 된다.

亥水에는 金생水로 설기되어 병(病) 들고, 子水에는 水기가
당권되고 겨울되니 꼼짝 못해 사궁(死宮)이 되며, 丑土에는
丑중辛金을 따라 수장되므로 입묘요 고장(庫藏)이 된다.

●壬水 : 壬水는 밤이요 겨울이라 巳火를 만나면 계절의 반대요, 巳
중丙火와는 丙壬충이 되고, 戊土에는 土극水 받고, 낮이 되
니 절궁이 되고, 午火에는 午중丁火와 丁壬합으로 부부가
되면서 잉태하니 태(胎)가 되고, 未土에는 얼마가지 않아 밤
이 가까워지고 생이 되니 양(養)궁이요, 申金에는 水가 巳

午未에 땅속으로 들어갔다가 7월 申金에 金生水 만나서 살아나니 장생이고, 申시에는 나뭇잎에 이슬이 맺히기 시작하는 것과 같다. 酉金에는 金生水 되는 것은 같으나 물이 너무 맑아 청백지수(淸白之水)가 되니 물고기도 살 수 없고 하여 오히려 목욕궁이요 패지가 되며, 戌土에는 가을과 겨울의 과도기이고 조토로 흙이 말라 있어 水를 못 써먹으니 활동하려고 띠를 두르고 있는 것과 같아 대궁이다.

亥水에는 亥중壬水로, 제자리를 얻어 관(冠)이 되고, 子水에는 11월로 겨울이 강왕하고, 子시로서 水기가 왕한 때이므로 왕(旺)이라 하며, 丑에는 土극水 받아 쇠하며, 寅木에는 봄이 오니 水겨울이 물러가고, 水生木으로 설기 되며, 寅시로서 밤이 물러가니 병궁이 되고, 卯木에는 밤이 완전하게 물러서고 木기가 가장 왕하고 水기는 약화되니 사궁이 되는데, 壬水는 양수로 위에서 아래로 흐르는데 2월달에는 나무에 물이 오르므로 거꾸로 밑에서 위로 올라간다. 辰土에는 3월로서 모든 땅의 기가 水기를 거두어들이므로 입묘되고 고장이 된다. 따라서 3월에 땅의 흙을 밟으면 촉촉하고 나무를 심으면 잘 산다.

● 乙木 : 乙木은 甲木과 음양이 다르기 때문에 甲木은 순행하고 乙木은 역행하고 있는데, 이는 木 뿐만 아니라 다른 五行도 같다. 乙木은 살아있는 나무이고 보이는 나무로 응용해 보면 酉申 가을에는 절태(絕胎)가 되는데 申중庚金과 乙庚합하여 정부(正夫)를 만나니 乙木은 申에 태(胎)가 된다.

午월에는 나무가 무성하게 성장하고, 모든 꽃은 午시에 활짝 피고, 농부도 벼꽃이 피어나는 午시에는 논에 안 들어 가니 장생(長生)이 된다. 卯에는 卯중乙木을 얻어 제자리가 되므로 관(冠)이요, 寅에는 木을 얻어 왕(旺)하고, 子亥에는 겨울이 되어 병사(病死)가 되나 亥에는 사(死)가 되는데 亥水인 바닷물이 들어오면 죽는다.

※ 참고사항

양의 12운성을 양포태(陽胞胎)라 하면 음의 12운성은 음포태(陰胞胎)라 할 수 있는데, 양甲木은 亥에서 장생하고 午에서 죽고, 음乙木은 반대로 午에서 생(生)하고 亥에서 죽고 있으니 양포태와 음포태의 구성원리를 보면 음생양사(陰生陽死), 양생음사(陽生陰死)의 법칙이 적용되는 것이고, 관왕(冠旺)과 절태(絕胎)궁은 양·음포태가 같이 구성되니 기억에 착오 없어야 한다.

또 음포태의 경우는 생극제화의 원리에 맞지 않으므로 구성 자체는 음과 양으로 구분해 놓았으나 실제 응용에 있어서는 음양을 구분하지 않고 음도 양과 같이 작용한다는 것이다. 즉 甲木은 午에서 사궁(死宮)이 되고, 乙木은 午에서 생궁(生宮)이 되나 甲乙木같이 亥에 생하고, 午에 사(死)하며, 丙丁火는 같이 寅에 생하고, 酉에 사지(死地)가 되는 것이고, 또 절·태가 같고 관·왕이 같으며, 장생과 목욕은 구분 응용하게 되고, 병·사 또한 같고 고장(庫藏)만은 따로 기억해야 한다.

● 丁火 : 丁火는 음이므로 달로 보면 태양이 죽는 酉에서 살아나므로 장생이 되고 해가 뜨는 새벽 寅시에는 달빛이 죽고, 寅중丙火에 丁火가 소멸되기 때문에 사궁(死宮)이요, 巳午에는 火기가 왕하므로 관 · 왕지가 된다. 丁火의 경우 寅을 만나면 정말 힘을 못 쓰는가, 아니면 木生火로 펄펄 살아 있다고 할 것인가? 살아 있다고 보라, 즉 생극제화가 우선이다. 따라

서 음포태의 구성과 실제응용은 다르다. 양포태와 같이 응용하는 것이 맞는 것이다.

● 辛金 : 辛金은 음金이고 금은주옥이니 寅卯에는 계절의 반대로 절(絶)이 되며, 亥子水 겨울에는 子의 눈 위에 辛은 서리로 그 반짝거림이 좋은 것이고, 금은주옥이 물에 씻겨 더욱 빛이 나므로 장생이 된다. 그리고 申酉에는 관왕이 되고, 辰에서는 매금(埋金)이 되므로 묘(墓)가 되는 것이다.

● 癸水 : 癸水는 음水요 적은 물로 壬水와 반대로 壬水가 생하는 申金에 죽고, 壬水가 죽는 卯에는 生하는 것이다. 물은 본래 유하지성(流下之性)이나 卯木이 木극土하면 땅의 세포가 벌어져서 수맥이 형성되고 卯木의 줄기를 타고 물이 올라가게 되고, 또 물은 2월이 되면 나무에 물이 오르니 장생이라 하였고, 申金을 만나면 申궁壬水에 약한 癸水가 소멸되므로 사지가 되는데, 실제로는 癸水가 申金을 만나면 金생水 받으니 살아있는 물로 보는 것이 논리적으로 맞는다 할 수 있으며, 따라서 壬水와 같이 양포태로 응용해야 된다.

3. 십이운성의 응용

십이운성 즉 포태법의 구성에 대해서는 이해가 되었겠으나 중요한 것은 응용이니 잘 익힐 필요가 있다. 우선 포태법에서 가장 많이 응용되는 것은 절·장생·목욕(패지)·왕·사·장 등이고, 이 중에서도 고장(庫藏)만은 생극제화의 원리로는 이해할 수 없으니 잘 공부해야 한다.

또한 양포태와 음포태를 같이 응용하라 하였으니, ㉍은 申酉에서 절하고, 亥水에는 장생이요, 子水에는 목욕, 패지(敗地)가 되며 寅卯에는 관왕하고, 巳午에는 병사요 未土에는 입묘(入墓)하며, ㉛는 亥子水에 절하고 寅木에는 장생이요, 卯木에는 패지가 되며, 巳午에는 관왕하고, 申酉에는 병사가 되며, 戌土에는 입묘가 된다.

㉚은 寅卯에 절이 되고, 巳에 장생이요, 午에는 패지가 되며, 申酉에는 왕하고 亥子에는 병사요, 丑土에는 입묘하며, ㉝는 巳午에 절하고, 申에 장생하며 酉에는 패지가 되며, 亥子에는 관·왕하고 寅卯에는 병사요 辰에는 입묘가 되는데, 대궁(帶宮)·쇠궁(衰宮)·양궁(養宮)은 잘 응용되지 않는다.

또 이 내용을 빨리 응용하기 위한 방법으로 계절과 같을 때는 관왕이요, 다음 계절은 병사가 되며, 계절과 반대는 절태가 되고, 앞의 계절은 장생과 목욕궁이 됨을 알고 응용하면 쉽게 이해가 된다.

그리고 木火水의 장생궁은 모두 生을 받고 있어 힘이 있으나 庚金만은 巳火에 剋을 받으니 다른데, 이는 완금장철이 火에 제련되어 기명(器皿)으로, 즉 그릇으로 완성됨을 장생으로 이해해야 된다. 따라서 庚金이 巳火에 장생이 되려면 巳酉, 巳丑으로 金局이 형성되어야 한다. 또 庚金의 양궁(養宮) 辰土는 습토로서 庚金을 생조(生助)하니 장생과 같고, 辛金 역시 丑土에는 생조를 받아 자양지금(滋養之金)이 된다.

또한 十二運星의 구성에서 戊土와 己土는 火土 공존(共存)이므로 각각 丙火, 丁火와 같이 응용하면 된다.

이상 十二운성법은 사주 강약 구분에 유용한 원리가 되므로 잘 공부해야 되고, 사주에 부합시켜 응용함에도 그 방법과 내용이 중요하므로 12운성 단계별로 별도 설명을 부가 하고자 하며 특히 묘장에 관해서는 잘 공부해 두어야 함을 강조한다.

● 장생(長生), 편인(偏印)

장생은 일간을 도와주는 인수가 되므로, 년지에 있으면 선조가 발달하였고, 또 유덕이 있으며, 생월에 있으면 부모가 영화요 형제가 발달하고, 일지에 있으면 즉 丙寅일주, 壬申일주이면 남녀 모두 영리하고 재주 많고 가문을 빛낸다. 여자의 경우는 지나치게 강하고 똑똑하여 부덕(夫德)이 부족함이 흠이 되고, 시주에 있으면 자손이 귀하게 되고, 자손의 효도를 받고 말년이 좋고 빛이 난다고 통변에 응용한다.

● 목욕(沐浴), 패지(敗地)

목욕궁의 경우, 목욕을 하려면 옷을 벗어야 하니 나체지상(裸體之象)으로 끼를 발하게 되고 사치가 심하다. 또 일지에 목욕이면 어렸을 때 병 많이 앓았으며 또한 부부궁이 안 좋다 등으로 응용한다.

● 대궁(帶宮), 冠帶(관대)

대궁은 장식(裝飾)의 기상이요, 예의(禮儀)지상이다. 火가 예의이니 火로 풀이해서 응용한다. 대궁은 별로 응용하지 않는다. 예를 들면 丙辰일의 경우 辰土가 습토로 火가 꺼져간다. 그런데 대궁으로 봐야 하는가? 壬戌일주도 土극水 당하는데 대궁으로 보는 것이 논리적으로 맞지 않는다.

● 관궁(冠宮), 비견

임관이란 지지에서 비견이다. 60甲子 중에서 앉은 자리에 비견을 놓고 있는 것은 甲寅, 乙卯, 庚申, 辛酉의 4개다. 건강하고 예능에 소질이 있으며, 성격이 좋아 세인(世人)의 칭찬을 받는다. 그러나 부부궁이 좋지 않고, 형제 한자락 깔고 사는 단점이 있다.

● 왕궁(旺宮), 비겁

왕궁은 지지에 비겁으로 강건(剛健)의 기상이다. 壬子, 丙午, 戊午일주가 왕궁이다. 앉은자리에 왕궁으로 너무 강하니 좋지 않고, 역시 형제 한자락 깔고 산다. 건강은 하나 재물이 모이지 않고, 고집이 대단해 처궁이 부실하다. 여명도 부궁이 부실하고 독신녀요 재혼이 많다.

● 쇠궁(衰宮)

쇠궁은 몰락(沒落)의 기상이다. 남자가 甲辰일주면 쇠궁이지만 쇠궁으로 보지 않는다. 뿌리박고 있으니까. 단 辰이 편재다. 고로 항시 여자가 따라 붙는다. 신약사주는 박력이 부족하고 결단력, 지구력, 인내력이 부족하다. 따라서 매사 용두사미로 무슨 일을 하다가 중단하고, 남의 말을 잘 들어 사기를 당하기 쉽다.

● 병궁(病宮)

병궁은 신음(呻吟)의 기상이다. 丙申일주가 일지에 병궁이다. 申중庚은 재(財)요, 壬은 살(殺)이다. 따라서 재살지이다. 내 것 주고 뺨 맞는 팔자다. 한자 발음대로 병신(病身)이다. 丙이 申중庚金 여자를 길거리에서 만나 건드렸다가 壬水한테 충 받아서 혼난다.

●사궁(死宮)

사궁은 종식(終息)의 기상이다. 병과 사를 같이 본다. 다음 계절이 병사지이다. 병들고 죽는 것이다. 포태법도 알고 보면 계절에 맞춰져 있다. 봄木이 여름火 만나면 병사지가 되는데, 봄木이 죽는다. 여름火가 가을金 만나면 여름火가 죽고, 가을金이 겨울水 만나면 병사지가 되고 가을金이 죽는다.

생일에 사궁이 있으면 생기가 부족하고 좋은 일 많이 하고 욕 먹는다고 응용하기도 한다. 예를 들면 甲午일, 庚子일생 등이다.

●묘궁(墓宮, 庫藏)

이 고장(庫藏)론은 오행의 생극제화의 원리가 유일하게 적용 안 된다. 따라서 12운성에서 잘 응용하고 기억해야 하는 부분이 바로 고장론이다. 그러므로 고장론은 따로 다음 장에서 구체적으로 상세히 설명하고자 한다.

●절궁(絶宮, 胞宮)

이 절(絶)은 두절(杜絶)의 기상이다. 木봄이 金가을을 만나면 계절의 반대로 金극木이 되어 나무가 죽는다. 金이 木을, 水가 火를, 火가 水를 만나도 같다. 甲申·庚寅일이 생일에 포태법으로 절지 만나니 나를 죽이고 들어오므로 살지(殺地)로 써먹는다.

●태궁(胎宮)

이 태(胎)는 형곽(形廓)의 상으로 丙子일의 경우 밤중의 해와 같아서 별과 같고, 하루의 시작은 子시이니 子중癸水가 丙의 정관으로 부부가 되어 태가 된다. 壬午일은 午시에는 밤이 시작되고, 하지에는 일음(一

陰)이 시생(始生)되는 것이니 午중丁과 壬水가 합으로 부부 되니 또한 태가 되는 것이다. 그러나 절과 같이 반대의 계절이 되니 절태를 같이 절지로 보고 응용한다.

● 양궁(養宮)

이 양궁은 육성(育成)의 기상이나 아직도 어머니 뱃속에 있으니 무형(無形)의 상이기 때문에 길(吉)이 될 수는 없다. 그러나 木은 戌, 火는 丑, 水는 未, 金은 辰이 각각 양궁이 되는데 金만은 辰이 장생과 같으므로 양궁으로 응용된다.

4. 묘궁(墓宮)·고(庫)·장(藏)의 응용

이 묘궁, 즉 고 · 장(庫 · 藏)(이하 고장이라 한다)은 수장(收藏)의 기상이다. 즉 거두어 들이고 관리하는 것이다. 부모 · 형제 · 처자, 즉 육친을 논할 때는 묘를 응용하는 것이고, 쇠 · 나무 · 물 특히 돈 · 재물 등 사물을 볼 때는 고 · 장을 응용한다. 묘 · 고 · 장의 의미는 늙었다, 옛 것, 묵은 것, 오래된 것, 한(恨), 병(病), 집합(集合) 즉 모이는 것, 쌓이는 것 등으로 통변한다. 바로 이의 응용이 생극제화 원리와 관계없는 유일한 비결이며, 포태법을 공부하는 중요한 이유도 여기에 있다. 이 묘장의 응용을 원명의 작용과 운에서의 작용을 잘 분석하고 활용할 줄 아는 것은 대단히 중요하다. 따라서 세부적인 내용을 기술하면 다음과 같다.

가. 고장의 원리

포태법으로 고장은 辰戌丑未이다. 이 고장의 원리는 삼합으로 연결되므로

亥卯未 三합 木국, 봄 : 木은 未를 만나면 늙었으니 고목이다.

∴未는 木의 고장

寅午戌 三합 火국, 여름 : 火는 戌을 만나면 해 넘어가 밤이 되었다.

∴戌은 火의 고장

巳酉丑 三합 金국, 가을 : 金은 丑을 만나면 丑중辛金 따라 묻혔다.

∴丑은 金의 고장

申子辰 三합 水국, 겨울 : 水는 辰을 만나면 辰중癸水 따라 땅속에

들어갔다. ∴辰은 水의 고장

이와 같이 未는 木의 고장(이하 '고'로 통칭), 戌은 火, 丑은 金, 辰은 水의 고장이 되고, 고가 된다. 이를 육친으로 연결하면 다음과 같다.

육친\干	인수고	견겁고 자고(自庫)	상식고	재고	관고
木	辰	未	戌	戌	丑
火	未	戌	戌	丑	辰
土	戌	戌	丑	辰	未
金	戌	丑	辰	未	戌
水	丑	辰	未	戌	戌

나. 고장의 육친별 응용

● 인수고 : 인수는 책과 연결되니 서고, 장서가, 고서적 수집가이고, 육친으로는 어머니의 한(恨), 어머니의 집합 즉 어머니가 둘이다. 집으로 보면 고가(古家)다. 丁未일주면 未는 木의 고장이니 인수 고장이다. 따라서 어머니의 한을 품고 산다. 아버지가 엄마와 이혼했든가, 또는 아버지가 일찍 죽었든가, 또는 어머니가 다른 남자

와 눈 맞은 경우다. 또 인수는 공부이니 공부 하지 않는다. 단, 수학은 0점인데, 인수는 묵은 것으로 종교, 철학, 역사 공부 등은 100점이다. 사람은 일면으로 발달한다.

● **견겁고** : 견겁은 형제·친구이니 형제의 한, 친구의 한이다. 집합으로 연결하면 배다른 형제가 있다. 60대 이후에 비견겁의 고장되는 년(年)에는 질병과 연관시키지 말고 친한 친구가 죽는다. 충격받지 말라고 상담한다. 乙未일주면 未는 木의 고로 비견겁이므로 형제의 한이 있고, 또 형제의 집합이므로 배다른 형제 있다.

● **상식고** : 상식은 여자에게 자식이다. 자식의 한을 품고 살고, 남의 자식을 키워줘야 하고, 집합으로 연결하면 여기저기 자식이고, 직업으로 보면 고아원, 육아원이다. 남자에게는 부하, 아랫사람 또는 학생으로 응용한다.
癸未일주면 未는 상식의 고 이다. 자식의 한을 품고 살고, 남의 자식 키워줘야 하고, 여기 저기 자식이고, 직업으로는 유치원 원장이다.

● **재고** : 재는 돈이니 돈창고, 금고다. 묵은 돈, 옛 애인, 늙은 여자, 나이 많은 여자다. 또 여자의 집합이다. 심하게 연결하면 상처(喪妻)다. 남자가 재고 놓으면 여자 위에 군림하려고 한다. 자기 앞에 무릎 꿇려야 직성이 풀린다.
辛未일주면 未가 재고이다. 재고는 돈 창고이니까 안방에 금고가 들어 있다. 그러나 마누라가 잔병치레 하는 것은 면할 길이 없다.

● **관고** : 관의 금고이니 여자는 남편의 무덤이고, 한이고 질병이다.

그리고 남자는 자식의 무덤이다. 여자는 옛 애인이고 남자의 집합이다. 여자가 관고 놓고 있으면 어떤 남자든지 자기 앞에 무릎 꿇려야 한다. 그대신 남자 농사가 안 된다. 심하게 연결하면 자기가 벌어서 남편 먹여 살린다. 또는 남편이 병들어 놀고 먹어야 하므로 이런 경우가 평생 남편의 한을 가지고 산다는 것이다.

다. 고장의 궁(위치)별 응용

고·묘란 수장(收藏)으로 거두어들이고 관리하는 것이다. 고로 辰·戌·丑·未 놓은 자는 관리하는 데 1등이다. 그러나 무덤, 한, 병과도 연결되는 것이니 생년에 있으면 선조의 무덤에 정성을 다하고, 생월에 있으면 부모형제로 인하여 자신이 망하며, 생일에 있으면 나이에 비하여 늙었고, 잔질로 고생하며, 생시에 있으면 자손으로 인하여 수심(愁心)이 많다고 응용한다.

예를 들면 未월에 태어난 乙木일주의 경우 未土는 편재이고, 월에 위치하니 아버지가 되며, 未는 木의 고이고 乙木일주의 고장이 되므로 자신의 고장이다. 따라서 내 무덤이 된다는 것이다. 그러므로 乙木은 항상 '아버지 때문에 나 죽겠네' 소리를 하고 산다는 통변이 가능하다.

또 생일에 고를 놓은 일주는 乙未, 丙戌, 壬辰, 辛丑의 4개인데, 앉은자리에 자기 고장 놓아서 겉늙었다고 응용하는데, 壬辰의 경우는 土극水하므로 여자라면 土는 관으로 남편이니, 매일 서방 보고 '나는 당신 때문에 못살아' 하고 응용하는 것이며, 네 일주 모두 고장을 깔고 있으니 항상 몸이 아프다고도 응용한다. 그러나 辛丑일주는 고장이기는 하나 죽었다가 土생金으로 다시 살아나니 이를 부활이라 하고 60甲子 중

유일한 일주로 예외로 한다.

라. 개고(開庫)의 원리와 응용

묘·고장은 집합, 저장, 창고 등으로 활용되고 있고, 또 숨겨 놓은 것이 되어 열지 않으면 사용이 불능(不能)하므로 오히려 충이나 형을 좋아하는 것이 특징이다. 개고를 하는 데 있어서도 방법이 문제다. 자의(自意)냐, 타의(他意)냐, 금고를 열어서 내 돈이 되느냐, 남의 돈이 되느냐 그리고 금고 여는 시기도 문제다.

또 같은 충·형이라 하여도 왕자충발(旺者沖發)과 쇠자충발(衰者沖拔)을 가려 길(吉)·흉(凶)을 논하여야 정확한 추명이 된다. 또 같은 고장이라 하여도 재고 즉 금고를 충·형으로 열 때 희(喜) 하는 것이지, 육친을 응용할 때에는 반대로 대기(大忌)하며, 이미 설명한 바와 같이 일주에 대한 고장 뿐 아니라 육친에 의한 고장을 모두 구분 응용하여야 되는 것이다.

재고의 개고를 사주 예로 설명하면 다음과 같다.

사주 예(14)

○ 甲 戊 ○
卯 戌 戌 戌

이 사주에서 戌은 甲木의 편재·재고·여자다. 마누라면 억세고 재물창고도 3개다. 辰년이면 辰戌 충으로 고장 열렸다. 잘못 됐다. 甲木은 힘이 없고 억센 걸 건드려 놓았으니 도리어 甲木을 잡아 먹으려 한다. 이것이 왕자충발(旺者沖發)이고 토다목절(土多木折)이다. 즉 재물창고는 열었지만 내 것이 안 되고 오히려 손해본다.

사주 예(15)

○ ㉄ ○ ○
戌 子 子 子

이 사주에서 戌土가 壬水의 재고이다. 돈 창고인데 土는 땅이니 값이 나가는 금싸라기 땅이다. 辰년에 辰戌충으로 금고문을 열었는데 이 돈은 어떻게 될까? 辰이 子水 만나니 子辰水局이 되어 비겁으로 변하여 내 돈 모두 뺏긴다. 크게 손해보는 것이 결론이다. 丑년에는 丑戌형으로 개고되면 子丑水국으로 역시 잘못 열었다. 그러면 未년에는 어떻게 될까? 未戌형으로 개고되면 未土가 土극水해서 비겁을 제거하고, 子월로 추운데 6月로 아주 좋게 작용한다. 금고 돈이 내 것이 된다.

돈 창고를 열어서 어떤 결과가 나오는지 알고서 열어야 한다. 무조건 형·충 하면 개고로 좋다는 것은 아님을 유념해야 한다. 아주 중요한 내용이다.

사주 예(16)

甲 ㉄ 辛 辛
午 寅 丑 酉

丙火가 丑월에 태어나서 酉丑金국이니 무척 추워서 일단 따뜻하게 하는 게 급선무이다. 寅午火국으로 국을 이루니 대형난방이 되었다. 세상 살 만하다. 좋은 팔자다. 火일주로 이마가 넓다. 성격은 급하고 세상 명랑하게 살고, 예의바르고, 거짓말 하지 않고, 火는 눈인데 국을 이루니 눈에는 정기(正氣)가 서려 있다. 火는 환하므로, 이 아기가 안방에 누워 있으면 방안 전체가 환하게 된다. 이 사주 가지고 이름 지으러 오면 "아따 요놈 한번 잘났네요. 이마는 훤하고 애 한번 잘났어요." 해보라.

부모는 인수로 보는데 甲, 寅이 있고, 앉은 자리에 장생(長生)이니 부모덕이 있다. 부모 자리인 월에 丑인 재고(財庫)를 놓으니 부모 유산도 많이 받는다. 재가 丙辛합으로 연결되니 가만있어도 부모가 나 쓸 만큼 돈 주고, 돈이 저절로 따라온다. 건강은 火가 부족하면 건강하지 못하고, 火가 충분하면 건강한데 火가 충분하니 건강은 걱정 없다.

火일주는 배우지 않고서도 안다. 시험문제를 보면 선생님이 설명한 것이 환하게 스크린되어 보인다. 고로 공부 잘한다. 특히 火일주는 선생님 눈에 잘 띈다. 火일주는 화술이 좋다. 말을 잘한다. 외국어도 잘한다. 현지인보다도 잘한다. 火는 혀이므로 그렇다. 火가 부족하면 혀가 적고, 火가 많으면 혀가 길다. 혀끝이 코 있는 데까지 오면 혀가 긴 사람이다.

寅은 역마지살인데 인수가 되니 공부이다. 寅木이니 일본어를 제일 잘 하겠다. 3·8木이니 3개국어, 8개국어도 구사할 수 있다. 어느 대학 갈까? 火일주로 공부 잘하니까 빛나는 학교 간다. 명문대학 갈 수 있다. "출생시부터 명문대학은 예약해 놓았네요."

辛金이 마누라인데 辛이 2개다. 이런 경우에는 결혼할 때는 꼭 쌍립(雙立)을 선다. 두 마리 토끼가 된다. 지지가 酉丑합이니 년상의 辛과 월상의 辛이 동창이다. 즉 둘은 아는 사람이다. 년에 있는 辛酉는 첫사랑이고, 월은 두 번째로 만났다. 년의 辛이 酉 위에 있으니 더욱 예쁘다. 월에 있는 辛은 丑의 고(庫) 위에 있으니 처녀인데도 애엄마같이 조금 늙어 보인다. 결혼은 가까이 있는 월간의 辛과 한다. 辛丑으로 고장(庫藏) 놓았으니 살림 잘한다. 남자가 丙으로 섣달의 꽃이니 미남인데 원래 미남의 마누라는 그렇게 미인이 아니다. 고장으로 연결되니 마누라가 항시 골골 아파야 한다. 누구와 결혼하든지 丙辛합으로 연애

결혼하게 되고 마누라 아껴주고 가정적이다.

그러면 언제 인연이 생기는가? 辛재년에 인연이 생긴다. 辛卯, 辛丑년은 좋은 인연이지만 辛巳년은 寅巳형이므로 시작은 좋은데 결과가 나쁘므로 오래가는 인연은 아니다. 형 걸려서 결혼상대는 아니다. 자식문제는 어떤가? 水인 관이 자식인데, 水는 없지만 섣달 丑土 자체가 겨울이고 水의 기(氣)이므로 자식 있다. 丑 중에 癸水도 있다.

木火가 용신이므로 2·7, 3·8의 숫자가 좋고, 청색(靑色)·적색(赤色)이 좋고, 방위로는 동과 남방이 길하고, 나와 맞는 띠는 호랑이寅띠, 말午띠이다. 뱀巳띠는 寅巳형이 되어서 제외시켜라. 일지가 寅이므로 삼합되는 해 寅午戌년에는 변동·변화가 온다. 여행수, 이사수가 되므로 寅·午·戌년은 환경의 변화가 온다. 그 후의 길흉관계는 火가 필요한 사주이므로 결과는 좋다. 申년에는 寅申충으로 역마지살의 충이다. 역마지살은 차(車)다. 그러므로 申년에는 자동차 사지 말고, 申일날에는 사고수가 많으니, 차 가지고 나가지 마라. 역마지살의 충을 응용하는 법이다.

사주 예(17)

乙 ⓖ 丙 壬
酉 寅 午 戌

丙午월에 寅午戌火국에 丙壬충에 火가 많으니 庚일주가 녹아내리는 사주다. 金은 피부, 가을, 열매, 결실인데 寅午戌火국으로 오갈병이 들어있다. 무, 배추는 처서기준으로 전후 5일이 씨앗 뿌리는 데에 가장 적당하다. 15일 전에 뿌리면 오갈병 들어서 크지 않는다. 寅午戌火국인 열 때문에 무, 배추는 고냉지 식품이므로 평지에서는 안되나, 강원도 산간지방에서는 여름이라도 잘 자란다. "이 사주는 오갈병이 들어 있네요." 한마디로 때려라. 火국으로 열이 많아서 오갈병이요, 고갈증이라는 것이다. 항상 생수통 하나 가지고 다녀야 열기를 식힐 수 있다.

자연으로 비유하면 金은 기계이고 火가 많으므로 기계가 돌아가는 데 열을 받는다. 고로 소리가 요상하고 괴상하며 심하게 들린다. 고로 이 사주는 소리가 심하다. 또한 金은 전선으로 보면 火는 전류이다. 전선은 조그마한데 전류는 큰 고압으로 강하므로 퓨즈가 나간다. 고로 죽을 때도 머리가 당긴다면서 급작스럽게 죽게 된다. 또한 火는 햇빛으로 햇빛이 강하니 옛날 같으면 초등학교 운동장 조회시간에 픽 쓰러지기를 잘한다.

火다(多)하고 金이 부족하니 신약사주(身弱四柱)이고, 나를 극하는 것이 관이고 더 심하게 작용하면 살(殺)이며, 살보다 더 무서운 것이 귀(鬼)요 병(病)이다. 사주에 火가 많으니 "아유, 병골(病骨)이네요." 金이 부족하여 기(氣)가 부족하니 자율신경이 말을 안 듣는다. 가만히 서서 오줌 싸고, 오줌 나오는 줄도 모른다.

火가 남편이라면 火국으로 남편이 아주 똑똑한데 金인 마누라는 볼 품 없다. 金마누라가 火국인 남편을 따라 잡지못하니 마누라가 편지 한 장 써놓고 나가 버린다. 다른 여자 만나서 당신과 균형 이루어 출세하라고…. 火국이므로 시댁, 남편 가문은 장관급으로 훌륭한데, 우리 집 가문은 판자촌으로 가난하여 서로 맞지 않는다. 결국 결혼이 잘못된 것이다. 일지가 寅이고 寅午戌 火이므로 서방이 호랑이로 둔갑해 보여서 무서워 못살겠다고 한다. 적은 金이 많은 火에 의해서 녹아버리고 있으니까. 金은 뼈이므로 뼈가 노곤노곤 하도록 아무리 일을 해도 먹고 살똥말똥 하다.

사주에서 음이 金水이고 양이 木火인데, 이 사주에서는 음이 2, 양이 6으로 木火양이 많고 金水음이 부족한 팔자이다. 70%가 부족하니 70도의 경사길을 오르고 있는 팔자이다. 고로 金水가 많은 사람이 아주 좋다. 궁합 보면 金水가 많은 자를 찾아라. 년상(年上)의 壬水 식신(食神)이 죽어있다. 여자라면 자식 낳기 힘들고 첫자식과 인연 없다. 金은 뼈인데 뼈에서는 피를 만든다. 金다(多)면 O형이고 金이 부족하니 빈혈이 온다. 金은 폐인데 火가 많으면 염(炎)자이니 폐렴이다. 신생아는 폐렴주의를 말해줘라.

약사가 약 지으러 갔더니 "역학이 맞아요?"한다. 생년월일을 물어보니 寅巳申형이 나오더라. 申金은 치질, 맹장이니 "남 약 지어 주지 말고 당신 치질이나 고치시지." 하니 깜짝 놀란다. 형(刑)은 병이다. 그 다음부턴 "선생님" 하더라.

사주 예(18)

丙 ⓐ 丙 甲
寅 寅 寅 子

甲木이 寅이 세개니 뿌리가 튼튼한 아름드리 나무이다. "참 사주 좋네요. 어디를 가도 대들보 구실은 하겠네요." "송죽(松竹)과 같아서 정몽주 선생이 환도인생 하셨네요." 나무의 뿌리가 세 군데로 튼튼하게 연결되어 있으니 세 발로 뿌리해서 사나운 태풍이 불어도 끄떡없다. 개성있고 자신의 주관이 뚜렷하고, 똑똑하고 어떤 상황에서도 흔들리지 않는다.

큰 나무로서 또한 丙이 2개고, 물론 寅중丙도 있다. 양지나무라서 한없이 좋다. 나무가지는 남쪽 보고 뻗는다. 산에서 방향 알고 싶을 때도 나무가지 보면 알 수 있다. 인정있고, 강직하고, 바람에 흔들림이 없고, 어디가도 큰 인물이 된다.

신왕하니 건강하다. 단 金과 土가 없어서 뼈는 약하고 위산 과다가 있다. 木은 산(酸)이고 신 것인데, 木이 많아서 위산 과다이다. 자연에 비유하면 정월달 나무가 꽃이 만발하였다. 그 향기가 천지를 진동하여 좋은 팔자인데, 결혼하려 혼담이 오면 딸내미를 주어도 되겠는가? 사주에 土가 없다. 고로 마누라 신경 안 쓰고 가정을 모른다. 여기에 딸내미를 주게 되면 여자는 가정부 노릇 해야 한다. 밥 해주고, 빨래 해주고, 살림 해주고, 애기 낳고 등등 처갓집도 신경 쓰지 않는다. 土가 없다는 것은 돈을 모르는 팔자로서 참 답답한 팔자이다.

甲이 寅월에 태어났으니 장남·장녀고 寅이 많으니 형제가 손 벌리는 사람이 많다. 마누라만 골탕 먹는다. 괜히 명예나 학벌 보고 딸내미 주지 마라. 큰 코 다친다. 신장은 크다. 木이니 크고, 아름드리 나무이므로 못 돼도 180cm는 된다. 또한 형충이 있으면 병들은 흔적 즉 옹이나 굽은 데가 있겠는데 형충이 없으니 영국신사다. 쫙 빠져 있는 사람이다.

명예가 우선이고 돈과 연애 안 한다. 고로 사업하면 망한다. 너무 깨끗하고 완벽하므로 안된다. 원리원칙만 따지므로 주위 사람과 부하 직원들이 너무 피곤하다.

계절적으로 寅월은 섣달과 비슷하여 추우니 火가 용신이다. 용신이란 그 사주의 핵(核)으로 전권(全權)을 위임 받은 자이다. 팔자의 여덟 식구가 모여서 우리가 살아가는 데 있어서 무엇이 필요하느냐를 토론하여 용신에게 전권을 주는 것과도 같다.

제 3 편
신살론(神殺論)

一. 형·파·해·원진살법(刑·破·害·怨眞殺法)

1. 형살법(刑殺法)

- 삼형살(三刑殺) : 寅, 巳, 申
  丑, 戌, 未
- 상형살(相刑殺) : 子, 卯
- 자형살(自刑殺) : 辰, 午, 酉, 亥

형살(刑殺)의 작용은 관재(官災), 송사(訟事), 사고가 일어나고, 악기(惡氣)가 발생, 파괴, 피상(被傷)되어 다치고, 불목(不睦)하고, 원수가 되고, 수술하게 되고, 질병으로도 연결된다. 직업으로는 기술관련이고 형사, 군인, 경찰, 의사와 인연이 있고, 성격적으로는 잘못 연결되면 포악하고 세상사에 궁금증이 많다. 요즈음은 차사고가 많이 연결된다. 따라서 재난보험, 사고보험 등 보험 들어 놓으라고 통변한다.

삼형살은 寅巳申 · 丑戌未 3자(三者)가 만나 형살이 성립되어 삼형살이라 하였고, 상형살(相刑殺)은 子와 卯가 서로 형을 한다 하여 상형살이라 하였으며, 자형살(自刑殺)은 辰 · 午 · 酉 · 亥가 각각 스스로를 형한다 하여 자형살이라고 하고 있으나, 이 자형살은 다른 형살에 비하여 그 작용이 뒤떨어지고 있는데, 만약 년월일시에 辰午酉亥가 모두 있다면, 이는 타 형살과 동일하게 취급하여도 된다. 다만 년월일시의 순서는 뒤바뀌어도 되고, 작용은 수족 이상의 특징을 보인다.

형살의 구성은 寅巳申의 경우, 寅에서 앞으로 네 번째가 巳가 되며, 寅에서 뒤로 열 번째는 巳가 되고, 巳에서 순4위(順四位)는 申이요, 巳에서 역10위(逆十位)는 申이 되며, 또 丑戌未의 경우, 未에서 戌까지는 순4위에 역10위가 戌이 되고, 戌에서 丑까지 또한 순4위에 역행10위가 丑이 되고, 子卯의 경우도 子에서 卯까지가 순행4위요, 子에서 역행10위가 卯가 되므로 형살이 되는데,

辰午酉亥만은 이러한 방법에도 해당하지 않고 있어 형살의 작용이 그만큼 부실하다.

자형(自刑)은 寅申巳亥 4생지국(四生之局)에서 亥, 子午卯酉 사왕지국(四旺之局)에서 午와 酉, 辰戌丑未 4묘(고)지국(四墓(庫)之局)에서 辰만이 빠져 자형살(自刑殺)로 나타나고 있는 것이다.

또 전 4위의 4수는 사혹(四惑)이요, 4혹은 네 가지의 모자람을 말하고 역10위의 10수는 10악(十惡)에 해당하여, 이는 세상에서 제일 나쁜 것만 지적한 것으로 어찌 평안할 수 있겠는가. 고로 형살이라고 하는 것이다.

가. 삼형살(三刑殺)

삼형살은 셋이 만나서 형을 하고 있는 것으로 앞에서 말했듯이 寅巳申, 丑戌未 두 가지가 있는데, 寅巳, 巳申, 丑戌, 未戌 등 2개만 만나도

이루어진다.

寅巳申은 무은지형(無恩之刑)이라고 한다. 寅중丙火, 巳중戊土, 申중庚金의 순(順)으로 丙火생戊土생庚金과 같이 아무도 모르게 암장으로 도움을 받았는데, 이렇게 은덕을 입고서도 형살이 되어서 무은지형이라고 한다. 그러므로 사주에 寅巳申 삼형을 놓은 사람은 키워주고 돌봐줄 필요가 없다는 결론이다.

寅巳申형살이 있는 사람이 현재 일어나고 있는 일은 납치, 행방불명, 실종이 많이 일어난다. 寅巳형살의 경우는 木의 기(氣)가 木생火로 火에 집결된다. 그런데 이 둘은 형살이므로 불에 형살이 연결되니 巳火라는 불은 인마살상(人馬殺傷) 하는 불이 된다. 불도 잘난다. 따라서 화재보험 들어 놓으라고 통변한다. 불도 사람이 필요한 불이냐, 사람을 죽이는 불이냐를 구분할 줄 알아야 한다. 모든 오행의 작용이 똑같다는 것이다. 巳申형살의 경우는 형을 하면서도 巳申합을 하고 있다. 즉 극을 하면서도 합을 한다. 따라서 나쁜 것은 모두 이 속에 끼어 있다. 형합, 극합은 마침내 괴팍스러운 일이 온다. 즉 종견괴래(終見乖來)다. 감당키 어렵고 풀기 어려운 일이 온다. 즉 처음엔 좋다가 나중에 틀어진다.

丑戌未 삼형살은 셋 다 土이므로 土의 힘을 믿으므로 지세지형(持勢之刑)이라고 한다. 서로의 세력을 믿고서 한치의 양보도 없이 형작용이 일어난다 하여 시세지형(恃勢之刑)이라고도 한다. 사주에 연결하면 형제끼리 싸우고, 치고, 송사하고, 건강면에서 보면, 土는 위장이므로 위경련, 위수술, 장꼬이는 것이 염려스럽다. 또한 土를 부처님으로 보면 丑戌未가 모두 있으면 부처님도 미워한다. 부처님 앞에 형살이

있어서다. 또는 부처님 앞에 놓고 '네절이냐? 내절이냐?' 라고 송사한다. 또 형·충하는 것은 흔들리는 것이므로 바뀌어진다. 만약 종교로 연결하면 종교를 바꾸는 것이다. 즉 개종한다는 것이다.

나. 상형살(相刑殺)·자형살(自刑殺)

상형살은 서로가 형하는 관계로 상형이라 하고, 子卯형을 가리킨다. 子卯형을 무례지형(無禮之刑)이라고도 하는데, 子水와 卯木의 관계를 보면 水生木으로 부모와 자식의 관계인데 서로 반목(反目)하고, 질시하고 있어 예의가 없다. 고로 무례지형이라 한다. 둘의 관계를 보면 子水 입장에서는 水生木으로 卯木을 열심히 생해 주었건만 卯木은 木生火를 못하고 子水에게 불평불만만 한다. 卯木 입장에서는 子水가 생을 해주고 있으나 냉수 즉 차가운 물이 되어 나한테 도움이 안 된다고 불만이 많다. 둘 사이에 형작용이 생긴다. 예의가 없는 사람은 욕부터 한다.

예를 들어보자.
○㉥○○의 여자가 있다. 월지·일지 子卯형이 걸렸다. 배운 데가 없고, 예의가 없다. 자기 서방도 쳐 버린다. 원인제공은 서방이 하고 있었다. 1년 내내 서방 역할을 하지 않으므로 문제다. 子卯형에 水生木으로 卯가 상관(傷官)이다. 내가 생하는 것이므로 언어, 말이다. 고로 어린애들이 상식이 없으면 말이 늦다. 말에 형이 걸려서 무조건 욕부터 나온다. 형은 악기(惡氣)이고 무례지형이므로 위아래가 없다. 그렇게 세상을 살고 있다. 형살은 이런 식으로 응용한다.

자형살(自刑殺)은 辰午酉亥가 동합(同合)으로 辰辰, 午午, 酉酉, 亥亥로 되어 형작용이 나와서 자형이라 하는데, 이 논리는 생극제화원리에 맞지 않다. 잘못된 이론이다. 다만 辰午酉亥가 모두 있는 사주의 경우, 수족에 이상이 있다. 팔·다리를 전다든지 하는 경우가 있다는 것이다. 뒤에 급각살, 단교관살과 연관해서 다시 강조할 것이다.

다. 형살의 작용

형살에서도 충의 원리가 그대로 적용된다. 많고 강한 자가 형을 당하면 더욱 많고 강해진다. 왕자형발(旺者刑發)이다. 왕자충발(旺者冲發)과 같은 이치이다. 작고 약한 자가 형을 당하면 뿌리 즉 근거지가 뽑힌다. 쇠자형발(衰者刑拔)이다. 쇠자충발(衰者冲拔)과 같은 이치이다.

사주에 형·충이 많은 팔자는 깨진 그릇과 같다. 얼굴에도 흉터나 점 등이 많은 사람이다. 심하면 형·충이 많은 사람은 전과자이다. 사주에 형·충이 없는 사람은 얼굴이 곱상하다. 형살 놓은 사람은 인상이 험하고 위협적이다. 자신이 많이 당해서 법에 대해서 잘 알아 반 변호사는 된다. 壬子일주가 卯년이면 子卯형살에 걸렸다. 水생木으로 자식 낳는 해이므로 제왕절개해서 자식 낳았다. 만약에 송사가 일어나면 자식 때문이다.

지지가 형이면 천간도 형 받는다. 충과 동일하다.

$\begin{smallmatrix}\bigcirc 甲\bigcirc\bigcirc\\寅申巳\bigcirc\end{smallmatrix}$의 경우, 申金이 형이다. 申金은 폐·대장인데 일지이므로 대장이고, 대장 가까이 있는 게 치질이다. 무조건 치질환자다. 치질 수술한다. 가혹하게 연결하면 寅巳申삼형이므로 "큰 수술을 3번은 받아봐야 하네요." 즉 부위는 몰라도 수술 횟수는 이야기해 줄 수 있다. 형이 되면 수술 부위, 수술 위치, 무엇 때문에 등을 잘 판단해라. 가령

$\begin{smallmatrix} 丙 ⊘ ○○ \\ 戌丑 ○○ \end{smallmatrix}$의 경우 재(財)가 형이다. 항상 돈에 송사가 붙고, 관재가 따라 붙는다.

형살에서도 충에서와 같이 형의 작용을 해소 내지는 완화시키려면 합으로 풀어야 한다. 巳申이 형할 때, 酉가 오면 巳酉, 申酉로 합이 되어 형이 해소되고, 寅巳가 형할 때 午가 개입하면 寅午, 巳午로 합이 되며 未戌형은 卯나 亥가 개입하면 卯未·卯戌·亥未·戌亥로 해소되고, 丑戌형은 酉가 개입하면 酉丑·酉戌합으로 해소되며, 子卯형은 亥·辰이 개입하면 亥子·亥卯·子辰, 卯辰합으로 해소된다. 이 모두가 탐합망형(貪合忘刑)으로서 탐합망충과 같은 이치가 된다.

여기서 유념해야 할 점은 巳申형에 酉가 개입하면 巳酉로 巳火가 없어지며 寅巳에 午는 寅午로 寅木이 火로 변질되므로 木의 기는 찾아 볼길이 없는 것이다. 따라서 이미 결정된 하나의 흉을 상쇄시킬 때는 다른 희생이 반드시 뒤따라야 한다는 것이다.

라. 형살의 통변

사주에서 재성(財星)이 형 되었을 때는 어떻게 통변할까? 재가 형 받았으니 돈에 문제가 생긴다. 돈 빌려주면 송사까지 가야 받을 수 있고, 내 돈 쓰고 구설에, 항시 돈에 송사가 따르고, 부친과 인연 약하고, 이혼해도 가정법원까지 가야만 해결되지 합의이혼은 못 한다.

상식이 형 되어 있을 때는 아랫사람들의 사고다. 상식은 말이니까 말하는 데도 말이 거칠고, 여자는 자식의 법적인 문제가 발생한다. 자식이 형살이라 그렇다. 또한 제왕절개 수술해서야 자식 낳는다. 수술날짜 잡아 주어도 예정일이 정해져 있기 때문에 3~5일 사이에서 날짜를 골라 택일해 줘야 하는데, 좋은 팔자 드물다. 요즈음은 병원에서 의사가 날짜 잡아 오라 하는 경우도 많다. 왜냐하면 산후 처리와 회복이 빠르고 사고 발생시 책임 회피하기 좋으니까.

관이 형살되어 있을 때는 관은 직업이므로 기술계 직업이고, 형을 관장하고 있는 것이므로 형사, 군인, 경찰 등이다. 심하게 연결되면 여자의 경우는 "당신 때문에 남편이 감옥 갈 테니 조심하시오." 하고 한마디 해줄 수 있다.

예를 들어보자.

○乙○○
○巳寅申 여자의 경우, 년월이 충, 월일이 형이므로 부모 · 조상과 안 맞고 모처 불화에 관재구설도 있고, 수술도 받아본다. 여자라면 제일 먼저 남편 되는 간지를 찾아라. 년지 申金이 관인데 나하고 형살이 걸렸다. "서방님 온데간데없네요." 남편이 납치 · 실종에 걸렸다. 해로 못 한다는 것이다. 이런 여자와 살면 남편 농사 안 된다.

인수가 형살 맞으면, 무슨 일을 해야 할지 두서가 없이 일하고, 닥치는 대로 일한다. 인수가 형살이므로 공부로는 형법공부이고 소설책도 탐정소설이나 추리소설 잘 본다. 또 인수는 집이므로 항시 이 집에는 압류당해 있거나, 저당잡혀 있거나, 집 문서가 시끄러워서 경매 들어간다. 그리고 다시 원상태로 오고 해서 시끄럽다. 인수를 옷으로 연결하면 재단사다. 고로 옷 고쳐 주는 집, 수선집도 인수형살이고, 가옥수리 전문이나 인테리어 사업도 인수형살이다.

비견겁이 형살되면, 형제간에 불목하고, 형제 물고 늘어지고, 친구 물고 늘어진다.

2. 6파살(六破殺)

子午　寅申　辰戌
酉卯　亥巳　丑未

파파　파파　파파

이 6파살은 파(破)가 6개 있다는 것으로, 子午卯酉의 사정지국(四正之局)과 寅申巳亥의 사생지국(四生之局), 그리고 辰戌丑未의 사고지국(四庫之局)을 모듬하여 횡(橫)으로는 모두 충이 되게 하여 종(從)으로 구성하고 있으니, 子午와 卯酉는 상충하니 子酉와 午卯는 자연 흔들려서 파가 되고, 寅申과 巳亥는 역시 충을 하므로 寅亥, 申巳로 흔들려 파가 되며, 丑未와 辰戌도 충을 하니 丑辰과 未戌은 흔들려서 파가 되는데 모두가 여섯 종류라 6파살이라 하였다.

이 살의 작용은 글자그대로 파괴, 붕괴, 불목(不睦), 이탈, 쟁투 등의 불미(不美)스러운 일이 발생한다라고 할 수 있겠으나, 분석하여 보면 子酉는 金生水이나 너무 깨끗하여 병(病)이 되고, 따라서 뒤에 다시 나오는 귀문관살(鬼門關殺)과 연결되고, 午卯는 木生火이기는 하나 卯木이 습목이 되어 화식(火熄)이 되므로 파작용이 나온다 할 수 있고, 巳申은 합과 형살에서 이미 나왔고, 寅亥는 합으로 무관하며, 丑辰은 모두 습(濕)으로서 흉(凶)이 되어 파작용이 나오고, 未戌은 형살로서 작용되고 있으니, 실제적으로는 중복되는 것이 많고 적용의 실익이 적어서 별로 응용을 하지 않으나 사주에 따라 午卯파와 丑辰파는 흉작용이 있는 경우 참고할 필요가 있을 것이다.

3. 6해살(六害殺)

子未　亥申　戌酉
丑午　寅巳　卯辰

　6해살(六害殺)은 횡(橫)으로는 합이 되나 사각(斜角)으로는 충이 되고 있어 합도 충도 아닌 어려운 관계가 되므로 종(縱)으로서 해(害)가 성립되는데, 여섯 가지가 되어 6해살이라 이름하였고, 또는 상천살(相穿殺)이라고도 하는데 작용은 해(害)롭다.

　서로가 뚫는다, 파괴되다, 불미(不美)스럽다 하여 다른 살과 같이 년·월·일·시 또는 육친에 대조하여 모두 응용되고 있다. 그러나 여섯 가지 중에서 亥申은 金生水로 상호 상생(相生)이므로 해(害) 작용 없고, 寅巳는 형(刑)작용이고, 卯辰, 戌酉는 방합(方合)작용으로 쓰고, 子未와 丑午 두개만 육해로 써먹는다. 뒤에 나오는 원진(怨嗔)살과도 중복된다.

　이 중에서도 일시 丑午는 처첩음독(妻妾飲毒), 비관(悲觀), 염세(厭世) 등의 괴변(怪變)을 겪게 되어 있다. 마누라나 애인이 자살기도 해본다고도 할 수 있다. 자살기도 한다는 것은 그 이면에는 천하의 바람둥이라는 얘기다. 또 子未 놓은 자는 처산망(妻産亡)이다. 애를 낳다가 죽는다는 것이다. 처산액(妻産厄)을 겪을 수 있다는 것이다. 좀더 구체적으로 보면 "水나 土일주가 왕(旺)하고 子未가 지지에 모두 있는 남자는 처산망이다." 구전(口傳)으로 내려왔다. 원인을 규명해 보자.

壬癸壬壬
子未子子 의 경우, 水일주가 왕(旺)하다. 동짓달이 셋이다. 水의 마누라는 火인데 未중에 丁이다. 물이 많으니 수압이 높다. 암장으로 있으니 물 속 깊이 들어가 있다. 물 속 깊이 들어가면 심장이 터질 것 같다. 丁은 심장이다. 심장은 눈하고 직결된다. 고로 이 사람과 사는 여자는 누가 됐건 심장판막증 환자가 된다. 애기 낳으면 죽는다. 그러나 나는 예외다라고 믿고 있다가 애 낳다 죽는다.

○戊○○
未子未未 의 예를보자. 戊土는 큰 산이고, 한여름의 조토(燥土)다. 子水가 마누라인데, 조토는 한 점의 水기가 들어가면 흡수해 버리고 안 내놓는다. 子水가 水생木으로 木의 자식을 힘주어 낳다가 힘없이 간다.

● 탕화살(湯火殺) : 寅, 午, 丑

육해살의 丑午는 원진살, 뒤에 나오는 귀문관살에도 해당되는데, 탕화살도 된다. 寅, 午, 丑이 탕화살인데, 어느 한자만 있어도 해당된다. 탕화(湯火)란 끓는 물이나 또는 불에 혼나 본다는 팔자이다. 고로 하다 못해 화상(火傷)의 흉터라도 있어야 하고 화상흉터가 없다면 화재·수재 조심해야 한다. 극과 극은 같으니까 그렇다.

丑일에 태어났다면, 일지에 탕화이므로 나에게 흉터가 없으면 마누라라도 있어야 한다. 탕화를 나쁘게 연결하면 악질, 비관, 염세, 자살로 연결된다. 탕화가 3개 있으면 3번 음독해 본다는 식이다. 재수있게 연결되어 좋게 작용하면 "불난 집으로 이사 가시오. 그럼 운이 좋아집니다." 직업과 관련하여서는 위험물 취급, 독극물 취급, 소방설비, 의사, 약사, 소방서 근무 등과 연결될 수 있다. 또 탕화를 육친과 연결해서 통변하고 응용해라. 여자 사주에 관이 탕화면 "남편 몸에 불에 덴 흉터 있네요."라는 식이다.

4. 원진살(怨嗔殺)

子未, 丑午, 寅酉, 卯申, 辰亥, 巳戌

이 원진살은 子가 未, 未가 子를 만남으로써 성립하며, 丑이 午, 午가 丑을 만남으로써 성립한다. 이하 같다. 이와 같은 원진살의 작용은 불목(不睦), 불화(不和), 원망(怨望), 반목(反目), 불만(不滿), 원수(怨讐) 등으로 응용되고 있으며, 타흉살과 같이 주중(柱中)의 위치, 그리고 육친(六親) 및 운에까지도 적용시켜 추명하고, 이 원진살의 구성은 충돌하고 나면 불화가 따르는 법, 가령 子午가 상충하면 양(陽)이 되어 순행(順行)이라 子未가 원진이요, 丑未가 충을 하면 음(陰)이 되어 역행(逆行)이라 丑午가 원진이고, 寅申충은 양이니 순행으로 寅酉가 원진으로 성립되며, 卯酉충은 음이라 역행으로 卯申이 성립되며, 辰戌충은 양이라 순행으로 辰亥가 되고, 巳亥는 음이라 역행으로 巳戌이 원진살로 성립되는데,

또 일설(一說)에서는 子의 쥐는 未염소뿔을 싫어하고, 未염소는 子물을 싫어하며, 丑소는 午말이 논·밭을 갈지 않아 불만이 많고, 또 丑

소는 午 적색(赤色)을 보면 분노한다. 투우사가 적색보를 가지고 소와 겨루고, 새색시가 분홍색 옷을 입고 소 앞에 가면 혼쭐이 나는 식이다. 말은 소의 뿔을 보고 시기(猜忌)하고, 寅호랑이는 酉닭의 입부리를 싫어하며, 닭은 호랑이의 밥이라 싫어하고, 卯토끼는 申원숭이를 원수로 여겨 불평(不平)이 많으며, 원숭이는 토끼가 흉내낸다고 싫어하고, 辰용은 검은색 亥돼지를 싫어하며, 巳뱀은 戌개 짖는 소리에 놀라 경풍을 일으켜 싫어한다고 하였다. 이와 같이 원진살은 서로간에 원망하는 관계이고 심하면 원수지간이다. 원수가 인연 됐다. "세상을 원망하라." "내 아내를 원망하라."이다.

● 귀문관살(鬼門關殺) : 子酉, 丑午, 寅未, 卯申, 辰亥, 巳戌

뒤에서 다시 자세하게 논하겠지만, 원진살과 귀문관살을 비교해서 공부할 필요가 있다. 원진살에서 子酉, 寅未만 서로 바꾸면 나머지는 똑같이 귀문관살(鬼門關殺)이다. 子酉, 丑午, 寅未, 卯申, 辰亥, 巳戌로 귀신의 문을 들어갔다 나왔다 하는 것이다. 죽었다가 다시 살았다. 귀신같은 소리도 곧잘 한다. 신경이 무지 예민하다. 히스테리이고 신경성이다. 나쁘게 작용하면 정신이상이고 미치는 것이다. 좋게 작용하면 미치고 싶도록 좋다. 영리하다. 고로 엉뚱한면이 있다. 신경질을 다른 걸로 연결하면 괴짜다. 괴팍스럽다. 박박 긁는다. 신경쓰게 만든다. 미치게 만든다. 또 근친상간, 변태성 등의 미친짓거리 하는 것도 귀문관살이다.

원진보다는 귀문관살에 초점 맞춰서 사용해라. 일진 되는 날이 귀문에 걸리면 무지하게 신경 쓰이는 일이 생긴다. 예를 들면, 甲子일주 남자와 己酉일주 여자가 만났다. 甲己합에 子酉귀문관살이다. 남녀가 미쳐 돌아가서 서로 배우자와 이혼하고서 둘이 같이 산다. 庚申일주가 卯년이다. 재(財) 때문에 미치는 한해이다. 庚申일주가 卯일이다. 돈 때문에 신경쓰는 하루다. 통변 요령이다.

● 역마살(驛馬殺) : 寅, 申, 巳, 亥

寅申巳亥는 무조건 역마다. 교통수단, 교통기관, 도로, 객지, 해외와 응용된다. 寅은 전철, 申은 자동차, 巳는 비행기, 亥는 배로도 연결할 수 있다. 마누라가 寅이면 어디로 갔나? 어디서 만날 수 있을까요? 寅 木이 전철이므로 전철과 관련지어서, 木이니까 을지로, 3·8木이니까 3가, 3호선이다. 을지로3가역 3호선 나오는 만남의 장소에서 오후 3시에 기다려라. 정말 나타나더라.

역마있는 사주가 직업 또는 사업을 묻는다. 교통관계 직장에 취업해라. 자동차 정비업 또는 자동차 폐차장 하시오. 寅申巳亥 있는 사주는 국제적으로 논다. 해외파이다. 늘 분주하다. 오라는 데는 없어도 갈 곳은 많다.

寅申巳亥 외에도 午火 있어도 역마로 본다. 午火는 말이다. 그러므로 말의 특성이 나타난다. 말띠로 태어나거나 일지午火, 월·시에 午火가 있어도 같은 특징이 있다. 未土가 있어도 역마다. 未土는 천역성(天驛星)이다. 따라서 역마의 특징이 있다. 그리고 水일주는 모두 역마다. 물은 흘러가려는 특성이 있기 때문이다. 육친으로는 상식이 역마다. 내가 생하는 것이 상식인데, 내가 생한다는 것은 나한테서 나간다는 것이므로 움직인다는 뜻이다. 따라서 역마는 寅申巳亥午未水 상식으로 암기하고 통변에 응용하라.

● 화개살(華蓋殺) : 辰, 戌, 丑, 未

화개살은 辰, 戌, 丑, 未다. 종교, 철학, 부처님과 연결해서 통변해라. 스님 사주에 辰戌丑未가 많으면 "어이구, 스님은 천불(千佛)이 계시네요." 또는 "만불(萬佛)이 계시네요." 한다. 土는 땅이므로 저장, 은밀, 비밀스럽게 은닉하는 경향이 있다. 辰戌丑未는 암장이 많으므로 욕심 많고 저장하는 데는 일가견이 있다. 辰戌丑未를 모두 놓고 있으면, 土는 중국이므로 중국과 인연이 있고 한문공부를 잘한다.

● 도화살(桃花殺) : 子, 午, 卯, 酉

도화살은 子 · 午 · 卯 · 酉다. 子午卯酉는 왕지요 대장이다. 도화는 홍조이고 붉은색이며 홍분이다. 子午卯酉가 모두 있으면 천하의 바람둥이이고 끼가 많다. 子卯형이 있다면, 형은 병(病)이고, 子와 卯는 도화이고 바람이다. 따라서 바람피다 성병 걸린다. 조심시켜라.

도화를 여자사주 기준해서 남자로 연결해 보면, 子水는 밤에만 왔다 가는 남자 만난다. 음란해서 바람난다. 午火가 있으면 낮에만 왔다 가는 남자다. 붉은색이니까 바람난다. 卯木은 출근길에만 왔다 가는 남자이고, 卯는 습목이면서 바람이니까 바람나고, 酉金은 퇴근길에만 왔다 가는 남자 만나고, 본인이 예뻐서 바람난다고 통변할 수 있다.

● 철쇄개금살(鐵鎖開金殺) : 卯, 酉, 戌

철쇄개금은 卯, 酉, 戌이다. 卯酉戌 중 한 자만 있어도 해당되고, 두 자가 있으면 더욱 가중되고 세 개 있으면 확실하다. 꽉 잠겨있는 자물쇠를 열어주는 것이니 살(殺)이라기보다는 길(吉)쪽의 해결사다. 따라서 卯酉戌이 사주에 있으면 해결사이고 남의 고민을 풀어준다. 어려운 일 있으면 이 사람에게 부탁해라. 남의 일 잘해주고, 남의 심부름 잘해준다.

직업으로는 활인업(活人業)에 종사한다. 사람의 목숨을 살려 줄 수 있는 직업이다. 의사, 법관, 역학자가 활인업에 해당한다. 2월 즉 卯월, 8월 즉 酉월, 9월 즉 戌월 출생이면 "의사 집안이오?", "법관 집안이오?" 한번 물어보아도 된다. 卯, 酉, 戌이 남자사주에서 재성이면 간호원이나 여의사 꼬시면 잘 넘어간다. 인연이 닿으니까 그렇다.

반대로 卯, 酉, 戌이 여자 사주에서 관성이면 "나는 의사나 법관한테 시집간다."고 한다.

○○癸○○
○戌○○○ 여자가 병원에 입원했단다. "의사하고 연애하고 있네요." 그렇단다. 그 남자 키가 작겠네요. 그렇단다. 철쇄개금을 응용하는 방법이다.

● 천라지망살(天羅地網殺) : 辰, 戌, 巳, 亥

천라지망살은 辰, 戌, 巳, 亥다. 하늘에도 그물 쳤고, 땅에도 그물 쳤다. 출국 정지됐고, 전국 각지에 지명수배 됐다. 한 자(字)만 있어도 해당되고, 辰戌巳亥가 모두 있으면 쫓기다 볼 일 못 본다. 관재구설이 따라 다닌다.

사주 예(19)

壬 己 丙 甲
申 巳 寅 戌

己土일주다. 정월에 태어나서 월에 정관(正官)이므로 가정교육이 잘 되어 있고, 법 없이도 살 수 있고, 책임감 강하고, 내가 태어날 때에 아버지 직업이 직장생활과 연관된다. 그런데 관이 형(刑)이니 부(父)가 경찰, 형사였다라고 추론할 수도 있다. 己土는 신용이므로 신용으로 연결하면 신용은 생명이요, 일주에 해당하니까 천성(天性)이다. 천성은 언제 나와도 나온다. 못 바꾼다. 천성을 알려거든 약 올리면 천성이 무의식중에 나온다.

寅戌火국에 丙火·巳火도 불이므로 己土가 바싹 말라있다. 말라 있어서 사주가 가볍다. 또한 火다(多)하여 성격이 급하다. 火생土로 생을 받아서 두텁게 생각되지만 실제로는 火는 가벼우므로 가볍기가 짝이 없다. 土에 물이 들어가면 무겁게 된다. 고로 이 사주는 水인 재(財)가 들어오면 무게 잡는 특성이 있다. 결혼 후에 무게 잡고 주머니에 돈이 있으면 무게 잡고 생활한다. 이 사주에서는 壬申이 형·충이다. 물이 솟아나는 申金이 형·충이므로 수원(水源)을 쑤셔놨다. 고로 똑같은 돈, 여자라도 더러운 돈을 벌게 되고 연애해도 과거있는 여자만 데리고 연애한다.

寅巳申형을 적용하면 수술 받아 보는데 3형이므로 3번 수술 받아 보게 되는데 寅은 수족에 수술, 또 木은 임파선도 되고, 巳는 눈수술이요, 申은 치질, 맹장이다. 위치별로 보면 초년에 수족, 중년에는 눈, 말년에는 치질 수술 받아보고, 여기서 수술 날짜 잡는다면, 충 되는 날 즉 寅, 申, 亥 날에는 수술이 취소되거나 의사가 실수하게 되니, 합 되는 날, 午, 未, 丑일에 수술 날짜 잡으면 좋다.

여기서 寅申巳亥는 역마이므로 역마는 움직이는 것이고, 우리 몸에서 팔다리가 움직이는 것은 관절이다. 관절에 형인 병이 들었으므로 관절염 환자이다.

申金이 역마지살에 형이다. 그리고 申金은 상관이고, 金생水로 돈의 원천이다. 따라서 직업은 자동차 정비업이 좋다. 刑이 있어서 기술도 좋다. 전반적으로 기술직이 좋다.

월간(月干)에 丙火가 火생土 잘해주므로 부모덕은 있으나 월과 일이 寅巳형이므로 부모와 같이는 못 산다. 또 일과 시가 巳申형살이므로 자식과도 같이 못 산다. 월과 일이 형이므로 부모가 물려준 재산을 못 지킨다. 년과 일지가 巳戌귀문관살이다. 따라서 성질이 까다롭다. 괴 팍하고, 영리하고, 엉뚱하다.

또한 조토(燥土)가 되어서 수분이 부족하니 건성피부가 분명하고 항 상 입에 침이 말라 있어서 밥 먹을 때는 밥 한 그릇, 국 한 그릇 먹어야 한다. 木이 火에 둘러 쌓여 있어서 간염(肝炎)이 두렵고, 월과 시가 寅 申충이 되어서 부모와 자식이 불합(不合)한다.

寅申巳亥는 역마이고 역마에 재가 있어서, 역마를 길거리로 본다면 길거리에서 돈 잘 줍는다. 단, 형살이므로 신고하지 않으면 골치 아프 다. 여자로 연결하면 객지 처녀. 여행 중에 만난 아가씨와 인연이 된 다. 水가 재이므로 마누라를 집에 놔두면 생병이 생기므로 활동하게 놔두어야 하고, 水는 또한 역류하지 못하므로 남에게 절대 돈 주지 말 라, 못 받는다, 돈 받으려면 송사라도 해야 받는다.

木이 자식인데 甲이 년에 있어서 첫 자식이고 양(陽)이니까 아들인 데, 두 번째 寅木도 아들이다. 두 번째 자식이 더욱 똑똑하다. 여자라면 甲이 남자로서 첫사랑인데 나이가 많다. 戊土겁재 위에 있으니 유부남이다. 巳戊원진으로 원수가 인연 됐고, 귀문으로 둘이 좋아서 미쳐 돌아간다. 천간은 甲己합인데 지지는 원진·귀문이니 해로 못 한다. 일지와 합은 사주 어느 곳에 있든지 일지에 있는 것과 동일한 결과가 나타난다. ○○@○의 경우, 寅이 일지에 있는 것과 똑같다는 것이다.
　　　　　　　　寅亥○○

사주 예(20)

己 ㉛ 辛 丙　　　辛金일주로 멋쟁이다. 酉丑金국으로 단단한 쇠다.
丑 酉 卯 子　　　베어링과 같다. 전차가 지나가도 안 깨지고, 바늘로 콕 찔러도 얼마나 단단한지 피 한방울 안 나온다. 金이 많으니 냉정하고 찬바람이 씽씽 난다. 이걸 바꾸려면 항상 스마일 작전하라. 金은 결실이요 열매로서 무슨 일이든지 완전무결한 것을 원한다. 그러나 세상은 완전무결한 것이 없다. 고로 이루기가 어렵다.

　결혼도 늦다. 형충으로 연결하면, 子卯형, 卯酉충으로 재가 형충되어 있다. 재(財)는 재산으로 木이니까 3·8木으로 3번 살림 엎는다. 남자라면 장가 3번 간다. 卯가 마누라인데 키가 작다. 子酉귀문으로 까다롭다. 卯가 재(財)인데 형·충으로 이리 깎이고 저리 깎이고 해서 돈이 없다. "땡전 한푼 없는 것이 까다롭기는 더럽게도 까다롭네."다.

　己丑은 인수로서 보증·문서다. 酉丑金국으로 변했다. 비겁이다. 고로 문서가 비겁되니 보증만 서면 내가 전부 물어줘야 한다. 억울하다.

　여자라면 辛金일주라서 예쁘다. 단단하다. 丙火가 남편인데 丙辛합하면서 사랑해 주는데, 辛이 집에 있을 때 丙남자에게서 전화 왔다. 보고 싶어 온다 하더라. 그런데 올 때가 됐는데도 오지 않는다. 왜일까? 월의 辛金에게 잡혔다. 심하면 합거(合去)로 월의 辛金과 배 맞아서 도망가 버린다. 가면서 丙이 말하길 "똑똑한 辛金아, 너 혼자 잘 살아봐라" 한다. 왜냐하면 너무 단단하니까.

金은 전기줄, 동선(銅線)이다. 火는 전기인데 卯는 습목으로 木生火 못하니 동선은 팔뚝만한데 전류는 0.5V다. 고로 전기가 안 온다. 선머슴이다. 차라리 시집가지 말고 혼자 살아라. 卯木 재(財)가 부(父)이므로 아버지 존경 안 한다. 卯木재가 마누라요 처갓집이므로 처갓집 안 가고 무시한다. 子卯형으로 관재수 · 수술수인데, 卯는 편도선 子는 비뇨기 계통이다.

사주에 金水가 많아서 음기가 많으므로 음치고, 남 앞에 나서기 싫어한다. 卯는 木火로 양이지만 습목이므로 음치로 본다. 火는 눈인데 丙이 꺼져 있어서 시력 나빠 안경을 써야 된다. 丙火 눈 밑에 子가 형을 받으니 눈빛도 좋지가 않다.

시(時)에 인수가 있어서 엄마가 어리고 철이 없다. 인수가 년에 있으면 늙은 엄마요, 월에 있으면 제자리에 있으니 똑똑한 엄마요, 일지에 있으면 안방 차지하고 있으니 간섭 많고 모처불화(母妻不和)하고, 시에 있으면 애로써 연결되므로 토라지기 쉽고, 비위 맞추기 어려우며, 항상 만족스럽지 못한 엄마다.

남자 사주라면 丙火가 자식인데, 丙이 양으로 아들이지만, 음이 많은 음사주이므로 아들이 없고 딸만 있다. 참고로 모든 알은 34도로 부화하면 암컷이 90%이고, 35도로 부화하게 되면 수컷이 90%로 된다. 金水인 음이 많아서 체온이 낮으므로 딸만 낳는다. 이 사주가 만약 술을 먹는다면, 물이 들어가니 더욱 춥게 된다. 여자도 딸만 낳는다. "당신의 몸이 차가우니 딸만 낳게 됩니다."

　여자 사주라면 丙火가 관(官)으로 남편인데, 丙辛합으로 잠자리에 합하지만 정충丙火가 죽어 있고, 약한 정충이므로 딸만 낳게 된다. 본명(本命)에서 아들이 없는 팔자는 별짓 다해도 없다는 것이다. 만약에 庚辰년이면, 辛이 庚을 만나니 비겁이다. 적은 것 辛金이 큰 것 庚金을 만나니 辛이 안 보인다. 고로 날 찾는 이가 없고 옆에 놔두고서도 모른다. 내 세상 사는 것이 아니라. 남의 세상 산다. 辛金은 금은보석인데 庚金이 섞이니 잡금(雜金)이 되어 버린다. 비견겁이므로 내걸 모두 빼앗기고 도둑놈 옆구리에 끼고 다닌다. 합이 들어서 알고 당한다. 합으로 들어오니 피할 길 없이 꼼짝없이 당한다. 子辰, 辰酉, 卯辰이 되는데, 이 중에서 천간이 庚이므로 辰酉합이 먼저다. 甲辰년이면 卯辰방합이 잘 될 것이다.

　庚辰년 "큰일 났네요. 2월에 서리가 눈처럼 내렸네요." 2월은 모든 만물이 소생될 때인데, 서리가 오니 모두 땅속으로 들어가 버린다. "초장부터 되는 일이 없다."

二. 12신살(十二神殺)

1. 12신살의 의의

이 12신살은 그 종류가 12가지가 되어 12신살이라고 하며, 또 일명 마전신살(馬箭神殺)이라고도 한다. 12가지가 되어 12지(支)에 대비하여 응용되고, 본래가 신(神)은 길(吉)을, 살(殺)은 흉(凶)을 말하고 있으며, 구성원리는 3합에서 원유(原由)하고 있으므로 3합과 대비하면 이해가 빠르리라 본다. 그리고 사주는 네 기둥 밖에 없으므로 12신살 중 넷만이 응용되며, 때로는 같은 것이 중복될 수도 있고, 또 이 12신살은 본명에만 응용되는 것이 아니라, 대운, 년운, 월운, 일운 할 것 없이 모두 해당하고 있으며, 또 구분하면 대운은 각기 다르나 년운은 12년마다 반복되면서 순환하고, 월운은 매월이 같으며, 일운은 12일마다 반복되면서 순환하고, 시운은 고정되어 있다. 만약 대운으로 도화가 연결되면, 즉 10년간 바람피라는 최면을 걸고 들어오니까. 성할 사람이 몇이나 되겠는가? 단, 정숙한 팔자는 끄덕없지만, 날라리 팔자면 꼼짝 없이 도화에 흔들려서 중심을 못 잡는다. 앞으로 많이 응용될 것이므로 잘 공부할 필요가 있다.

다만, 이 12신살을 포함해서, 이후 공부할 길신(吉神)과 흉살(凶殺)

관련해서 사주추명시 주의할 점을 먼저 기술하고자 한다. 중요한 사항으로 꼭 유념해 주기 바란다.

신살론(神殺論)은 운명을 결정하는 중요한 요건으로 볼 수는 없다는 것이다. 다만, 참고로 사주분석에 응용해 보는 것에 불과하다. 왜냐하면 사주팔자의 운명적 작용은 신살론에서의 경우처럼 단조로운 1차원적 작용으로 결정되는 것이 아니기 때문이다. 사주팔자의 천간지지의 특성과 음양오행상의 생극제화(生剋制化)의 결과와 기타 조후, 통변 등의 입체적·역학적 관계를 종합적으로 검토하지 않으면 안되기 때문이다.

경우에 따라서는 신살의 성격은 정반대로 나타낼 때도 있다. 예컨대 도화(桃花), 함지살(咸池殺)을 음란한 흉살로 보는데, 의외에도 열사(烈士), 열녀(烈女), 정녀(貞女)의 명주에도 있게 된다. 이것은 사주 전체의 조직이 청순하고 충파가 없는 명주에 있는 도화, 홍염살은 오히려 정렬(貞烈)의 기운을 나타낸 것의 실증이라 하겠다.

대체로 길신이라도 사주배합이 부족하면 흉신이 되고, 흉신이라도 사주배합과 운이 길하면 도리어 길신이 되는 것이니, 이 점을 간과해서는 안된다는 것이다.

그러면 12신살의 명칭과 그 작용을 간추려 보면 다음과 같다.
12신살은 겁살(劫殺), 재살(災殺), 천살(天殺), 지살(地殺), 년살(年殺), 월살(月殺), 망신(亡身), 장성(將星), 반안(攀鞍), 역마(驛馬), 육해(六害), 화개(華蓋)로 되어 있는데, 우선 12신살의 작용을 정리해 보면,

● 겁살(劫殺) : 비견·비겁의 작용이다. 포태법의 절지(絶地)다. 빨리 망하고 빨리 흥한다. 속패(速敗)다. 도난(盜難), 탈재, 분재, 파산이다. 잃어버린다. 낭비하고 헛돈을 많이 쓴다. 비견겁 날에는 착각을 일으켜서 쓸데 없는 것을 산다. 비견겁 날에 시장 가면 집에 있는 것을 사온다.

● 재살(災殺) : 편관운, 상관운, 형·충이 걸리는 운에서 이런 일이 생긴다. 수옥살(囚獄殺)이라고도 한다. 관재, 송사, 납치, 구속, 망명, 포로가 해당된다. 직업으로는 군인, 법관, 수사기관, 경찰, 형무관과 관련된다. 사주에서 상관 놓고 있는 자는 수사기관, 형사, 경찰에 많다. 관을 극하므로 높은 이 잡아 놓고 호령하는 것이 수사기관이다.

● 천살(天殺) : 천살은 천재지변이다. 운이 나쁘면 천재지변 당한다. 냉해(冷害), 수해(水害)는 사주에 金水가 많은 사람이 당하고, 한해(旱害)는 木火가 많은 팔자에서 일어난다.

● 지살(地殺) : 땅에서 일어나는 변화관계다. 신상에 변화가 온다. 지재(地災), 변화, 여행, 전출입, 이주, 도로, 차량, 해외출입, 교통수단 등 역마지살 날에는 집에 가만히 있지 못하고 돌아다니고 싶어진다. 앉은 자리에 역마지살 놓은 자는 한 군데 오래 있지 못한다. 일지가 삼합으로 연결될 때에는 전출입에 해당한다.

● 년살(年殺) : 도화살(桃花殺)이다. 풍류와 끼가 있다. 도화운에는 회춘되고 멋부리고 싶어진다. 주색, 도박과 연결되고, 애교만점이고 사교적이어서 이성에 인기 있다.

● 월살(月殺) : 고초살(枯焦殺)이다. 빼빼 마른다. 고초살이 있으면

살찌기는 틀렸다. 질병, 잔병과 관련된다. 잔병치레 많이 하는 것은 자기 고장(庫藏) 놓고 있는 사주다.

- 망신(亡身) : 운이 나쁘면 망신수다. 망신, 손재, 구설과 연결된다.
- 장성(將星) : 子 · 午 · 卯 · 酉로 삼합의 가운데 자(字)이다. 주체 강하고 고집이 대단하고 단순하다. 좋게 작용하면 만인에 군림하고 통솔력이 있다.
- 반안(攀鞍) : 운 좋으면 과거급제 한다. 반안은 과거급제와 출세와 연결된다.
- 역마(驛馬) : 지살(地殺)과 같다. 원행(遠行), 차량, 변화, 분주, 전 출입, 이사, 객지, 여행과 연결된다.
- 육해(六害) : 재발병이다. 포태법에서는 고장(庫藏)이 재발병이고, 편관운이 재발병이다.
- 화개(華蓋) : 辰 · 戌 · 丑 · 未다. 종교, 신앙, 학예와 연결된다. 화개살이 있으면 근면하고 후덕하다.

2. 12신살의 암기방법

삼합의 첫자 : 지살,　　삼합의 중간자 : 장성,
삼합의 끝자 : 화개
삼합의 첫자와 충 : 역마,　삼합의 중간자와 충 : 재살,
삼합의 끝자와 충 : 월살
삼합의 첫자 다음 : 년살,　삼합의 중간자 다음 : 반안,
삼합의 끝자 다음 : 겁살
삼합의 첫자 앞 : 천살,　　삼합의 중간자 앞 : 망신,
삼합의 끝자 앞 : 육해

원서에는 亥卯未생 겁기(劫起)申, 寅午戌생 겁기亥, 巳酉丑생 겁기寅, 申子辰생 겁기巳 등으로 되어 있으나, 삼합을 이용함이 암기하기 쉬우므로 이를 안내하고자 하였으며, 또 원서에서는 생년 즉 년지 만을 기준하고 있으나 일지(日支)기준도 년지 못지 않게 작용하고 있으며, 각 위치별로 작용되고 있다.

다음 삼합의 첫 자가 지살이라 함은 亥卯未년생 亥卯未일생은 亥水가, 寅午戌년생 寅午戌일생은 寅木이, 巳酉丑년생 巳酉丑일생은 巳火가, 申子辰년생 申子辰일생은 申金이 지살이 되며, 삼합의 중간자가 장성이라 함은 亥卯未년생 亥卯未일생은 卯木, 寅午戌년생 寅午戌일생은 午火, 巳酉丑년생 巳酉丑일생은 酉金, 申子辰년생 申子辰일생은 子水가 장성이 되고, 삼합의 끝자가 화개라 함은 亥卯未년생 亥卯未일생은 未土, 寅午戌년생 寅午戌일생은 戌土, 巳酉丑년생 巳酉丑일생은 丑土, 申子辰년생 申子辰일생은 辰土가 화개가 된다.

여기서 공통점은 寅申巳亥는 지살, 子午卯酉는 장성, 辰戌丑未는 화개에 해당하고, 寅申巳亥는 사생지국(四生之局)이라 자연 정중동(靜中動)이 되니 움직이어야 하므로 지살(地殺)이요, 子午卯酉는 각 계절의 중심에 사왕지국(四旺之局)이 되어 장성(將星)이라 하였고, 辰戌丑未는 사고지국(四庫之局)에 입묘(入墓)요, 土로서 신(信)이 되기에 종교와 통한다.

다음 삼합의 첫자와 충이 되는 자, 역마라 함은 亥卯未년생 亥卯未일생은 亥와 충하는 巳火, 寅午戌에는 申, 巳酉丑에는 亥, 申子辰에는 寅이 각기 역마가 되며, 삼합의 중간자와 충하는 자 재살이라 함은 亥卯

未에는 酉, 寅午戌에는 子, 巳酉丑에는 卯, 申子辰에는 午가 각각 재살(災殺)이 되고,

삼합의 끝자와 충이 되는 자, 월살이라 함은 亥卯未에는 丑, 寅午戌에는 辰, 巳酉丑에는 未, 申子辰에는 戌이 각각 월살이 되는데, 지살과 충이 역마가 됨은 차와 차가 경쟁을 하니 잘도 달리고, 또 寅申巳亥는 간방(間方)으로서 동서남북을 연결하는 파발마에 해당하기 때문이고, 삼합국의 왕자(旺者) 장성이 충패되고, 요새가 무너졌으니 재살이 되며, 장성을 패대기쳤으니 감옥 간다. 끝자는 종교, 신앙, 노인, 부처님이나 예수님 같은 자리가 충패 당하였으니 3대가 망하는 것이고, 그것이 고민이 되어 마르기 때문이다.

다음 삼합의 첫 자 다음 자가 년살(年殺)이라 함은 亥卯未년생 亥卯未일생에는 子, 寅午戌에는 卯, 巳酉丑에는 午, 申子辰에는 酉자가 되며, 삼합의 중간자 다음이라 함은 亥卯未에는 辰, 寅午戌에는 未, 巳酉丑에는 戌, 申子辰에는 丑이 각각 반안(攀鞍)이 되고, 삼합의 끝 자 다음 자가 겁살(劫殺)이라 함은 寅午戌에는 亥, 亥卯未에는 申, 申子辰에는 巳, 巳酉丑에는 寅이 각각 겁살이 되는데, 子午卯酉는 모두 년살에 해당하고, 辰戌丑未는 반안에, 寅申巳亥는 겁살에 해당하고 있으며,

子午卯酉가 년살 즉 도화살(桃花殺)이 됨은 지살 다음이라 움직이면 바람이 들기 때문인데 또 왕궁이요 장성이라 대장·장수가 되어 본처 하나로는 부족함과 동시에 子水는 신기(腎氣)가 왕하고, 午火는 홍염(紅艶)에, 卯木은 풍(風)이요, 酉金은 미모를 갖추었기 때문이며, 辰戌丑未가 반안이 됨은 입묘(入墓), 고(庫)로써 죽음에 이르렀고, 또 화려(華麗)와 보옥지상(寶玉之象)으로서 만인에게 선망의 대상이 되기 때

문이고, 寅申巳亥가 겁살이 됨은 역마와 지살과 같으니 움직이면 돈이 없어지고, 화개 다음이라 절에 가면 시주하고, 교회 가면 헌금을 내야 하며, 또 亥卯未 木국은 申金에 절지(絶地)가 되고, 寅午戌 火국은 亥水에, 巳酉丑 金국은 寅木에, 申子辰 水국은 巳火에 각각 절지가 되기 때문에 겁살이 된다.

다음 삼합의 첫 자 앞 자라 함은 亥卯未에는 戌, 寅午戌에는 丑, 巳酉丑에는 辰, 申子辰에는 未로서 천살(天殺)이 되고, 삼합의 중간자 앞 자라 함은 亥卯未에는 寅, 寅午戌에는 巳, 巳酉丑에는 申, 申子辰에는 亥가 망신(亡身)이 되며, 삼합의 끝 자 앞 자라 함은 亥卯未에는 午, 寅午戌에는 酉, 巳酉丑에는 子, 申子辰에는 卯가 되는데, 각기 공통된 점은 辰戌丑未는 천살, 寅申巳亥는 망신, 子午卯酉는 육해로 통일되어 있고,

재살 다음이 천살이 됨은 죄(罪) 지은 연후에 천재(天災)가 두려워서 이며 또 亥卯未 木국 봄은 戌 만추(晩秋) 9월 가을에, 寅午戌 火국 여름은 12월 丑 심동(深冬)에, 巳酉丑 金국 가을은 3월 辰 계춘(季春)에 申子辰 水국 겨울은 6월 未 삼복(三伏)이 두려워서이며,

삼합의 중간 자 앞 자가 망신이 됨은 亥卯未 木국의 대장은 卯인데 寅을 만나면 寅卯가 싸워서 寅이 이긴다. 卯가 자기가 제일 잘난 줄 알았는데 寅에게 지니 망신스럽다. 부하들 앞에서 망신을 톡톡히 당했다. 寅午戌의 대장은 午인데 巳를 만나면, 午는 등잔불이고, 巳는 용광로이니 역시 午는 巳에게 지니 망신 당한다. 巳酉丑의 대장은 酉인데, 酉가 申을 만나면 금은주옥이 빛을 잃고 잡금이 되었으니 망신스럽다. 申子辰의 대장은 子인데, 亥를 만나면 子는 적은 물이고 亥는 바닷물

이다. 고로 망신스럽다.

12신살을 추리함에 있어서는 12신살에 포태법도 맞추어 보고, 육친도 맞추어 보고, 형충도 맞추어 보고, 귀문·탕화도 응용해 보라. 가령 寅은 역마지살에 탕화도 되니까 충 받으면 寅은 탕화니 차가 타 버린다.

寅申巳亥는 모두 지살, 역마, 망신, 겁살 등에 해당하므로 12신살 중 4개가 해당한다. 작은 차가 있으면 지살이고, 큰 차가 있으면 역마다. 조금 돌아다니다 보면 많이 돌아다닐 수 있고, 작은 길이 있으면 큰 길이 있으며, 돌아다니다 보면 망신도 당하고 손재도 따르는데, 유념할 것은 寅申巳亥는 무조건 역마와 지살로 응용하여도 된다. 이것으로 말을 만들면 역마지살에도 해당하고, 망신에도 해당하니 "금년에 길거리에서 망신수 있네요." 한다. 지살역마와 겁살을 연결하면 길거리에서 돈 뺏기는 것, 노상강도 만나는 것이고, "돈 벌어도 길거리에다 깔고 다니네요." 한다. 가령 그 해 신수가 년 기준해서 역마·지살인데 일 기준 해서 망신이면 "길거리에서 망신이다."라고 한다.

다음으로 子午卯酉는 장성, 도화, 재살, 육해 등에 해당하므로 간추려 본다면 장성으로 힘이 넘치니 년살도화로 바람나더니 육해로 고질병에다 관재까지 발생하며, 현세는 성 개방시대라 법식에 관계없이 도화로 보아도 된다. 역시 말을 만들면, 도화와 수옥살을 연결하여 "바람피다가 감옥간다"로, 도화와 육해를 연결하여 "화류병 걸린다, 몸 망친다."로 한다. 아무리 장성·장군이라도 수옥살이 걸리면 이 사람은 송사 한 번 치른다.

다음 辰戌丑未는 화개, 반안, 천살, 월살 등에 해당하고 있으므로 천재지변을 예방하고자 신앙을, 또 높은 자리가 되어 신앙의 대상이 되고, 월살로서 자손이 귀하다 보니 신앙에 의지할 수 밖에 없는데 법식에 관계없이 화개로 보아도 된다. ○乙戊辛卯未戌卯 여자의 경우, 戊戌土가 신앙이니, 부처님이고, 서방님이 辛인데 이 팔자는 서방님보다 부처님이 우선이다.

12신살의 통변예를 들어보자.

辛　 (戊)　 癸　 庚

酉　 寅　 未　 辰

육해　 지살　 반안　 월살 : 일지기준

도화　 역마　 천살　 화개 : 년지기준

위 예를 통변으로 연결하면

• 월살에 화개 : 몸이 심하게 말라서 부처님께 의지하려고 신앙을 가졌다.
• 반안에 천살 : 천재지변 주의하라.
• 지살에 역마 : 돌아다니기를 퍽이나 좋아하네. 당신 집에는 차가 두 대요. 작은 차 : 지살, 큰 차 : 역마
• 육해에 도화 : 바람피지 마라, 몸 상한다.

일지에 도화면 중년에 바람나고, 년지에 도화면 이성을 빨리 안다 등 여기에 육친까지 가미하면 더욱 많은 말이 나온다.

그리고 이 12신살은 앞에서 공부한 12운성과 같이 병행하고 있는데, 亥卯未 木국은 木일주로, 寅午戌 火국은 火일주로, 巳酉丑 金국은 金

일주로, 申子辰 水국은 水일주로 각각 비유하여 겁살과 절지를 함께 기점으로 순행시키면 모두 일치하고 있으니 잘 참고하기 바라며, 도표로 정리하면 다음과 같다.

년·일 \ 12신살	겁살	재살	천살	지살	년살	월살	망신	장성	반안	역마	육해	화개
亥·卯·未	申	酉	戌	亥	子	丑	寅	卯	辰	巳	午	未
寅·午·戌	亥	子	丑	寅	卯	辰	巳	午	未	申	酉	戌
巳·酉·丑	寅	卯	辰	巳	午	未	申	酉	戌	亥	子	丑
申·子·辰	巳	午	未	申	酉	戌	亥	子	丑	寅	卯	辰

3. 12신살의 응용

1) 겁살(劫殺)

겁살은 탈재(奪財), 낭비, 도난, 속패(速敗), 심지어 파산(破産) 등에 해당하므로 년주에 있으면 선조대에, 월주에 있으면 부모·형제에, 일주에 있으면 본인이나 배우자로 인하여, 시주에 있으면 자손으로 인하여 겁살에 해당되는 일이 발생하며, 또 이것을 초년, 중년, 중말년, 말년으로도 응용하고, 지지로만 응용되는 것 같으나 천간도 같이 작용한다는 것에 유념해야 한다.

또 육친에 의하여 활용할 때는 인수에 겁살은 어머니, 외가, 친정, 문서, 보증 등으로, 견겁은 형제, 친우, 상식은 수하인, 여자는 자손, 재성은 처첩, 금전, 여자는 시댁식구로, 관성은 자손, 직장, 상사, 여자는 부군 또는 정부(情夫)에 의하여 겁살의 작용이 발생한다라고 보면 되나

주의할 것은 겁살 자체가 원명에 미치는 영향이 흉이 될 때에 한하며, 또 대운, 년운도 대비하여야 한다.

亥卯未생이 일지에 申겁살이 있으면 "당신 살림 한번 들어먹었구만." 하면서 겁살을 응용한다. 사주에서는 재성이 죽으면 파산이다. 천간에 재성이고 지지에 겁살이면, "돈에 도둑놈 붙었다.", "마누라 때문에 살림 한번 엎어야겠다."고 추리하라. 여자가 관성에 겁살이면, 만나는 남자나 정부에게 돈 뜯긴다. 견겁에 겁살이면 친구 때문에 돈 뜯긴다. 서방님 팔자에 관성에 겁살이면 서방님이 숙직이나 야근할 때 게임이나 고스톱으로 날 새는 줄 모른다.

겁살은 육친에서 견겁과 같다. 그러나 겁살이라도 용신이면 아주 길하다.

2) 재살(災殺)(수옥살 : 囚獄殺)

재살은 일명 수옥살로서 관재·송사·납치·포로·감금·망명 등에 해당하고 있으며, 따라서 년주에 있으면 선대(先代)에, 월주에 있으면 부모·형제에, 일주에 있으면 본인이나 배우자에, 시주에 있으면 자손에 또는 자손으로 인하여 재살에 해당하는 사태가 일어나며, 또 년주는 초년, 월주는 중년, 일주는 중말년, 시주는 말년으로 적용되기도 하나, 직업 자체가 법관, 군인, 경찰, 형무관 등 사법권을 가지게 되면 재살의 작용은 면한다.

인수에 재살은 형법, 필화사건, 주택 저당 설정, 압류, 학원소요로, 견겁은 형제나 친구로 인하여 관재가 발생하며, 증인으로 출두하고, 상식은 자손에 남자는 부하에 사고 또는 배신당하며, 재성은 재산의 압류나 금전에 송사 또는 재산 싸움, 여자로 인한 송사요 길하면 군인, 경찰, 형무소 등을 상대로 사업하면 돈번다. 관살은 상관, 업무관계, 여자에게는 부군으로 응용하고 있다. 남녀 모두 위 직업일 때는 재앙은 면 하나 흉운의 대비도 소홀히 하여서는 안된다.

재살은 편관, 상관, 형·충의 작용과 유사하다. 재가 재살에 연결되면 경찰서나 법원에서 구내 식당해라. 형무소, 사법기관 등을 상대해서 사업해라. 여자 팔자에 관성에 재살이면, "당신 때문에 서방님이 언젠가는 감옥 갈 테니 조심하시오."한다. 싸우는 소리가 들려서 나가보니 마누라가 어떤 남자와 싸우고 있길래 홧김에 가서 패대기쳤더니 상해죄로 고소 당해서 감옥 가고 말더라.

그러나 재살이 용신을 도우면 아주 좋다.

3) 천살(天殺)

천살은 천재지변으로 수해, 한해(旱害), 냉해(冷害), 지진 등으로 인력으로서는 감당하기 어려운 재앙을 말하며, 또 이 살이 주중에 있으면 그 위치에 따라 또는 육친에 의하여 추명하되 사주에 미치는 영향이 길(吉)이 되면 해가(害) 없으며, 운에도 대비하여 추명하면 된다.

4) 지살(地殺)

지살은 움직이는 것. 차량, 도로, 여행, 변화, 분주, 객지, 해외, 이사 등으로 해석되면서 역마와도 작용이 같으나 지살은 작고 가까이, 역마는 멀고, 크게 하는 차이밖에 없다. 따라서 역마나 지살을 동등하게 취급하고 있으며, 지살이 년주에 있으면 선조대에 이향이요, 해외출입 또는 이주하여 왔고, 모든 것이 객지와 인연이 있으며, 월주에 있으면 부모대에 이사가 많았고, 타향이 고향이요, 일지에 있으면 분주하고, 타향은 물론 이민에 배우자가 먼 곳에서 혼인이 되며, 교통이 편리한 곳에서 살고, 생시에 있으면 자손이 해외에 나가며, 또 년주는 초년, 월주는 중년, 일주는 중말년, 시주는 말년에 지살과 역마에 해당하는 일이 발생한다.

또 육친면으로는 지살·역마 인수는 유학, 양품, 양옥, 외국어, 양복, 차고, 해외소식, 여권 등이고, 견겁은 해외친우, 형제가 되며, 상식은 자손이 해외 나가고, 기술을 익히며, 재성은 외화, 양식, 무역, 해외 결혼 등이요, 관살은 외교관, 해외지사장, 외국인 상사, 운전기사, 남자는 자식, 여자는 부군이 해외와 인연이 있거나 출장이 많으며, 일지와 삼합이 되면 변화있고 충이나 형살이 임하면 교통사고에 이국상망(異國喪亡), 객사(客死)요, 가사로는 인사 사고, 교통 두절 또는 교통법을 위반하고, 특히 역마충은 가편역마(加鞭驛馬)라 하여 잘도 달리며, 타향에서 성공, 운수업, 운동 등 여러 가지로 응용되고 있다.

역마지살이 삼합권에 연결되면 이민 간다. 인수가 용신이면 이민 갔다가 다시 고국으로 온다. 역마지살에 인수면 외국어 대학 가라. 寅은 일본어, 申은 영어·불어, 亥는 러시아어, 巳는 아랍어와 연결하고 통역에도 응용된다. 火가 말을 잘하니까 말로써 벌어 먹고 산다. 통역하면 관광이 들어가야 하는데 세계에서 관광 종주국은 스페인이다. 스페인 가서 공부해야 되는데 돈이 많이 드니 아르헨티나 가서 공부해도 된다.

또한 역마가 비겁이면서 형이면, "거참 이상하네요. 형제 한 분이 멀리 가서 있네요. 여기서 멀리는 외국 갔을 수도 있고, 지방에 멀리 있을 수도 있고, 죽었을 수도 있고” 등등으로 말하는 요령을 익혀라. 역마지살에 재(財)면 마누라 보따리 싸는 데 1등이다. 역마지살에 관이면 항시 서방이 들락날락 하고 집에 없다.

편재날에는 외식하고 싶은 날이다. 일상생활에서 활용해라. 마누라의 편재날에는 밥 사줘라. 역마지살은 움직이고 있는 것이므로 운동신경이 발달해 있어서 순간 동작이 빠르다. 오행으로 보는 운동은 木은 배구, 골프, 핸드볼, 火는 점프운동, 土는 단거리로 土가 많으면 마라톤이다. 金은 권투, 水는 수영으로 응용한다.

외국인 상사에 갈 수 있느냐 없느냐는 역마지살에 관이나 재가 있느냐 없느냐로 봐라. 여자가 역마지살에 관이면 국제결혼이다. 지금은 역마지살의 응용을 시대의 변천에 따라서 여러 가지로 바꾸어서 활용하라.

5) 년살(年殺)(도화살 : 桃花殺)

년살은 일명 도화살이라고도 하며, 또 함지살(咸池殺)이요, 포태법(胞胎法)에서의 목욕궁(沐浴宮), 즉 패지(敗地)와 같은데, 일반적으로 도화살로 호칭한다. 이 도화살은 풍류, 주색, 사교 유능, 애교만점, 도박 등으로 응용되고 있어, 남녀 공히 응용의 범위가 넓고, 많이 활용되므로 자세하게 잘 익혀야 한다.

본명에서의 원리가 적용됨은 기본이고, 대운에서 도화가 지배하여도 본명에서의 추리와 같은데, 다른 것이 있다면 그 운이 지나가면 작용이 되지 않으며, 년운에서의 도화는 그만큼 지배하는 기간이 짧고, 본명에서 도화가 있을 때는 년운만 가지고도 충분한 도화의 작용이 있으나 주의할 것은 신체상으로 성(性)에 대하여 얼마만큼 발달하여 있는가를 살펴보아 결론을 내릴 것으로, 신강 신약, 남자는 재성과다, 여자는 관살과다. 청탁(淸濁) 등을 고려하여야 한다.

또 현세는 성 개방시대가 되어 있고, 여자는 자제력이 강한 반면, 남자는 그러하지 못함이 다르며, 도화는 복숭아 꽃으로서 분홍색을 띠고 있는데, 남녀가 사랑을 느끼면 홍조를 띠게 되어 있고, 또 옛날 새색시가 연지·곤지를 바르고, 과거에는 유흥가를 홍등가(紅燈街)라 하고, 도화살을 홍염살(紅艶殺)이라고도 한 이유가 여기에 있다.

그러면 도화살의 작용을 구체적으로 알아보자.

먼저 년지를 기준해서 월에 도화면 월령도화(月令桃花)라 한다. 어머니가 재취로 시집 왔다고 모가재취(母嫁再娶)라 하고, 그렇지 않으면 부모가 연애 결혼했고, 나쁘게 연결하면 서출이다. 즉 소실 몸에서 태어났다고 하고, 환경이 좋지 못한 경우도 포함된다. 즉 유흥가나 홍등가 근처에서 성장했다는 것이다.

일지에 도화면 일지도화(日支桃花)라고 하는데, 소실이나 첩을 얻어서 산다. 작첩동거(作妾同居)다. 배우자가 바람둥이다. 도화를 깔고 앉았다고 한다. 중·말년에 바람나는 것이고, 의처증·의부증이 같이 들어온다. 그런데 중요한 것은 본인이 바람둥이냐, 배우자가 바람둥이냐이다. 이의 판별은 사주를 보아야 한다. 가령 여자가 금수냉한(金水冷寒)으로 되어 있으면 남자를 모르는데, 일지에 도화면 서방님이 바람피는 것이다.

시지에 도화면 편야도화(偏野桃花)라 하는데, 들꽃을 의미하며, 들꽃은 먼저 꺾는 게 주인이다. 따라서 말년에 애인 만들어 바람나고, 기생작첩(妓生作妾)한다. 종업원, 제자, 회사 부하직원, 가정부와 정을 통하고, 연하의 남자, 딸 같은 여자와 통정한다.

다음으로 일지를 기준해서, 년지에 도화가 있으면 도삽도화(倒揷桃花)라 한다. 도삽이란 거꾸로 꽂았다는 의미이다. 노랑(老郎)과 인연 있고, 연상의 여인과 인연 있다. 조부자리에 연결되니까 조부의 풍류로도 해당된다. 초년으로도 연결되니 사춘기가 빨리 온다. 바람피우는 자리에 선조들의 무덤, 산소자리가 있다. 고로 "이 무덤 쓰고서 자손들이 바람둥이가 됐구먼." 한다.

월지에 도화면 월령도화(月令桃花)다. 후원·뒤뜰에 감추어져 있는 것으로 원내도화(園內桃花)라고도 한다. 고로 모두 유부녀·유부남으로 임자 있는 사람들과 놀아난다. 시지에 도화면 편야도화로 년지 기준과 같다.

다음으로는 육친과 연결해서 응용해 보자.

먼저 인수도화다. 좋게 보면 부모님이 연애결혼했다. 나쁘게 보면 어머니가 바람둥이다. 애정소설 좋아하고 옷걸이가 좋다. 선생님이 사랑해 주고 좋아한다. 역으로 선생님을 사랑하고 좋아한다. 인수도화니까 기생공부다. 고로 춤선생이 많다.

다음으로 비겁도화는 비겁은 친구·형제이니 친구, 형제가 바람둥이다. 교우·친구관계가 부실하다. 나쁜 친구들, 바람둥이 친구만 만난다. 탈재 · 배신이 나오고, 좋게 보면 친구하다가 부부가 되었다. 마누라가 돈 달라고 하면 없다면서 애인이 돈 달라면 주머니 돈 다 털어주더라.

다음은 상관도화다. 명예손상이고 삭탈관직된다. 직장 떨어진다. 옛날 같으면 노비와 통정한다. 지금은 자기가 데리고 있는 종업원 건드린다. 내가 생하니 지출이 많다. 부정포태하거나 비밀자식 두거나 속도위반 출산한다.

재성도화는 작첩치부(作妾致富)한다. 소실시켜 장사해서 부자 된다는 것이다. 이런 팔자는 역으로 보면 마누라가 불감증이다. 여자 얻어서 돈 벌어서 자기에게 돈 갖다 주라고 한다. 의처증 있다. 여자는 시어머니가 바람둥이다. 남자는 아버지나 아버지의 형제가 바람둥이다. 또 나쁘게 작용하면 매간득재(賣姦得財) 한다. 즉 몸 팔아서 돈 벌거나 소실팔자를 말한다. 술 장사 하려면 도화가 있어야 한다.

다음 관성도화는 남자 기준으로 비밀자식이다. 못되게 연결하면 바람피는 것이 직업이다. 자손이 바람둥이다. 좋게 연결하면 작첩승진(作妾昇進)이다. 소실이 윗사람에게 알랑방귀 뀌어서 승진시켜 놓는 것이다. 여자는 서방님이 바람둥이다. 바람둥이 남자 만난다. 다음은 살성도화(殺星桃花)다. 당연히 일주가 신약하고, 편관이 도화일 때를 말한다. 상신(傷身) 즉 몸 다치고, 배신 당하고, 관재로 연결되고, 쫓겨나고, 득병(得病) 즉 몸이 아프고, 초조 불안하다.

다음 형살도화다. 子卯형 밖에 없다. 관재, 득병, 탄로가 잘난다. 형

작용으로 자꾸 싸우니까 그렇다. 다음 곤랑도화(滾浪桃花)가 있다. 천간은 합하고 지지는 형(刑)하고 있는 것이다. $\frac{辛丙}{卯子}, \frac{癸戊}{卯子}$의 예가 그것이다. 곤랑도화가 있으면 득병(得病)한다. 특히 성병이다. 녹방도화(祿房桃花)도 있다. 정록(正祿)에 도화를 말한다.

○丙辛○
○酉辰 남자의 경우, 재가 녹방도화다. 양귀비의 미모를 가진 처를 맞이한다.

도화살 이외에도 바람나는 경우는 여러가지다. 여자의 경우, 신왕사주가 관살이 부족하거나 관살이 많은 경우, 남자는 신왕사주에 재성이 부족하거나 재성이 많은 경우에 각각 바람난다. 모자라도 병이요, 지나쳐도 병이다. 태과불급(太過不及)은 개위질(皆爲疾)이다. 木일주에 木이 많아도 바람핀다. 木은 바람 풍(風)이니까. 또 辰巳가 있어도 마찬가지다. 辰巳는 손풍(巽風)이기 때문이다. 암장으로 남자는 재합, 여자는 관합이 되도 같다.

바람나는 운을 보자. 남자 기준으로는 정재가 합 되어 오거나, 암장으로 재가 합 되거나 일지 삼합 도화일때 바람난다. 여자 기준으로는 정관이 합되어 오거나 암장으로 관이 합 되거나 일지 삼합 도화일 때 바람난다. 바람나는 것은 주색(酒色)과 연결되는데, 사주가 건조한 사람은 여자보다 술이 더 우선이다. 일주가 강하냐 약하냐로 연결하여 보고, 도화도 있고, 재도 많으면 도박을 우선으로 연결하라.

남자는 도화, 재운에는 보약 안 먹어도 회춘하는 해이다. 성(性)이 살아나는 해이다. 전자파와 관련해서 남자는 양(陽)이니 전자파 많이 받으면 성력(性力)이 퇴화한다. 그러나 여자는 다르다.

여자 사주에서 금수냉한(金水冷寒)은 도화가 100개 있어도 바람 안 난다. 불발이다. 결벽증이다. 여자 사주에서 인수가 많은 팔자는 세상 사는데 이론만 앞세우고, 학(學)으로만 살려고 하고, 따지기를 좋아한다. 많이 배웠다고 그렇게 한다.

여자 사주에서 미인(美人)의 조건이다. 관살이 많은 여자는 미인이다. 여기에 도화가 있으면 확률이 가중된다. 단, 土일주 여자는 제외다. 土일주가 관이 많으면 목다토붕(木多土崩) 돼서, 즉 붕괴되어서 울리불리다. 이리 터지고, 저리 터져서 예쁘지가 않다.

이제부터는 도화의 응용을 실례로 살펴보자.

○⑩○○
○午○巳의 경우, 년지기준으로 일지도화인데, 육친으로는 인수도화다. 옷걸이 좋고, 첩모(妾母)봉양하고, 의처증 있으며, 작첩동거(作妾同居)한다.

○⑩○○
○午○卯의 경우는, 일지기준하여 년지에 거꾸로 놓았으니 도삽도화다. 또 육친으로는 관성도화다.

庚⑪癸甲
午子酉子의 경우, 庚辰년에 17세 여자다. 월에 酉金이 도화다. 또한 관이 도화이니 바람피는 게 직업이다. 고로 원조교제한다. 아버지가 중국 땅에다 팔려고 했다. "이 팔자 어때요?" "천하의 바람둥이 사주요!" 甲木이 뿌리가 없다. 寅·卯·辰이 없다. 고로 성씨도 바꾸어 가면서 살아야 한다. 일지에 패지·목욕궁에 도화 놓았으니까 물결치는 대로 바람 부는 대로 살아야 한다. 일지가 子辰삼합으로 해외 나가거나 멀리 여행하는 데 중국에 가 있다고 한다.

$\begin{smallmatrix} 乙 & 戊 & 辛 & 壬 \\ 卯 & 午 & 亥 & 辰 \end{smallmatrix}$의 여자가 서방님이 세상을 떠났단다. "혼자 살 수 있어요?" 시지에 卯가 도화이고, 집 밖에만 나가면 乙卯木이 대기하고 있으니, 죽었다 깨어나도 혼자 못 산다. "큰일 났소. 연하의 남자에게 코 꿰어서 꼼짝 못하겠소." 했더니 콧방귀 뀌고 가더니 나중에 울고 왔더라. 午와 卯가 합이 들면 사는데, 합이 아니니 살지 못한다.

$\begin{smallmatrix} 甲 & 己 & \bigcirc & \bigcirc \\ 子 & 卯 & \bigcirc & \bigcirc \end{smallmatrix}$의 여자 사주다. 천간합이고 지지형이니 곤랑도화다. 그리고 子卯형이니 형살도화다. 己土의 본서방은 일지의 卯인데, 甲木이 나중에 만난 애인이라서 서방은 안중에도 없고, 애인 甲木에게만 마음이 가더라. 甲이 도화 위에 있어서 바람둥이인 줄 왜 모를까? 남자가 밤에도 전화 하고, 쳐들어 온다.

甲子일주 남자와 乙酉일주 여자가 궁합보러 왔다면, 甲子일주 기준으로 酉도화가 상대에게 있어서 이 여자가 그렇게 좋아 보인다. 子酉 귀문관살로 미치도록 좋단다.

도화에서 주의할 점은 己巳일주가 甲申년이면 甲己합에 巳申형이니 곤랑도화에 걸린다. 젊은 나이면 화류병 걸릴까 염려된다. $\begin{smallmatrix} 辛 & 乙 & 己 & 己 \\ 巳 & 巳 & 巳 & 卯 \end{smallmatrix}$ 여자의 경우, 巳중에 庚金이 있어 乙庚암합이 많으니까. 천하의 바람둥이라고 보면 큰일난다. 火가 많아서 남자를 모른다. 火土로 종을 하니까 힘이 없고, 건조해서 남자를 모른다. 또 $\begin{smallmatrix} \bigcirc & 癸 & \bigcirc & \bigcirc \\ \bigcirc & 酉 & 子 & 子 \end{smallmatrix}$의 여자다. 금수쌍청(金水雙淸)에 子酉가 귀문관살에 동짓달에 꽁꽁 얼어 있어서 성감이 둔화되어 있다. 남자 안 밝히고 결벽증에 해당한다. 일지도화라 바람둥이로 보면 틀린다.

6) 월살(月殺)(고초살 : 枯焦殺)

월살은 일명 고초살로서 잔병에 몸이 삐삐 마른다. 삼합의 끝 자와 충 하는 날이니 亥卯未木월에는 丑일, 寅午戌월에는 辰일 등이다. 씨앗을 뿌리면 발아가 안되며, 달걀을 안기면 부화가 잘 안된다는 살이고, 또 택일법에서도 이 날만은 자손이 귀하다 하여 피하고 있어 결혼식, 약혼식 날 택일하지 않는다. 씨앗도 뿌리지 않는다. 가령 未월에는 丑이 고초살이니, 未월에는 丑날에 택일하지 마라.

다음으로 고초살 작용이 나오는 임상 예가 있으니 잘 기억해 두기 바란다.

생일과 생시가 모두 고초살이면 큰아들(장자·長子)이 건각(蹇脚) 즉 다리 절고, 비만 체구가 되기 어렵다. 다음으로 庚辰일 庚辰시는 남녀 불문하고 일자(一子)가 익사(溺死)한다. 즉 아들 하나가 물에 빠져 죽는다. 그리고 丙乙○○／戌○○○ 여자와 甲己○○／戌○○○ 남자의 경우, 자식 하나가 연애 자금 달라고 할 때, 안 주면 죽는다.

예를 들어보자. 甲己○○／戌未○○ 남자다. 일지 未土가 官의 고(庫)다. 즉 자식의 무덤이다. 甲木자식이 戌土 위에 있는 데다가, 未戌형으로 조토가 많아졌다. 甲木이 조토에 뿌리를 못 내리고, 토다목절(土多木折)로 견디지 못한다.

丙乙○○／戌丑○○ 여자의 경우, 일지丑土는 관고(官庫)로 남자의 무덤이고, 戌土는 丙火 즉, 자식의 무덤이다.

7) 망신(亡身)

망신은 글자 그대로 망신으로서 년주에 있으면 선조로 인해서, 월주에 있으면 부모나 형제로 인하여 망신이니 후처 소생이거나 모가재취(母嫁再娶)요, 일지에 있으면 배우자 또는 이성으로 인하여 망신이라 부부궁이 부실하고, 시주에 있으면 자손 때문에 또는 말년에 망신당하며, 인수는 부모, 견겁은 형제, 상식은 자손, 수하, 학생, 재성은 여자, 관성은 남자로 인하여 각각 망신이 발생한다.

그러나 중요한 것은 망신되는 글자가 되어도, 일주가 강(强)하여 소유할 수 있으면 걱정 없다. 乙酉일주 여자가 申년이면, "남자로 인한 망신수 들어오네요." 또한 乙木이 申中 庚金과 乙庚합이니 그 자체가 망신이다. 남자라면 "직장이나 자식으로 인한 망신수 들어오네요." 한다. 그러나 사주가 신강하고 구성이 좋으면 괜찮다는 것이다.

8) 장성(將星)

장성은 중심이 강하고, 고집(固執)이 있으며, 또 장수(將帥)로서 힘이 있기에 년주에 있으면 선조대에 힘이 있었고, 생월에 있으면 부모님의 고집이 대단하며, 일지에 있으면 당사자의 고집을 꺾을 수 없고, 시주에 있으면 자손에 해당하며, 또 육친으로도 같은 방법으로 추명하면 된다.

통변과 연결하면, 년주에 장성이 있을 경우, "당신의 선조는 무관이었군요. 무관의 후예였군요. 할아버지가 장군·장수였군요." 일지에 있으면 고집이 강하다. 고로 子午卯酉일주는 "고집있네요." 하면 된다. 장성은 주체가 강하고 개성있다. 신왕격에 해당하고, 또한 접신이 잘 되지 않는다. 육친의 경우도, 인수가 장성이면 "어머니 고집이 대단하다." 재가 장성이면 "아버지, 마누라가 고집이 대단하다."고 하면 된다.

인간의 삶에 있어서 할 말 없으면 공통되게 쓸 수 있는 말이 있다. "고집있네요." 한다. "인정이 있네요." 해도 모든 사람이 수긍한다. "인덕 없네요."도 공통으로 적용된다. "참 바쁘게 사시네요.", "왜 그렇게 바쁘게 사나요?" 한다.

9) 반안(攀鞍)

반안은 높은 자리 또는 말 안장으로 해석되고 있으나 별로 응용되고 있지 않으며, 잘 안 쓴다. 장성과 반안, 역마와 반안이 같이 있으면 금의환향(錦衣還鄕)한다. 금의환향은 인수되는 글자가 좋게 연결될 때에 해당한다. 인수니까 고향 가야 하는데 인수운이니까 좋게 연결되니 금의환향이 되는 것이다. 뒤에 자세히 공부하겠지만 생극제화(生剋制化)가 우선인 것이다.

10) 역마(驛馬)

역마는 앞에서 논한 지살과 같다. 다만 좀더 범위를 넓혀 추리하고, 寅申巳亥가 역마인데 寅은 전동차 · 전철, 申은 철도 · 자동차, 巳는 비행기, 亥는 배로 추리한다. 이외에도 역마로 응용하는 경우가 있다. 水일주는 모두 역마기질이 있다. 물은 흘러 가려는 특징이 있기 때문이다. 未土도 역마로 본다. 역마성이기 때문이다. 午火도 말이니까 역마다. 육친으로는 상식이 있으면 역시 역마의 특징이 있다. 상식은 내가 생하는 것이고, 살아서 움직이므로 역마로 본다. 水일주에 水가 많거나, 木일주에 木이 많으면 바람이 일어난다. 역마기질이 있고, 바람둥이다. 辰巳도 역마이고 바람이 일어난다. 손풍(巽風)이기 때문이다.

역마를 응용하는 방법을 보자. 寅木이 사주에서 재성이라 마누라인데, 가출했다고 상담하러 왔다. "寅일날, 을지로3가 3호선 만남의 광장에서 申시에 만날 것이오."라는 식이다. 巳가 재이면 비행기 안내원이 그렇게 예뻐 보인다. 亥가 재이면 배에서 여자와 인연이 된다. 寅이 재라면 숲이 많은 곳으로 데이트 가라. 광릉수목원에 가면 배필을 만날 수 있다. 亥水가 재라면 뚝섬유원지에 가서 배타고 나가라. 寅木은 일본인데 木火가 같이 있으면 동남아시아라고 하고, 水木이 같이 있으면 동북아시아라고 하라. 조선족을 데려와도 국제결혼으로 봐줘야 한다. 寅申巳亥일이나 월에는 가장 많이 움직이는 날이니 교통사고 주의하고, 또한 寅申巳亥년에는 많은 변화가 일어나는 해이다.

11) 육해(六害)

육해는 재(再)발병과 긴 병에 해당함으로, 년주에 있으면 선조대에, 생월에 있으면 부모님이나 형제가, 생일에 있으면 본인이나 배우자에, 시주에 있으면 자손이 긴 병으로 고생하며 또 초년, 중년, 중말년, 말년과 육친에 연계시켜 추명하나 잘 사용하지 않는다. 긴 병 앓고 있는 사람은 일지에 자기 고장(庫藏)을 놓고 있는 사람이다. 가령 壬水일주가 戊辰년이 오자 잔병치레 많이 한다. 여자가 앉은 자리에 관고(官庫)면 서방님이 잔병치레 한다. 남자가 앉은 자리에 재고(財庫)면 마누라가 잔병치레 한다.

12) 화개(華蓋)

화개는 종교, 신앙, 학문, 예술, 근면 등에 해당하므로, 년·월·일·시와 초·중·중말·말년 그리고 육친, 대운 등에 연계시켜 추명하고, 다음 화개에 충이나 형이 있으면 개종이나 도중하차요, 화개가 많으면 종교에 귀의하거나 독신이 많고, 학교재단이 종교계에서 운영하는 곳과 인연되며, 재성은 종교로 취재(聚財)하고, 관성은 직업이 종교나 신도회장이거나 부부의 인연이 종교로 인하여 생긴다.

辰戌丑未인 화개가 많으면, 학교도 종교법인이 운영하는 곳에 간다. 여자의 경우 독신이 많다. 나라에서 운영하는 국공립학교에 가려면 관인상생(官印相生)이 잘 되어야 한다. 관과 인수가 서로 물고 돌아가야 한다. 관은 나라니까 나라에서 나를 공부시켜 준다. 물론 학교의 등급은 사주의 등급에 따라 다르다.

다음은 그간에 공부한 육친, 지장간, 12운성, 12신살 등을 종합하여 사주실례를 추명해 보자.

사주 예(21)

甲	丙	辛	辛
午	寅	丑	酉
도화	겁살	화개	장성
장성	지살	천살	육해
왕궁	장생	양궁	사궁
양인		재고	

酉丑 金국, 寅午 火국
丙辛합, 寅午丑 탕화
寅酉 원진, 丑午 원진, 귀문

이 사주는 丙火 일주가 년주에 장성을 놓아 선조대에 완고하셨고, 월주에 화개 있어 부모대에 신앙이 독실하시어 본인도 그 영향 때문에 신앙을 가지게 되었으며, 일지에 겁살 있어 탈재(奪財)가 많고, 시지에 도화살 있어 말년에 바람난다.

또 년주에 장성과 육해가 동림하고 있어, 병이 났다 하면 크게 아프고, 화개와 천살은 천재지변 때문에 신앙을 믿게 되었으며, 겁살과 지살은 길거리 또는 여행중에 실물(失物)이 많고, 장성 도화는 본인이 먼저 사랑을 청하며 재성에 장성은 처가 고집있고, 상관화개는 조모님이 신불자(信佛者)요, 인수지살은 외국어에 능통하고, 양옥에 해외와 인연 있으며, 비겁도화라 여자 때문에 손재 있다. 그리고 정재 다봉(多逢)에 도화 있어, 바람 피우는 것 확실하고 중강격에 양일주요 장성이 둘이나 있어 아집이 대단하며, 년주재성에 장성있어 선조대에 부자였다.

보다 더 구체적으로 추리해 보자.

섣달 丑월의 丙火일간이 많이 추운데 寅木에 寅午火국으로 난방장치가 잘 되어 주고 있어서 좋다. 丙火일주라서 명랑하고 거짓없고 바른말 잘한다. 丙火가 득지득세는 했지만 섣달이라서 일주가 조금 약하다. 고로 조금만 도와주어도 본인의 임무를 충실히 이행할 수가 있다.

재가 많아서 욕심이 많다. 火일주는 배우지 않아도 아는 게 많다. 고로 별명이 박사이다. 건강은 기본체력은 갖추고 있지만 섣달에 태어나서 몸이 조금 차가운 것이 흠이다. 부모덕은 어떨까? 인수도 좋고 재도 튼튼하니 부모가 모두 좋다. 여기서 木과 金이 싸우겠나? 안 싸우겠나? 金극木하려고 해도 火가 火극金하니까 서로 균형을 이루어서 싸우지 않는다. 단 이 집의 실권은 아버지가 쥐고 있다.

전공은 재다(財多)하니 상경계가 좋다. 경제학 박사, 회계사 등으로 활동하면 좋다. 상경대 교수, 경제연구소 등에서 활동해라. 월에 재성 있으니 부모유산이 있고, 丙辛합이니 저절로 들어온다. 일주가 약하지 않으니 유산을 잘 관리한다. 인수가 있으니 집은 있다. 甲寅이니 빌딩이다. 甲木寅木이니 집이 두 채다. 또는 본가는 寅木인데 甲木을 매입하여 寅午합으로 터서 하나의 큰 집 만들어서 산다.

丙의 첫사랑은 년주의 辛金인데, 월에도 辛金이 있어서 결혼할 때는 항상 쌍립을 선다. 고로 두 마리 토끼 잡으려다 모두 놓칠 수 있다. 년주의 辛酉가 더욱 예쁘다. 월의 辛丑은 앉은 자리에 자고(自庫)가 있어서 늙어보인다. 寅酉가 원진이니 첫 사랑은 원수가 인연이 되어 있고, 寅丑은 간방(艮方)으로 같아서 서로 사이클이 잘 맞는다. 丑월의 丙火가 寅午火국으로 꽃이 만발해 있어서 남자가 인물이 준수하다. 준수한 인물의 남자는 못생긴 여자와 살더라. 천간의 辛辛이 같고, 지지가 酉丑이니 이 두 여자는 서로 아는 사이다.

결혼과 관련해서는, 일지가 삼합되는 운이 결혼 수인데 壬午년이면 22살이니까 너무 어리고, 삼합은 4년 주기이니까 26살, 30살이다. 둘 중의 하나인데 년·월에 재가 있어 조혼이니까, 26살이고 합이 들었으니 연애결혼이다.

이 사주는 몸이 아프면 남방의 약국이 좋고, 의사의 성씨로 연결하면 허(許)씨나 남궁(南宮)씨가 좋고, 말띠·호랑이띠와 인연이 좋다.

남자는 일주가 약하면 형광등이 되어서 여자의 연애 사인의 눈치를 모른다. 좋은 여자가 있어도 자신있게 같이 살자고 하지 못한다. 데려다 고생시키는 게 마음에 걸려서이다. 년주의 辛酉는 한 기둥이니 두 개로 보지 말고 하나로 보라. 辛丑은 丑이 재고이니까 마누라가 고(庫)에 있어서 자꾸 아프다. 寅午丑 탕화니까 항상 불조심해야 한다. 金이 국(局)을 이루고 있어서 처갓집이 잘산다. 金이 마누라이니 열매요 결실이라서 마누라 한번 똑소리 난다.

대운을 보자. 운이 역행이니 庚子, 己亥, 戊戌, 丁酉, 丙申, 乙未, 甲午로 간다. 戊戌, 乙未, 甲午운이 길운이다. 특히 未운은 丑未충으로 재고인 금고를 연다. 午未火국으로 나를 도와준다. 고로 금고 열어 놓고서 허리띠 풀어 놓고 산다. 丁酉대운을 보자. 丁火친구가 酉金 돈 가지고 와서 酉丑삼합으로 묶자고 한다. 그러나 나쁜 운이니 나한테 나쁘게 작용된다. 친구가 동업하자고 해서 내 돈을 투자하나 친구한테 배신당한다. 친구 잃고 돈까지 잃는 운이다.

사주 예(22)

壬	㉙	壬	壬
寅	子	子	申
역마	장성	장성	지살
병궁	왕궁	왕궁	장생

이 사주는 壬水일주가 년지 지살에 水기가 태왕하여 선조대부터 고향을 떠나 살아왔고, 시지에 역마요, 식신이라 객지에서 성공하고 말년에 이민가며, 장성 중봉(重逢)에 일주 고강(高强)하여 그의 고집을 꺾을 자 없는데, 비겁(比劫)이 탈재신(奪財神)이라, 고집부리다 패망할까 염려요, 지살에 편인이 임하였으니 해양대학에 인연있고, 관살이 없어 본인 위에는 사람이 없으며, 견겁다봉(肩劫多逢) 되어 친구 주의해야 되겠다.

조금 더 구체적으로 추리해 보자.

水일주에 申子水국으로 큰 물이다. 수심(水深)이 깊어서 마음을 알 수가 없다. 그래서 별명이 크레믈린이다. 子水인 비겁이 많아서 더러운 물이다. 더욱이 子월로 꽁꽁 얼어 있어서 한랭지수(寒冷之水)이다. 물은 많은데 수로(水路)가 寅木이지만 寅木 하나로 많은 물이 늘 범람한다. 고로 스테미너가 넘쳐서 주체를 못한다.

水일주는 시작의 명수다. 기획을 잘하고 선발대이다. 고로 마무리는

다른 사람이 해야 한다. 많은 물이지만 잔잔한 물이다. 단, 비겁이 많아서 의심이 많고 경쟁자가 많으며, 술친구는 많은데 진정한 친구는 없다. 신태강(身太强)하니 고집으로 망하고 고집으로 흥한다. 土인 관살이 없으니 남에게 간섭받기를 싫어하여 제멋대로 사는 팔자이다. 부모관계를 보자. 申이 있는데 申子水국으로 일주가 강하다 보니까 부모를 꺾는 팔자이다. 재가 죽으니까 아버지가 먼저 죽는다.

원래 水는 지혜이므로 공부는 잘한다. 상식이 용신이니 꾀로만 공부한다. 비겁이 많으면 친구들이 많아 놀다보니 공부하기가 힘들다. 항상 壬·癸水인 비겁년에 친구 때문에 골치 아프다. 진로는 水가 많으니 수산대학교, 해양대학교 가라. 火가 많으면 항공대 가라.

신태강하니 건강은 좋으나 몸이 차갑다. 또한 水가 많으니 몸이 뚱뚱하다. 물에 들어가면 무엇이든지 불어나니까 그렇다. 水가 많아서 술을 먹어도 희석되니까 안 취한다. 약발도 안 받는다. 풍(風)이나 치매 등으로 긴 병 앓다가 죽는다. 마취도 잘 안 된다. 이런 팔자는 죽을 때 복수가 찬다. 신장병 환자이다. 신장에 병이 오면 백약이 무효다. 항상 몸이 차가워서 병이 온다. 운동을 꾸준히 해라.

木火용신이니 방위로는 남쪽이 좋다. 나한테 도움되는 성씨는 허(許)씨, 남(南)씨, 남궁(南宮)씨가 맞다. 무조건 따뜻한 것을 먹고 항상 배만은 덮고 자야 한다. 채식이 좋다. 어패류와 회도 좋아한다.

寅중의 丙이 재인데 水가 많아서 火가 없어진다. 어떤 여자든지 이 사람에게 시집 오면 심장이 나빠진다. 몇번 결혼할까? 壬水가 丙을 얻어서 년·월·일·시의 壬에게 丙을 하나씩 입에 물려주어야만 나에게 간섭을 하지 않는다. 壬子는 한 기둥이니까 하나로 보고서 장가는 4번 가야 하고, 바람은 많이 핀다. 火가 모자라니까 마누라가 심장병이다. 수압이 너무 강하다. 고로 바람 피워라. 火가 부족하니 처갓집이 못살고, 처갓집도 잘 안 간다. 만약 재가 국을 이루거나 재가 강하면 처갓집을 잘 간다.

土인 관살이 없으니 자식이 없다. 시주에 공망이고 자식 인연이 약하다. 사주에 金水가 많으니 딸이 많다. 만약 아들인 土가 있으면 水가 많으니 여러 번 장가가게 된다. 가문의 내력이다. 壬申년이 61살로 회갑(回甲)인데 회갑잔치는 하지 말라. 寅申충이 걸린다. 용신이 작살난다. 운이 나쁠 때 사람 모아서 잔치하면 식중독 같은 것이 걸린다. 申子로 일지가 삼합이니 친구와 해외여행 간다. 申은 인수니 관광여행 간다. 申子水가 되니 비견겁이 되어서 여행 가서 손해본다. 여권 잃어 먹는다.

이 사주는 직장생활 못 한다. 土가 없어서 남에게 간섭받기 싫어한다. 또한 水가 많으니 술장사 하라. 단, 돈은 못 번다. 庚辰, 庚子년이 왔다. 金생水 받고 申子辰水국으로 물이 범람한다. 빛 좋은 개살구이고, 물이 범람하니 나로 인해서 남이 피해 본다. 도식운이니 부도난다. 일지가 삼합이니 해외로 도망간다. 火용신이니 처덕은 있다. 역마가 좋은 작용한다. 비겁이 많으니 성공하고 싶으면 고향 떠나라.

壬子일주는 자연으로 비유하여 간단하게 본다면, 고집으로 망하고 고집으로 흥하는 팔자요. "남에게 간섭 받지 않고서 혼자서 하는 자영업을 하시오." 하라.

사주 예(23)

己 ㉛ 戊 丙
丑 酉 戌 寅

이 사주는 辛金일주가 년주에 지살 있어 선대에 이향(離鄕)이요, 월주에 화개 있어 부모대에 신앙인데 인수가 가림(加臨)하여 모친이 독실하였고, 일지에 육해 있어 어렸을 때 잔병으로 고생하였으며, 시주가 천살인데 金기가 태왕한 사주가 되어 항시 냉해(冷害)를 주의하고, 화개끼리 丑戌로 형(刑)하고 있어 개종(改宗)이 염려되며, 화개에 반안이라 큰 절과 인연 있고, 지살에 재성은 객지와 인연에 외화획득에 국제연애요, 연상여인에 처가 분주하고, 丙火 자손 있어 자손이 해외출입에 공군과 인연 있다.

좀더 구체적으로 추리해 보자.

丙이 寅戌火국으로 꽃이 활짝 피었다. 9월에 꽃이 피었으니 丙이 양(陽)이니 국화꽃이다. 酉丑金국이고 9월이니 신왕사주이다. 양쪽에 인수 놓았으니 깨끗하고 옷걸이가 좋다. 충과 형이 없으니 사람이 곧다. 辛酉의 금은주옥에 丙火 서치라이트가 비추어 주고 있다. 년주에서 비추어 주니 조상복은 타고 났으니, 조상 제사는 모두 지내야 하고, 제사 비용도 대주라. 木生火, 火生土, 土生金으로 뿌리가 년지의 寅木에서 시작하니 가문의 뿌리가 깊다. 뼈대있는 집안이다.

戊戌土가 土生金하고 월에 인수이니 공부도 파고든다. 문과냐? 이과냐? 인수가 있어서 문과이다. 관(官)으로 연결되어 있고, 戌亥천문(天門)으로 연결되니 서울대 법대 가라고 하라. 관인이 있으니 국립대학 간다. 월에 인수나 비견겁은 장남이다. 丑土인 인수가 일지로 삼합되어서 들어오니 부모 모시고 산다. 일지와 합이 되는 것은 일지와 같은 맥락으로 보라.

처덕 있고, 마누라 똑똑하고 丙자식도 똑똑하다. 단, 戌土가 관고(官庫)니까 속썩이는 자식이 하나 있다. 돈보다 명예가 우선인 팔자이다. 단단한 체구에 건강하고 수명도 길다. 金이 많아서 金생水가 저절로 되니 水도 있다고 봐야 된다. 酉丑으로 인수인 丑이 비겁으로 변하니 보증서면 물어줘야 한다. 인수 때문에 선비의 기질 있고, 정재·정관으로 원리 원칙만 찾는 게 이 사주의 흠이다. 완벽하고 실수하지 않는 것이 오히려 흠이 되고 분위기가 경직된다.

三. 길신류(吉神類)

길신은 그 구성 자체가 지금까지 공부한 합(合), 육친, 십이운성법 등에서 많이 이용되었기 때문에 이해와 암기가 쉽겠으나 생극제화(生剋制化) 원리가 길신보다는 앞서고 있어 아무리 길신이라도 자체 구성으로는 길신이라 할 수 없는 것이며, 또 길신도 너무나 많으면 좋내는 병(病)이 되므로 '합다합귀(合多合貴) 좋다 마소. 사랑통에 죽어나니 홍등가(紅燈街)에 녹주(綠酒)부어 기생몸이 된답니다'라는 말까지 나온 것이다. 길신이란 용신을 도와주는 생용자(生用者)나 용신 자체가 바로 그 사주에서 길신이 된다.

1. 정록(正祿)

• 일주(日柱) : 甲 乙 丙 丁 戊 己 庚 辛 壬 癸
• 정록(正祿) : 寅 卯 巳 午 巳 午 申 酉 亥 子

이 정록의 구성은 지지 장간(藏干)이 천간과 같으면서도 같은 오행권(五行圈)에서 성립되고, 또 십이운성에서는 관궁(冠宮)이며, 육친으로는 지지의 비견이므로 자기의 위치를 찾아 득근(得根)하기 때문에 정자(正字)를 붙였고, 관궁으로 혈기왕성이라 국가에 봉사한 대가를 받으니 이름하여 국록(國祿)을 받게 되므로 록자(祿字)를 따서 정록(正祿)이라고 하였다.

고로 정록을 놓으면 성격으로는 착하고 정직하고 정당성을 추구한다. 모든 것을 정도로만 가고 편법을 안 쓴다. 그리고 국가공무원 한번 해본다. 공직생활도 관궁에서 나온다. 벼슬길이 관궁이니까 그렇다. 따라서 식복은 있으나 비견이 되어 탈재(奪財)가 많고 고집있으며, 부부궁에 흠이 있을 수 있다.

그리고 辰戌丑未는 간방(間方)에 자리하고 음양이 혼합되어 있어 잡(雜)이라 정록이 임(臨)할 수 없으며, 또 辰戌丑未가 빠짐으로 숫자상으로도 천간은 10개고 地支는 8개니 丙戊와 丁己가 공존으로 巳와 午에 정록이 됨은 포태법에서와 같이 火土가 공존하기 때문이다. 정록이 월에 있으면 건록(建祿), 일지에 있으면 전록(專祿), 시지에 있으면 귀록(歸祿)인데, 일지의 록이 시로 돌아가서 있다는 것으로 일록거시(日祿居時)라고도 한다. 년지에 정록은 세록(歲祿)이라 하고 드물게 있다.

육십갑자 중에서 앉은 자리에 록근(祿根)을 놓고 있는 것은 甲寅, 乙卯, 庚申, 辛酉로서 4개이다. 이것을 전록이라고 한다.
전록의 경우, 어디 가든지 자기의 앉을 자리는 구분하고서 살고, 마누라나 서방보다 형제가 좋고, 형제 한자락 끼고 산다. 그리고 의처증, 의부증이 있다.

또 천간이 지지에 자기의 정록을 만나면 녹근(祿根)하였다 하고, 정록이 형(刑)이나 충(沖)을 만나거나 타오행으로 변화되면 길(吉)은 소멸될 수밖에 없으며, 또 만약 정록이 년월일시에 모두 있으면 이는 겁겁태왕사주가 되어 흉(凶)이 되는데 음일주(陰日主)가 더욱 나쁘다.

　가령 ○乙○○ / 卯卯卯卯 의 경우, 卯木정록이 너무 많다. 바람이 너무 거세서 강풍이 심하니 부모, 자식, 마누라도 모두 날아간다. 고로 정록이지만 너무 많아서 사주가 버렸다.

　정록이라도 형충 만나거나 타오행으로 변화되면 길이 소멸된다고 했는데, 가령 ○甲○○ / 巳寅申○ 의 경우, 앉은 자리에 록인데, 寅巳申삼형으로 나무의 뿌리가 병들었다. 고로 정록의 역할이 모두 나오지 않는다. 신수 볼 때 정록을 응용해 보자. 가령 ○丙○○ / ○子子 사주의 경우, 丙이 뿌리내리지 못하고 신약한데 辛巳년이 오면 제자리 잡고 철이 든다. 巳火가 丙의 녹근이 되니 친구나 형제 때문에 철들게 된다.

2. 암록(暗祿)

- 일간(日干) : 甲 乙 丙 丁 戊 己 庚 辛 壬 癸
- 암록(暗祿) : 亥 戌 申 未 申 未 巳 辰 寅 丑

　암록은 정록(正祿)과 육합(六合)이 되는 것으로 甲일의 정록은 寅인데 亥와 육합이 되고, 乙일의 정록은 卯인데 卯는 戌과 육합이 되므로 암록은 정록과 육합이 되고 있다. 즉 육합은 부부합으로서 부(夫)가 있는 곳에 처(妻)가, 처가 있는 곳에 부가 찾아드는 것처럼 이 암록도 甲일주가 寅은 없고 亥만 있다면 寅정록이 亥와 합이 탐이 나서 寅亥로 찾아드니 이것이 바로 甲일주는 亥로 인하여 寅정록을 불로소득한 결

과가 되어 암록이라 하였고,

　따라서 암록을 놓은 자는 어떠한 역경에 처하였다가도 보이지 않는 도움으로 좋아지는 특징이 있고, 금전에 궁함이 없다는 길신이다. 단, 사주에 일간의 정록이 있거나 암록이 형이나 충을 만나면 성립되지 못한다.

　가령 ○甲○○／亥○○○의 사주에서 甲의 정록인 寅이 없지만 亥인 암록이 있어서 寅을 끌어들이니 정록이 있다고 보는 것이다. 亥이니까 어머니 때문에 내 설 자리를 알게 된다. 그러나 만약 ○甲○○／亥○○寅이라면, 사주에 정록 寅이 있으니 암록이 성립하지 않는다. 또한 ○甲○○／亥○巳○의 경우는 亥가 巳亥로 충이 되어 암록이 성립되지 않는다. 또한 이런 경우도 있는데 ○癸○○／丑○丑○는 癸의 정록은 子인데, 癸水가 丑월로서 추운데 子인 암록이 丑을 따라서 들어오니 암록이 되어서 더욱 나빠진다. 그렇지 않아도 추운데 더 추워지니까 암록이 좋다는 것은 성립이 되지 않는다. 고로 항상 생극제화(生剋制化)가 최우선이다.

　여기서 배울 것은 "육합은 서로 따라 다닌다."는 것이다. 고로 이것을 응용하면 己亥년은 寅이 따라든다고 보라. 고로 戊土일주면 亥가 편재인데 寅亥로서 살이 따라들더라. 戊土가 亥水 여자 건들자, 몇달 뒤 찾아와서 아기 가졌다고 한다.
　○○丁○／未巳未○의 경우는 未에 午가 따라든다. 고로 丁은 午인 정록에 뿌리하는데 巳午未火국으로 火가 더욱 거세어진다. 그래도 암록이 있다고 좋다고 할 것인가?

_辛
○_{辰丑丑}○○에서 辛의 정록은 酉인데, 辰에 酉가 따라든다. 그러자 비겁이 많아지는데 辰酉합, 酉丑합으로 "개도 안 짖고 도둑 맞는 격이다." 역시 안 좋다는 것이다. 그런데 ○_{午子亥亥}^甲○○의 사주에서는 甲이 너무 춥고 물이 많아서 나무의 뿌리가 없는데 亥를 따라서 寅이 오니 이때는 암록으로 서의 작용이 그지없이 좋다. 이 암록에서 알아둘 것은 ^{壬癸庚}_{戌未未辰}이라면 눈에 보이지 않는 卯, 午, 午, 酉의 작용을 살펴서 연구하라는 것이다.

3. 협록(夾祿)

- 일간(日干) : 甲　　乙　丙·戊丁·己　庚　　辛　　壬　　癸
- 협록(夾祿) : 丑卯　寅辰　辰午　巳未　未酉　申戌　戌子　亥丑

협록은 정록을 끼고 있다 하여 협록이라 하였으며, 끼고 있다 함은 지지의 순서로 볼 때 子와 寅은 丑을, 丑과 卯는 寅을, 寅과 辰은 卯를 卯와 巳는 辰을 각각 끼고 있다 하며, 이 끼고 있는 자체가 일주에 대하여 정록이 되므로 협록이라 하였고, 협록의 작용은 비견의 작용으로 즉 친구, 친척, 또는 타인의 재물 혜택을 많이 받는다는 길성인데, 협록의 양자 중 하나가 충 또는 형을 만나거나, 주중에 정록 또는 협록 자체가 흉신일 때는 길신이 될 수 없다.

이것을 육친과 연결하면 격각살(隔角殺)의 원리와 같다. "사이가 벌어졌다. 이빨이 하나 빠졌다."는 것으로 소의 뿔처럼 "가깝고도 멀고 멀고도 가깝다." 가령 子寅이 있으면 丑이 사이에 끼여 있다. 서방되는 글자가 격각살이면 "가깝고도 먼 사이다."라고 응용할 수 있다. 그리고 甲·乙·庚·辛일주는 협록이 해당되지 않는다. 丙戊일에 辰午

로 巳, 丁己일에 巳未로 午, 壬일에 戌子로 亥, 癸일에 亥丑으로 子만
해당하는데 협록되는 자가 그 사주에서 도움이 되어야만 한다.

4. 교록(交祿)

甲申일봉(逢)庚寅, 乙酉일봉辛卯, 丙戌子일봉癸巳,

丁己亥일봉壬午, 庚寅일봉甲申, 辛卯일봉乙酉,

癸巳일봉丙戌子, 壬午일봉丁己亥

이 교록은 자기의 정록을 서로 바꾸어 놓고 있다 하여 교록이라 하였
고, 정록은 식록(食祿)이요 본인의 몫인데 나의 정록은 타(他)가, 타의
정록은 내가 가지고 있어 이 교록을 놓은 자 무역, 교양, 물물교환, 상
업 등에 좋다는 길신이다.

교록의 구성은 甲申일생이 庚寅을 만나면 甲木의 정록은 庚金이, 庚
金의 정록은 甲木이 차지하였고, 乙酉일생이 辛卯를 만나면 乙木의 정
록은 辛金이, 辛金의 정록은 乙木이 차지하고 있어 교록이 성립되나 알
고 보면 이들은 甲庚, 寅申, 乙辛, 卯酉로 각기 간충(干沖), 지충(支沖)
이라 철저하게 파괴되어 교록의 작용이 나오지 않는다. 다만 丙戌子는
丙子, 戌子요 丁己亥는 丁亥, 己亥를 합친 것이며, 또 나머지 교록은
본 구성 요건이 염천지절(炎天之節)에 水를 얻었고, 한냉지절(寒冷之
節)에 火기(氣)를 얻어 조화를 잘 이루고 있어 더욱 길명(吉命)이 된다.

예를 들면 ○丙癸○
○子巳○ 의 경우 교록이 성립된다. 그러나 교록이 아니더
라도 4월의 丙이 너무 더운데 水가 있으니 온도가 하강하고 비가 내려

준다. 낮과 밤이 균형을 이루고 정관이 있으니 좋다. 관이 있으니 직장이 좋다.

○㉄癸○
○子巳○ 의 경우, 4월의 戊土는 조토(燥土)인데, 조토는 바람과 함께 사라지는데 水가 있으니 습(濕)을 만들어 주어서 길(吉)하다.

○㉎戊○
○巳子○ 의 경우와 ○㉎丙○
○巳子○ 의 경우, 엄동설한에 난로를 얻으니 조화를 이루었다. 巳중에 戊와 丙이 있어서 재관쌍미(財官雙美)다.

○○㉄壬○
○亥午○ 는 午월의 丁火가 더운데 壬·亥로서 비가 내린다.

○○㉎丁○
○午亥○ 는 亥월의 壬이 얼어 있는데, 丁·午가 따뜻하게 해주니 좋다.

5. 금여록(金與祿)

- 일간(日干) : 甲 乙 丙戊 丁己 庚 辛 壬 癸
- 금 여 록 : 辰 巳 未 申 戌 亥 丑 寅

금여록은 정록에서 앞으로 세 번째 자리이다. 이를 록전삼위(祿前三位)라고 한다. 금여록을 놓으면 처의 조력(助力)에 처가의 재물 혜택, 또는 미모의 여자와 인연이 있다 하고 있으나 금여록 자체가 본명(本命)에 기신(忌神) 역할을 하면 흉(凶)이 될 수밖에 없으며 또 충·형을 당하여도 또한 같다.

남자가 예쁜 여자와 인연이 되려면 반대로 미워야 하겠고, 여자가 미우면 남자가 예쁘고, 남자가 여자 같으면 여자는 남자 같아야 하며, 남자가 일자형(日字型)이면 여자는 전자형(田字型)이라야 하고, 남자가 작으면 반대로 여자는 커야 이상적인 부부가 되는 것이니 금여록 하나만 가지고서 왈가왈부(曰可曰否) 할 수는 없는 것이다.

따라서 금여록보다는 육친으로 풀이하는 게 더욱 정확하다. 육친으로는 재(財)가 국(局)을 이루고 있어야 처가덕(妻家德)이 있다. 또 마누라가 미인(美人)이려면 12지지 중에서 子午卯酉로 보면 된다. 도화니까 마누라가 예쁘다고 보면 된다. 즉 녹방도화(祿房桃花), 정록에 도화가 있으면 양귀비 미모의 처를 만난다.

가령 ○丙辛○／○○酉辰이라면 申子辰의 酉가 도화이고 辛酉가 정록도 되니 정록과 도화가 같이 있어 녹방도화이고 마누라가 아주 예쁘다. 오행으로는 水가 예쁘다. 고로 土일주의 마누라는 水이므로 미인을 얻게 될 확률이 많다. 火일주의 마누라는 金이니 여자가 똑똑 여물고 살림 하나는 잘한다.

6. 문창귀인(文昌貴人)

- 일간(日干) : 甲 乙 丙戊 丁己 庚 辛 壬 癸
- 문 창 귀 인 : 巳 午 申　 酉 亥 子 寅 卯

문창귀인은 정록으로부터 순행 4위차(四位次)요, 육친으로는 내가 생하는 상식이다. 고로 문창귀인이 있는 사람은 추리력, 응용력, 발표력, 예지력, 상상력이 발달해 총명하고 문장력이 좋아 공부 잘한다는 길신이다. 또 생전(生前)의 문장으로서 학계와 인연이 있으며, 여명(女命)은 소녀시절에 문학에 심취하나 꾀로써 공부함이 흠이 된다.

당사주에서는 천문성(天文星)을 문창귀인으로 연결해도 된다. 천문성은 巳火를 이른다. 火는 문명(文明)으로 문창귀인이 없어도 사주에

火가 많으면 이런 식으로 연결해서 풀이해도 된다. 다음에 나오는 문곡귀인(文曲貴人)도 역시 같다.

7. 문곡귀인(文曲貴人)

• 일간(日干) : 甲 乙 丙戊 丁己 庚 辛 壬 癸
• 문곡귀인 : 亥 子 寅 卯 巳 午 申 酉

문곡귀인은 정록으로부터 역행(逆行) 사위차(四位次)요, 육친으로는 인수(印綬)라 학문에 탁월하고 암기력이 좋으며 지구력을 가지고 파고들며, 문장력에 깊이가 있어 읽어볼수록 진맛이 나고, 특히 사후(死後)에도 더욱 빛이 나타나는 길신이며, 학계와 인연이 있어 평생을 두고 공부와 씨름한다. 반면에 문창귀인은 생전의 문장이고 글을 써 놓으면 이해가 빠르고 재미가 있다. 즉 상식으로 글을 써 놓으면 이해가 빠르고 재미가 있다. 그러나 깊이가 없다는 것은 흠이다. 씹는 맛이 없다.
그리고 문창귀인과 문곡귀인은 서로가 충을 하고 있으며, 또 본귀성(本貴星)에 충이나 형살이 병립하여 있으면 복은 반감된다.

8. 학당귀인(學堂貴人)

• 일간(日干) : 甲 乙 丙·戊 丁·己 庚 辛 壬 癸
• 학당귀인 : 亥 午 寅 酉 巳 子 申 卯

학당귀인의 구성은 양일주는 문곡귀인, 음일주는 문창귀인으로 되어 있기 때문에 문창이나 문곡이 없이는 성립될 수 없고, 또 각 일간의 장생국임과 동시에 육친으로는 인수와 상식이 구비되어 균형을 이루고 있으면 본 귀성과 같으며, 작용은 학문과 인연이 있어 박사에 후배 양성, 또는 연구에 정성을 다한다. 가령 丙甲癸○／寅○亥○의 경우, 癸亥는 인수요 丙은 상식으로 목화통명(木火通明)이니 학당귀인이 있다. 즉 인수와 상식을 모두 구비하고 있는 팔자이다.

9. 옥당천을귀인(玉堂天乙貴人)

- 일간(日干) : 甲·戊·庚　　乙·己　丙·丁　　辛　　　壬·癸
- 옥당천을귀인 : 丑·未　　子·申　亥·酉　寅·午　卯·巳

옥당천을귀인은 천을귀인이라고도 하며, 일간 대(對) 주중(柱中)에 대비함으로 甲일이나 戊일 庚일생인이 주중에서 丑이나 未를 만나고, 乙이나 己일생인이 子나 申, 丙일이나 丁일생인이 亥나 酉, 辛일생인이 寅이나 午, 壬, 癸일생인이 卯나 巳를 만나면 성립되고, 작용은 중앙관청에 근무한다는 것이다. 그러나 형이나 충 또는 합국으로 변화되었거나 사주에 미치는 영향이 기신(忌神)으로 작용하면 귀인이 될 수 없다.

옥당천을귀인도 무조건 좋은 것으로 보면 안되는데, 요즈음은 중앙정부, 청와대, 중앙청에 근무하고, 또 같은 급수라도 천을귀인이 있으면 수석이다. 잘만 작용하면 귀공자 타입이고, 옛날로 보면 왕손(王孫)으로까지 일컫는다. 여기서도 가감을 할 줄 알아야 한다.

甲戊庚일생인이 丑·未가 천을귀인인데, 가령 丑월의 甲木의 경우, 얼어있는 나무요, 관고(官庫)에 해당하니 천을귀인의 작용이 나오겠는가? 丑월의 庚금의 경우는 자기 고장이고 얼어있는 金이다. 천을귀인의 구실을 할 수 있겠는가? 丑월의 戊土도 동토(凍土)로서 얼어버리고 음지가 되니 천을귀인의 작용이 나온다 볼 수 없다. 그러나 ○○戊丁의 丑子未午 경우, 午未火국으로 戊土가 바싹 말라 있고 가물어 있는데 丑이 子丑으로 조후해주니 이럴 때는 귀성(貴星)으로 길하다. 이처럼 사주에서 좋은 작용할 때 한해서 옥당천을 귀인의 역할을 한다. ○戊○○에서 戊 未子未未 에 未는 천을귀인인데, 바싹 말라있고 관고이면서 비겁작용이고 子인 마누라를 죽이고 있다. 土일주 子未전(全)은 처첩산망이다. 그래도 옥당천을귀인이라고 할 것인가? 癸庚○○의 경우에는 未가 천을귀인으로 未申○○ 군림한다. 未가 재고로서 돈 창고이다.

乙・己일생인은 子・申이 천을귀인이다. 子월乙목은 수생목 받지만 음지요 부목이요 수목응결(水木凝結)에 북풍한설이다. 申월乙목은 金 극木으로 서리 맞았고 만고풍상이고 가지가 찢어진다. 申월己土는 상관이다. 월에 상관이니 부모대에 망했다. 천을귀인의 작용이 안 나온다. 子월己土는 동토(凍土)이고, 음지이고 꽁꽁 얼었다.

그러나 ○己○○의 경우, 午未火국으로 조토(燥土)인데 子丑水국으로 子丑午未 수분을 공급해주고 있고, 가뭄에 단비를 내리고 있는 역할을 해주니 얼마나 좋나? 옥당천을귀인의 작용을 한다.

壬己○○의 경우도, 午未火국으로 너무 더운데 金水가 좋게 작용해준 申未午未 다. 이때도 申이 옥당천을귀인의 작용을 해준다.

丙・丁일생은 亥・酉가 천을귀인이다. ○丁○○ 이때는 酉가 천을귀 ○酉午午 인이다. ○丁○○의 경우는 酉 천을귀인이 나에게 나쁜 작용을 한다. 고 午酉酉酉 로 중앙청에 근무하는 사람을 사귀지 마라. 그 사람에게 사기당한다.

○®○○는 寅午火국으로 꽃피워서 辰酉金국으로 열매 맺으니 길(吉)
酉辰午寅
이다. 시(時)에 酉도화가 재(財)이니, 소실시켜서 큰돈을 번다. 酉가 천
을귀인으로 결정적 작용을 해준다. 丁亥일주는 여자면 丁壬암합이니
애인 두고 살고 의처증 있는 남자와 산다. 과연 천을귀인인가?

辛일생인은 午 · 寅이 천을귀인이다. 사주에서 길(吉) 작용시에만 해
당한다. 壬 · 癸일생은 卯 · 巳가 천을귀인이다. 癸卯일주는 위는 물이
요, 밑은 바람이니 풍파(風波)다. 무조건 水가 卯를 만나면 수목응결
(水木凝結)이고 癸巳일주는 巳중戊와 암합하니 바람둥이다.

풍파로 보아도 된다. 癸卯, 癸巳일주를 아침 · 낮에 낳았다 하여 일
귀(日貴)라고 한다. 丁酉 · 丁亥일주를 저녁 · 한밤에 낳았다 하여 야
귀(夜貴)라고 한다.

항상 오행의 생극제화가 최우선이다. "중앙의 정부청사나 청와대에
근무하고 싶은데요." 하면, 옥당천을귀인이 있으면 "됩니다" 하라. 그
리고 甲戊庚을 천상삼기(天上三奇), 壬癸辛을 인중삼기(人中三奇), 乙
丙丁을 지하삼기(地下三奇)라 하여 주중(柱中)에 있으면 고관대작이
되는 것처럼 알고 있으나 이것은 참고만 하라. 믿고 응용하면 큰일난
다. 사주구성 자체가 좋게 되어 있어야만 한다. 생극제화와 중화가 우
선이니 주의하여야 한다.

10. 천주귀인(天廚貴人)

- 일간(日干) : 甲·丙　乙·丁　己　戊　庚　辛　壬　癸
- 월　　지 : 巳　　午　酉　申　亥　子　寅　卯

천주귀인의 구성원리는 일간 대 월지가 육친으로 식신에 해당하고 있다. 식신(食神)이란 옷과 밥으로 원칙으로 보면 재료이다. 부엌 주(廚)에 하늘 천(天)으로 하늘에서 식복(食福)을 주었다. 천주귀인보다 주중에 재국(財局)을 놓고 있을 때 식복 있다. 또 식신이 국을 이루고 있을 때 식복이 있다. 그래도 모두 신왕해야 재국도 내것이고 식신이 국을 이루고 있는 것도 내것이다. 일주가 약하면 내것이 아니다. 사주에 어디든지 재·식신이 잘 구성되어 있으면 그 사람은 식복이 있고 또한 일지에 재를 놓고 있으면 이 사람은 별명이 "발이 긴 사람"이다. 꼭 음식 먹을 때 온다. 즉 음식을 달고 다닌다.

일간별로 천주귀인의 작용을 분석해 보자. 먼저 巳월의 甲木을 보자. 巳중의 丙이 식신이지만 巳중戊土가 조토니까. 火생土한 결과가 적다. 巳월의 丙火는 월에 정록이고 巳중의 戊土가 식신이지만 조土이다. 午월 乙木은 午중丁火가 식신이다. 丁火가 火생土 해보지만 조土이다. 午월의 丁火는 午중己土가 식신이지만 역시 조土니까 土생金 어렵다. 酉월의 己土는 酉金이 식신이지만 酉金은 金생水 잘 못 한다. 申월戊土는 申 속에 壬水가 있어서 金생水 잘 해온다. 亥월庚金은 金생水, 水생木 잘 해온다. 子월辛金은 금수쌍청에 水생木 못 한다. 寅월壬水는 寅중의 丙火가 있다. 따라서 木생火 잘한다. 卯월의 癸水는 卯는 습목으로 木생火 못 한다. 따라서 천주귀인이나 식신·재가 있어도 제 기능을 못하는 경우는 기대하기 어렵다. 항상 간지체성론(體性論)과 생극제화가 우선이다.

11. 진신(進神)

寅卯辰월생인   巳午未월생인   申酉戌월생인   亥子丑월생인
　甲子일주　　　甲午일주　　　己卯일주　　　己酉일주

이 길신은 출생월과 일주의 관계이므로 寅월, 卯월, 辰월생인이 甲子
일, 巳월, 午월, 未월생인이 甲午일, 申월, 酉월, 戌월생인이 己卯일, 亥
월, 子월, 丑월생인이 己酉일에 출생한 자는 진신으로서 매사가 순성
(順成)하여 성공한다는 길성으로 되어 있으나 전체적인 구성이 부실하
거나 운이 나쁘면 작용되지 않는다.

12. 천사성(天赦星)

寅卯辰월생인   巳午未월생인   申酉戌월생인   亥子丑월생인
　戊寅일주　　　甲午일주　　　戊申일주　　　甲子일주

이 천사성은 寅월, 卯월, 辰월생인이 戊寅일, 巳월, 午월, 未월생인이
甲午일, 申월, 酉월, 戌월생인이 戊申일, 亥월, 子월, 丑월생인이 甲子
일에 출생된 자는 천사성으로서 처세가 원만하고, 큰병이나 또는 재난
을 당하였다가도 하늘에서 복을 줘서 사면(赦免)되어 복귀(福貴)를 누
린다는 좋은 길성(吉星)이나 사주에 미치는 영향이 흉이 되거나 운이
나쁘면 길성이 될 수 없다. 특히 운이 좋아야 천사성이 되는데, 운이 좋
으면 석방이요, 운이 나쁘면 다시 감옥행이다.

13. 관귀학관(官貴學官)

이 관귀학관은 일주 기준으로 관성(官星)의 장생궁(長生宮)으로서 승진이 빠르다는 길성이다. 여기서 관성의 장생궁은 재(財)이다. 따라서 재생관이 된다. 재생관이 되니 관이 살아난다. 그러나 여기서도 운이 좋아야 승진하지 운 나쁘면 승진 못 한다. 고로 재나 관에다 승진을 초점 맞추면 된다. 신왕관왕격 사주가 승승장구한다.

승진관계를 보다 구체적으로 살펴보자.

비겁년에 승진하면 대(代)자가 붙는다. 또는 도매금으로 넘어가면서 남들 승진하는데 덩달아 승진한다. 즉 남 승진시켜 주려고 나도 승진되는 것이다. 인수운에 승진하면 근무성적이 좋아서 승진한다. 상식운에 승진하면 본인보다 아랫사람이 잘해서 덩달아 승진한다. 재운에 승진하면 뇌물 주었거나 마누라가 예쁘게 잘 보여서 승진한다. 관운에 승진하면 승진할 제코스에 해당한다.

원칙으로는 상관년에 사표내는데 상관이 용신이면 사표 수리가 안 된다. 즉 운이 좋을 때 승진한다고 보면 된다. 가령 ○○辛○○가 丙子년
○표子○
에 "저 승진하겠어요?" 물어보면 "안 돼요."가 정답이다. 辛金이 丙 만나면 정관으로 승진 코스지만 子水에 죽어서 들어오니까 누락되어 승진 안 된다. 후배가 대신 된다. 만약 丙寅년이나 丙戌년으로 들어오면 승진된다. 사주에 상식이 많거나 비견겁이 많으면 승진이 제일 늦다.

14. 천월덕귀인(天月德貴人)

- 월(月) : 寅 卯 辰 巳 午 未 申 酉 戌 亥 子 丑
- 천 덕 : 丁 申 壬 辛 亥 甲 癸 寅 丙 乙 巳 庚
- 월 덕 : 丙 甲 壬 庚 丙 甲 壬 庚 丙 甲 壬 庚

이 천월덕귀인은 천덕·월덕을 합칭한 말이며, 寅월에 丁은 천덕, 丙은 월덕이요, 卯월은 申이 천덕, 甲이 월덕이며, 辰월에 壬水는 천·월덕이 겸전(兼全)이요, 巳월생은 辛이 천덕, 庚이 월덕이고, 午월생에 亥는 천덕, 丙은 월덕이며, 未월생에 甲은 천·월덕에 해당하고, 申월생에 癸는 천덕, 壬은 월덕이요, 酉월생에 寅은 천덕, 庚은 월덕이며, 戌월생에 丙은 천·월덕이 겸전하고, 亥월생에 乙은 천덕, 甲은 월덕이며, 子월생에 巳는 천덕, 壬은 월덕이요, 丑월에 庚金은 천·월덕이 겸전인데,

작용은 선조의 유덕(遺德)에 천우신조(天祐神助)로 재앙(災殃)이 소멸되고 또 인수가 겸비하면 소식자심(素食慈心) 한다는 길성이다. 구성원리는 삼합에서 원유하였으니 寅월에는 火로 丁·丙, 巳월에는 金으로 辛·庚, 申월에는 水로 癸·壬, 亥월에는 木으로 乙, 甲의 각각 장생궁으로 맞추어 놓았다. 卯월은 申, 甲으로 卯와 申중庚金과 乙庚 암합되고, 卯는 甲의 왕궁이 된다. 午월은 亥, 丙으로 午중己土와 亥중甲木이 甲己암합되고, 午는 丙의 왕궁이 된다. 酉월은 寅, 庚으로 酉와 寅중丙과 丙辛압합이 되고, 酉는 庚의 왕궁이 된다. 子월은 巳·壬으로 子와 巳중 戊土와 戊癸암합이 되고, 子는 壬의 왕궁이 된다. 辰월은 水의 고장(庫藏)으로 壬, 壬, 未월은 木의 고장으로 甲·甲, 戌월은 火의

고장으로 丙·丙, 丑월은 金의 고장으로 庚·庚이 된다. 결론적으로 공통분모를 찾아 보면 포태법을 응용하여 장생, 왕궁과 암합, 도화작용, 고장 등을 엮어 놓은 것이다.

이 천월덕귀인은 일진을 택일하는 때에 사용하기도 한다. 만약에 지금이 未월이라면 천월덕귀인날이 甲일이 되므로 甲일로 택일하면 무조건 좋다고 하는 것인데, 이 방법은 월을 기준해서는 길작용 하는 것이지만, 일주인 나를 기준해서는 나쁠 수도 있으니 무조건 사용하는 것은 옳지 못하다고 본다.

택일하는 방법은 용신날이거나 용신을 돕는 희신날이면서 일지와 합이 되는 날이면 좋은 날이다. 결혼택일의 예를 들어보자. 신랑이 巳일생이고 신부는 戌일생이라고 하자. 속궁합을 보니 巳戌원진이다. 고로 午가 들어가면 巳午, 午戌합으로 풀리고, 酉가 들어가면 巳酉, 酉戌합으로 풀린다. 火가 용신이면 午날, 金水가 용신이면 酉날로 택일하면 된다. 그리고 결혼택일은 일지가 삼합되는 날이 우선이다. 이것까지 고려하면 최선의 택일이다.

비겁날에 결혼식 날짜 잡으면 축의금 도둑 맞는다. 비겁날에 이사 날짜 잡으면 좋은 물건을 이삿짐 직원이 빼간다. 충·형 되는 날에 이사 날짜 잡으면 살림 때려 부서진다.

이삿날은 아버지와 어머니만 맞추면 된다. 고사날은 사장과 공장장만 맞추면 된다. 고사날, 하관날에는 충만 생각하면 된다. 가령 甲申일을 택했다면 충하는 띠는 寅생이니까. "寅띠는 보지 마라", "저리 가라" 하는 식이다. 庚戌일주가 火가 용신이다. 택일한다면 寅일에는 재수고사 날, 午일에는 명예, 취직, 戌일은 인수니까 이삿날로 각각 정하면 된다.

결혼택일 방법중에 대이월(大利月)이라는 것이 있다. 이것은 여자만 기준해서 찾아내는데, 가령 여자가 亥생이면 3월이나 9월에만 결혼해야 한다고 했다. 일부 학자는 이 이론을 철저히 지켰었다. 그러나 결혼은 남녀가 하는 것이다. 이 이론을 고집하지 말라는 것이다.

참고로 여행 가는 날짜도 같은 방법으로 길일을 택할 수 있는데, 다음과 같은 재미있는 동반자 추론도 할 수 있다. 가령 壬水일주 남자가 여행한다면 戌일은 재고 날이므로 늙은 할머니, 사업가, 은행직원이 옆에 앉을 수 있다. 未일에는 상식고 날이니 애들을 많이 데리고 온 사람이 인연된다. 辰일에는 자기고장 날이므로 자기와 동년배이거나 불구자, 아픈 사람이 인연된다. 丑일에는 인수고장이니 선생님, 선생님도 중국어나 한문 선생님 등과 인연이 있다.

15. 황은대사(皇恩大赦)

- 월 (月) : 寅 卯 辰 巳 午 未 申 酉 戌 亥 子 丑
- 황은대사 : 戌 丑 寅 巳 酉 卯 子 午 亥 辰 申 未

이 황은대사는 寅월생인이 戌을 볼 때, 卯월생인이 丑을, 辰월생인이 寅을, 巳월생인이 巳를, 午월생인이 酉를, 未월생인이 卯를, 申월생인이 子를, 酉월생인이 午를, 戌월생인이 亥를, 亥월생인이 辰을, 子월생인이 申을, 丑월생인이 未를 각각 볼때에 성립되는데, 중죄에 처하여 있다가도 곧 사면(赦免) 된다는 길성이다. 그러나 황은대사 자체가 일간에 미치는 영향이 기신(忌神)이 된다면 기대할 수 없으며, 또 운이 좋아야 사면되는 것이다.

16. 천희신(天喜神)

- 월(月) : 寅 卯 辰 巳 午 未 申 酉 戌 亥 子 丑
- 천희신 : 未 午 巳 辰 卯 寅 丑 子 亥 戌 酉 申

이 천희신은 寅월생인이 未를 만날 때, 卯월생인이 午를, 辰월생인이 巳를, 巳월생인이 辰을, 午월생인이 卯를, 未월생인이 寅을, 申월생인이 丑을, 酉월생인이 子를, 戌월생인이 亥를, 亥월생인이 戌을, 子월생인이 酉를, 丑월생인이 申을 각각 만났을 때 성립되는데, 목전(目前)의 흉사(凶事)도 변하여 길이 된다는 길성이나 천희신 자체가 일간에 미치는 영향이 흉이 되면 성립이 안 된다.

17. 홍란성(紅鸞星)

- 월(月) : 寅 卯 辰 巳 午 未 申 酉 戌 亥 子 丑
- 홍란성 : 丑 子 亥 戌 酉 申 未 午 巳 辰 卯 寅

이 홍란성은 寅월생인이 丑을, 卯월생인이 子를, 辰월생인이 亥를, 巳월생인이 戌을, 午월생인이 酉를, 未월생인이 申을, 申월생인이 未

를, 酉월생인이 午를, 戌월생인이 巳를, 亥월생인이 辰을, 子월생인이 卯를, 丑월생인이 寅을 각각 볼 때 성립되며, 천희신과는 충이 되고, 또 寅월생을 기준으로 丑을 역행시키면 된다. 홍란성은 액(厄)이 감면되고 좋은 일이 연속되는 것인데, 다른 길신과 같이 충이나 형살이 임(臨)하거나 주중에 미치는 영향이 흉이 되면 길성이 될 수 없고, 또 이 길신들을 대운, 세운에도 한 번 대비하여 볼 만하다.

18. 태극귀인(太極貴人)

일간(日干)	甲·乙	丙·丁	戊·己	庚·辛	壬·癸
태극귀인	子·午년	卯·酉년	辰·戌 丑·未년	寅·卯년	巳·申년

이 태극귀인은 甲이나 乙일간이 子나 午년, 丙이나 丁일간이 卯나 酉년, 戊나 己일간이 辰·戌·丑·未년, 庚이나 辛일간이 寅이나 卯년, 壬이나 癸일간이 巳나 申년에 출생되면 성립되는데, 복기(福氣)가 집중해서 악기(惡氣)가 소멸된다는 길성이다.

이외에도 길신은 많으나 이것 하나만 가지고 추명하는 것은 오류가 있을 수 있으므로 이것으로 줄이고 모두 참고만 하기를 바라고, 무엇보다 중요한 것은 사주 구성 자체의 길흉과 생극제화 그리고 운의 작용을 우선하여 판단하여야 함을 강조해 둔다.

四. 흉살류(凶殺類)

이 흉살도 응용의 묘를 기해야 한다. 박테리아로 이해하면 된다. 사주가 신왕(身旺)하면 흉살이 있어도 끄떡없다. 그러나 사주가 신약하면 조그만 흉에도 한방씩 얻어 맞는다. 운이 아주 좋을 때는 모든 흉신이 나타나지 않고 잠복하고 있다가 운이 나쁠 때는 모든 흉신이 노출되어서 사람을 병들게 하고 귀찮게 만든다.

사주에 형충이 있어도 운이 좋으면 그냥 넘어가는데 운이 나쁘면 그 작용이 나온다. 역마지살이 형충이면 차 사고가 나는데, 운이 좋을 때는 충이면 헌 차를 새 차로 바꾸는데, 운이 나쁠 때는 새 차가 헌 차로 박살난다.

신왕한 사주가 흉신이 있으면 본인은 끄떡없는데 다른 육친이 다친다. 가령 신왕사주에서 재(財)에 급각살이면 다리 다치는 살인데, 본인은 신왕이니 괜찮은데 마누라에게 불똥이 떨어진다는 것이다.

그리고 길신과 흉살을 대비할 때 길신보다는 흉살이 더욱 중요시되고 있는 것은, 취길피흉(就吉避凶)하고자 하는 데 목적이 있으나 사람들의 심리가 좋은 것은 모르고 지나갈 뿐더러 적중률이 희박하여도 나쁜 것일수록 적중이 잘되는 데서 기인한다고 할 수 있다. 길신이든 흉신이든 적중율은 같은데 좋은 것은 지나쳐 버리기 쉽고 나쁜 것일수록 기억에 남게 되기 때문이다. 손톱 밑에 가시가 든 것은 잘 알면서도 공기 속에 산소가 없으면 죽는다는 것을 잊고 사는 것과 같다.

어찌되었건 흉살에만 너무 치우치지 말고 사주구성을 잘 살펴서 균형을 찾고 오행의 과다와 생극제화에 기본을 두고 운을 잘 참작하여 결론을 내릴 것이며, 또 조그마한 살(殺) 하나를 가지고 엄청나게 불려 감명하는 것은 절대로 안 되는 것이니 명심하여야 된다.

己丙丙戊
丑辰辰戌 의 여자 사주다. 화토중탁(火土重濁)으로 본래 스님팔자다. 水인 남편의 관고(官庫)가 辰으로 2개 있으니 남편은 무능력이고 놀고 먹어야 한다. 유럽에서 물리학 박사학위 받고 와서는 놀고 있단다. 집에서 노느니 증권한다. 이 여자가 연극배우인데 자기 극단을 하나 만들고 싶단다. 괜찮겠냐고 묻는다. 결론은 일주가 약해서 불가하다. 만약 만들면 상식인 극단원들이 껍데기 벗기려 한다. 3월의 丙火이니 종(從)은 안 된다. 3월에 꽃만 피었지 열매가 없어서 시작의 명수다. 사주에 木이 없으니 선(線)을 못 그린다. 상하(上下)를 제대로 분별 못 한다는 것이다.

木이 용신이다. 고로 학창시절 어머니 품안에 있을 때가 최고의 전성기였다. 앞으로는 그 정도의 운은 없다. "당신은 스크린이 보일 것이다. 그것은 신(神)들린 것이 아니라 시각 자체가 발달해서 남이 보지 못하는 것을 보는 것이지 접신된 것이 아니니까 걱정마라."

흉살에 해당하는 살이 없어도 사주에서 태과하거나 태약한 것은 흉신작용 한다는 것을 명심해야 한다. 그리고 오행의 과다와 부족으로서 길과 흉이 분류되고 또 육친의 변화로 상대에 따라 얼마든지 흉신의 작용은 일어난다는 것을 알아야 하고, 흉살에 충이나 형살 등이 병림(倂臨)하면 흉이 더욱 가중되나 구성에 따라서는 합국으로 변화되어 흉살의 작용이 소멸될 때가 있으니 참고하기 바란다. 만약 상담할 때에 나쁜 운이 들어있으면 꼭 보험 들라고 해서 상황에 따라 잘 이용할 수 있도록 하는 것이 좋다.

1. 급각살(急脚殺)

- 생   월 : 寅·卯·辰월생 巳·午·未월생 申·酉·戌월생 亥·子·丑월생
- 급각살 :   亥·子   卯·未   寅·戌   丑·辰

이 급각살은 寅월卯월辰월생인이 亥나 子, 巳월午월未월생인이 卯나 未, 申월酉월戌월생인이 寅이나 戌, 亥월子월丑월생인이 丑이나 辰을 주중은 물론 운에서 만나도 작용되며, 未월, 戌월, 丑월생은 자체로서 급각살이 작용된다.

구성 원리와 암기 방법을 보자. 춘생(春生)亥子다. 봄에 날씨가 아직 추운데 亥·子가 있으니 수목응결(水木凝結) 되어 신경이 둔화되었다. 여름생은 하(夏)卯未다. 가을생은 추(秋)寅戌이다. 여름과 가을생은 지나치게 건조(乾燥)하다. 사주가 너무 메말라 있다. 이런 경우에는 발육부진이다. 성장에 장애가 있다.

겨울생은 동(冬)丑辰이다. 과습(過濕), 냉한(冷寒)하다. 이것도 발육

부진과 신경 둔화가 나온다. 풍(風)과 습(濕)은 이웃사촌이다. 풍이 있
는 곳에 습이 있고, 습이 있는 곳에 풍이 있다.

  이 급각살 말고도 사주에서 급각살 작용이 나오는 경우다. 辰·午·
酉·亥의 자형(自刑)을 모두 놓고 있을 때, 수족(手足)에 이상이 있다.
木일주가 지나치게 허약할 경우와 관살태왕(官殺太旺)으로 金극木을
너무 당하면 팔다리가 꺾인다. 木은 수족이기 때문이다. 또 양인(羊刃)
이 태중(太重)할 경우 즉 너무 많을 때에도 수족에 이상이 온다. 寅申
巳亥를 모두 구비하면 역마지살로서 움직이는 것이고 교통수단이다.
그런데 형·충이 모두 걸리고 있다. 따라서 급각살작용이 나온다.

  신수 볼 때 봄에 출생한 사람이면 올해가 亥년이면 춘亥子로 급각살
을 말해줘라. 金일주에 木火가 많으면 뼈가 약하다. 뼈가 金이니 팔다
리가 잘 부러진다. 未·戌·丑월생은 자체적으로 급각살 하나 가지고
나왔으니 역시 응용해라.

2. 단교관살(斷橋關殺)

	(正	二	三	四	五	六	七	八	九	十	至	臘)
• 생 월 :	寅	卯	辰	巳	午	未	申	酉	戌	亥	子	丑
• 단교관살 :	寅	卯	申	丑	戌	酉	辰	巳	午	未	亥	子
※암 기 법 :	정	이	삼	사	오	육	칠	팔	구	십	지	납
	인	묘	신	축	술	유	진	사	오	미	해	자

이 단교관살은 寅월생이 寅, 卯월생이 卯, 辰월생이 申, 巳월생이 丑,

午월생이 戌, 未월생이 酉, 申월생이 辰, 酉월생이 巳, 戌월생이 午, 亥월생이 未, 子월생이 亥, 丑월생이 子를 주중은 물론 운에서 만나도 작용되며, 寅월 卯월생은 그 자체로서 단교관살이 작용되고 있다. 그리고 무엇이든 원명에 있으면 선천적으로 가지고 출생되었기 때문에 언젠가는 한번은 치러야 할 홍역인데 이는 불운일 때에 나타나며 또 운에서만 작용되고 있는 것은 그 운만 지나가면 해당하지 않는 것이다.

단교관살의 암기법은 위에서 본 바와 같이 하면 쉽게 기억할 수 있으니 많이 활용하면 도움이 될 것이다.

다음은 단교관살의 작용을 자세하게 살펴보자. 이 단교관살의 작용은 먼저 기술한 급각살의 작용에도 그대로 응용되니 두 살을 묶어서 이해해도 된다. 단교란 다리가 끊어졌다는 의미다. 그러니 심하면 다리와 손의 절단까지도 연결된다는 것이다. 먼저 기형아(畸型兒)와 연결된다. 소아마비도 될 수 있다. 소아마비는 열이 많아서 발생하는 것이다. 애들이 감기가 들어서 열이 나니 온도가 올라가기 시작하는데 38도, 39도까지는 정신이 있다가 40도가 되면 정신 잃고서 손발이 돌아가 버린다. 고로 어린이 키울 때는 어린이용 아스피린 해열제와 소화제를 항상 상비약으로 갖추어 놓아라.

다음은 고혈압이다. 고혈압은 火다(多)한 사주에서도 나온다. 운에서도 나쁘게 연결될 때, 특히 인수가 나쁘게 연결될 때 고혈압이 생긴다. 즉 신왕사주에서는 인수가 들어오면 빠져나갈 데가 없어서 기(氣)는 상승하는데 배설구가 없다. 풍질(風疾), 풍습(風濕)과도 연결된다. 풍 맞는다. 바람 맞는다. 쉽게 말해서 치매인데, 치매는 지능지수가 저하된 것이다.

신경통도 있게 된다. 미국의사들이 통계냈다. 봄에 태어난 사람이 신경통이 가장 많았다고 한다. 반신불수도 된다. 아주 나쁘게 연결되면 식물인간, 하반신마비이다. 요즘은 교통사고에서 많이 온다. 신경이 척추를 눌러서 하반신으로 내려가는데, 척추를 다쳐버리면 신경이 단절될 때 하반신마비가 온다. 목에서 다쳐버리면 눈은 말똥말똥하고 말은 잘하는데 하반신은 마비된다.

다음은 수족이상(手足異常)과 골절(骨折)이다. 골절은 단순골절과 복합골절이 있는데 단순골절은 뼈가 딱 부러지는 것이고, 복합골절은 뼈가 깨져도 여러 조각이 나는 것이다. 심하면 못 맞춘다. 사람의 뼈에서는 뼈가 부러지면 진액이 나와서 이어준다. 단, 나이 먹으면 안 나오고, 골다공증은 진액이 안 나온다. 풍치(風齒)도 생긴다. 풍치는 모두 기(氣) 부족이다. 기가 부족하면 이가 들뜨고 풍치가 생긴다. 이를 뽑으면 그만큼 기운이 떨어진다. 치아관리 잘해야 한다. 金이 많으면 치근이 깊다. 金이 약하면 치근이 깊지가 못하다.

낙상(落傷)도 주의해야 한다. 70세 전후 노인들에게 많이 사용하고 학생들에게도 사용하라. 급각살, 단교관살 되는 해에 해당할 때 주의시켜라. 쥐가 잘 나고 팔과 다리를 잘 삐는 것도 모두 이 살과 연결된다.

이 살이 살국 즉 관살국을 이루거나 또 사주가 중화를 실도(失道)하면 가중되며 위치별과 육친 등으로도 모두 응용되고 있다. 가령, 선조의 자리에 이 살이 있으면 조부모님이 수족에 이상이 있었거나 아니면 신경통, 혈압, 풍질 등으로 고생하시다가 돌아가셨으며, 또 년주에 편재 부친이 급각살이나 단교관살에 같이 있으면 부친께서 선영에 참배

갔다 돌아오시는 길에 다리를 다치셨다 할 수 있다. 또 재성 처에 이 살이 있으면 처의 수족에 이상이 있거나 아니면 혈압, 풍질, 신경통 등으로 고생하며 또는 수족에 이상이 있는 여자를 보아도 오히려 측은한 마음이 앞서게 된다. 또 자손궁에 이 살을 놓으면 자손 때문에 걱정이 끊일 사이가 없다고 할 수 있으니 이것이 곧 팔자인가 보다.

다음 이 살에 관계없이 작용이 똑같이 나타나고 있는 경우가 있다. 木일주에 木이 많으면 경직(硬直)되고 신경이 굳는다. 고로 수족에 이상이 있다. 수목응결(水木凝結) 된 사주의 경우도 신경이 굳어버린다. 木일주에 水木이 많을 때, 水일주에 水木이 많을 때다. 대체로 亥, 子, 丑, 卯가 많을 때이다. 금수냉한(金水冷寒)사주도 같다. 金水일주가 金水가 많을 때가 금수냉한이다. 지나치게 냉(冷)하면 모든 만물은 축소된다. 고로 발육부진이다. 金水가 많은 팔자는 꽁꽁 얼었으니 자율신경 마비로 오줌이 나와도 나온 줄 모르고 해서 야뇨증이 되어 버린다. 가령 ○⊛○○의 경우가 금수냉한의 팔자이다.
　　子酉丑子

또 과습한 팔자도 같다.
습(濕)이 많다는 것은 辰과 丑에 초점을 맞춘다. 土가 많으면 습이 자연히 발생한다. 土가 있는 곳에서는 십리밖의 수분도 찾아든다. 사주에 辰과 巳가 있어도 손풍(巽風)으로 바람이 일어난다. 지나치게 건조해도 같은 작용이 나온다. 즉 木火가 많은 팔자로 木火가 많으면 열이 심하고 소아마비가 오고 다혈질이 된다. 역마지살에 형·충이 되면 역시 같다. 역마지살은 寅申巳亥로 연결하면 된다. 여자가 상식이 용신이면 아기 낳고서 처녀 때의 병까지 모두 없어지고 신약 사주면 아기 낳고 병 생긴다.

이 살과 관련된 사주의 예를 들어 보다 상세한 공부를 하자.

사주 예(24)

丙 ⓛ 甲 癸
子 卯 子 亥

이 사주는 乙木일주가 亥卯甲으로 木다(多)요, 癸亥子子水로 水다(多)며 또 子월亥로 단교관살에 수목이 응결되고 있어 흉이 가중이라 노년에 풍질로 고생하고 있다. 시상에 丙火가 있어 응결이 되지 않을 것 같으나 습목에 목다화식(木多火息) 되어 丙火는 아무런 도움이 되지 않는다. 亥卯未생이 월에 子이니 도화이다. 고로 어머니가 재취로 시집 왔거나 아니면 소실이다. 子卯형이니 도화에 형 걸려서 성병, 화류병 걸린다. 丙子시이니 형이 두 번으로 겹쳤다.

乙木일주가 수목응결에 시상丙火가 죽어 있다. 습목은 木生火 못 하니 죽어있는 불로서 무화과(無花果)이다. 나무가 꽃火도 열매金도 없다. 고로 사람 구실 제대로 못 한다. 亥子는 북쪽이고 木은 바람이니 북풍한설(北風寒雪)을 맞고 있는 팔자이다. 土가 없으니 부(父) 아버지와 사이클이 안 맞고 부를 꺾으며 능멸한다. 水인 인수가 많고 월에 도화이니 어머니가 재취, 소실로서 둘이다. 형제관계는 월상에 甲木이 있어서 장남이 아니고 차남이고, 子卯형이니 서로 뜻이 안 맞는다. 亥 중甲木으로 배다른 형제 있다. 土가 재인데 돈복이 없다. 金이 관인데 직장복도 자식복도 없다. 수목응결로 건강도 나쁘다.

대운이 戊己庚辛壬癸
午未申酉戌亥로 흐른다. 남방 火운에 가야 철들고 건강이 나아진다. 항시 몸을 따뜻하게 하는 것이 급선무이고, 만약 술을 먹으면 水생木으로 木이 군으니 간경화가 걸린다. 항상 간을 조심하라.

사주 예(25)

戊 ㉛ 壬 壬
子 丑 子 子

이 사주는 辛金일주가 子년子월에 출생하고 子丑으로 水국된 중 년월상에 壬水가 당권하고 있어 金水로 냉한한 사주인데다 子월丑으로 일지에 급각살을 놓았고, 金생水로 설기태심(泄氣太甚)으로 일주가 허약하여 자율신경계통이 마비로 하반신이 불구되어 고생하고 있는 사주다.

금수냉한(金水冷寒)에다 金水가 전체로 金水로 몰아서 金水만을 좋아하니 하나의 설경(雪景)으로 보라. 火운 만나면 얼음이 녹고 난리난다. 금수쌍청(金水雙淸)은 성격과 직업을 볼 때 쓰는 용어다. 금수쌍청은 위도(爲道)다. 종교로 가라. 결벽증이다. 금수냉한(金水冷寒)은 건강을 볼 때 쓰는 용어다. 모든 것이 축소되고, 성장장애에 자율신경이 말 안 듣는다. 남자라면 성불구까지도 연결해야 한다. 그래야 진정으로 도(道)에까지 간다.

남자팔자가 너무나 차가우면 발기가 안 된다. 이 사주가 스님이라면 그림 그려도 된다. 단, 명암(明暗)이 잘 안 살고, 근심, 걱정이 그림 속에서 나온다. 또한 보육원 해서 아이들 돌봐주면 참 좋다. 수다금침(水多金沈)사주이다. 丑이 土생金 못 하고, 戊土도 土생金 못 하니 종아격(從兒格)이다. 金水 운이 좋다.

사주 예(26)

戊 ㉛ 丁 丁
戌 巳 未 未

이 사주는 辛金일주가 巳未未로 火국하고 년월상에 丁火요 시지戌중丁火가 가세한 중에 무일점 水기로 지나치게 건조하고 未가 급각살에 未戌로 형하고 또 巳未火국되어 극(剋)일주 辛金하여 수족에 이상이 있다. 이와 같이 살이 국을 이루어 극일주하면 더욱 가중되며 편관이 둘이나 나타나 있어 회피할 길이 없다. 未월이라서 丁火편관이 힘이 있다. 未급각살이 두 개이다. 巳未火국에 戊戌의 조토가 土생金 못 한다.

종(從)으로 따라가야 하는데 방합이고 丁이 둘이니 선장이 둘이다. 未가 둘인데 거의 火국이 되고, 辛金이 뼈에 해당하는데 약해져 있다. 丁이 칠살(七殺)이니 소아마비이다. 여기서 이 정도면 선천성이라고 할 수가 있다. 가령 未土가 土생金을 못 하니 어머니의 자궁이 그 역할을 못 했다는 결론이 나온다. 여기서 未가 재고(財庫)이다. "수족에 이상 있다고 서러워 마라.", "먹을 복, 재복은 타고 났다." 또한 재고가 처로도 해당하니 "서로 불쌍히 여겨서 같은 처지의 여자 만나서 잘 살아라."

金일주가 약하니 기관지요, 심하면 폐렴까지 연결된다. 사주가 건조하니 고갈증까지도 연결된다. 巳戌귀문으로 성질이 까다롭다. 火가 많아서 불꽃 같은 성격이다.

사주 예(27)

己 甲 癸 丙
巳 申 巳 寅

이 사주는 甲木일주가 火왕(旺) 당절(當節)인 巳월에 출생하여 실령(失令)한 중 실지(失地) 실세(失勢)로 최약(最弱)이다. 의지할 곳이 없다. 이런 가운데 역마지살에 寅巳申 형살이 가림(加臨)하여 교통사고로 인해 다리를 절고 있다. 寅巳형이니 인마(人馬)를 살상(殺傷)하는 불이다. 고로 운전대에 앉으면 인사사고 난다. 거기에 寅巳申 삼형이 또 걸린다.

여자가 甲申일주면 남자 조심해야 한다. 남자에게 해를 입을 수도 있다. 연하남자가 있게 되고, 국제결혼에도 연결된다. 甲己합에 巳申형이니 곤랑도화이다. 월에 망신이니 어머니가 재취로 시집왔다. 甲木이 뿌리없는 나무이다. 이럴 때의 특징은 성씨까지도 바꾸어서 산다. 여기저기서 이름 불리어 가며 심부름하느라 정신없다.

사주에 인수가 없으면 사두무서(事頭無序)다. 일을 하는 데 순서가 없다는 것이다. 고로 내일의 빵 걱정을 하지 않고 될 대로 되라이다. 역마지살이 형충하고 있다. 사주 자체가 파격(破格)으로 뿌리 없는 나무에 깨진 그릇이니 사람 구실 못 한다. 이런 사주는 전부 교통사고로 몸 망가뜨린다. 庚년은 甲庚충, 寅년은 寅申충, 巳년은 寅巳형으로 각별히 조심하라. 사고난다. 甲木이 巳로 꽃피워서 申으로 열매 맺으려 하였는데, 巳申형이니 이 열매가 병들었다. 상품으로서 가치가 없다. 못 먹는다. 고로 맨날 죽 쒀서 개 준다.

여자면 매 맞고 사는 팔자이다. 심하게 연결하면 상대를 불구자 만든다. 여자가 관(官)에 급각살, 단교관살이 연결되어도 남편이 불구된다. "큰일 났소, 서방이 불구자 되네요."라고 통변할 수 있다.

이상과 같이 실례를 통하여 응용해 보았다. 그리고 같은 살이라 해도 연령에 따라 작용이 다를 수 있으니, 기형아 · 소아마비 등은 선천적 또는 십세 이내가 되고, 상치(傷齒), 골절은 이삼십대, 풍질, 혈압, 신경통, 산후풍 등은 오십대 전후, 낙상은 육십대 전후로 구분하여 응용해야 된다. 또 급각살, 단교관살이 해당하는 년은 일년간, 해당하는 월은 한달간, 해당하는 일은 하룻동안 팔다리가 쑤시고 시린다. 이것을 응용하면 "아이구, 금년에 수족이 안 시리세요." "혈액순환 잘 안 돼네요." 하라, "운동하세요. 그게 약입니다."

만약 노인이면 "낙상 수 있네요." "언제 있죠?" 하고 물어온다. 이때는 학(學)보다도 술(術)이 우선이다. 즉 겨울을 응용해라. "12월 겨울에 조심하세요." 한다. 사주에 木이 용신이면 "손에 복이 들어 있네요." 사주에서 火가 용신이면 "눈에 복이 들어 있네요."라고도 응용해라.

3. 귀문관살(鬼門關殺)

• 子酉, 丑午, 寅未, 卯申, 辰亥, 巳戌

이 귀문관살은 子일생이 酉를 만나고, 酉일생이 子를 만나면 성립되는데 丑일생이 午, 午일생이 丑, 寅일생이 未, 未일생이 寅, 卯일생이 申, 申일생이 卯, 辰일생이 亥, 亥일생이 辰, 巳일생이 戌, 戌일생이 巳를 각각 만날 때 성립된다. 주중(柱中)에서 또는 운에서 만나도 성립되며 앞에서 공부한 원진살과 비슷하나, 다만 寅未와 子酉만이 다르다.

이 살의 작용을 먼저 살펴보자. 귀문은 귀신의 문이니, 귀신의 문에 들어갔다 나왔다 하니 죽었다가 살아난 사람이다. 다시 보면 정신 이상에 해당한다. 정신이상이라면 원인을 분석해야 한다. 돈 때문인가, 이성 때문인가 원인을 알아야 치료가 가능하다. 신경쇠약에도 해당한다. 엉뚱하다. 10년·20년을 내다보고 행동하니 현재에서는 엉뚱한 사람 취급 당한다. 예민하다. 운이 좋을 때는 "미치고 싶도록 좋다."로 연결하라. 간질(肝疾)까지도 연결된다. 접신(接神)되어 무당되는 것까지도 연결된다. 역학자는 귀문관살이 하나 있으면 자신도 모르게 한 말이 기가 막히게 적중된다. 동성동본(同性同本) 결혼, 심지어는 근친상간까지 연결된다. 까다롭고 똘아이 미친 짓을 곧잘 한다. 결벽증 있다.

귀문이란 말 그대로 귀신, 염라대왕 앞까지 갔다가 오므로 신왕이면 귀신같이 영리하고 눈치 하나 빠르다. 신약은 팔푼이다. 신왕사주면 귀문관살을 내가 다스리고 가니까 좋아서 귀문의 작용이 떨어지고, 신약사주면 귀문에게 오히려 내가 잡히니까 가중치가 연결된다. 여자라면 여기서 변태성이 나오고, 변태성의 반대인 불감증도 여기서 나온다. 이때에 신왕이면 변태성이고, 신약이면 불감증이다.

귀문관살 역시 위치별과 육친별로도 응용되고 있으며, 일주가 강하면 본인에 미치는 영향은 반감되는 반면, 타육친 즉 약한 육친에 나타나고, 일주가 약하면 본인이 직접 이 살의 영향을 받는다. 이 살을 응용하면 일지와 년지가 귀문관살이 되면 선조 때문에 신경써야 하고, 조상을 원망하며 동성동본의 결혼으로 번민하고, 재성에 임하고 있으면 연상의 여인이나 유부녀를 사랑하며, 관살은 유부남이나 노랑(老郎)과 인연이 있고, 여명(女命)에 살성(殺星)귀문관은 강간당하며 재와 인수에 귀문관은 모처가 불합하고, 일시(日時)로 해당하면 자손 때문에 걱정이 많다.

가령 辰일생이 亥년이면 모두 귀문관살이 걸린다. 고로 운기(運氣)가 나쁘면, 저는 잘한다고 하는데 똘아이 짓만 하고 있다. 만약 육친이 재라면 돈 때문에 미쳐 돌아간다. 인수라면 친정 때문에 미쳐서 돌아간다. 관이라면 서방 때문에 미쳐서 돌아간다. 상식이라면 자식 때문에 미쳐서 돌아간다. 신약사주에서의 귀문은 정신이상이 많이 나온다. 원서에서는 생일과 년지 즉 띠로만 연결했다. 子일 酉년이나 酉일 子 년 등과 같이.

그러나 실은 일지가 子라면 사주의 년, 월, 시의 어디에서 酉를 만나도 해당된다. 가령 甲子일주 남자가 유부남인데 己酉일주 여자 만나니 甲에 己가 정재이고, 甲己합에 子에 酉가 도화이고 子酉귀문에 걸리니 아무도 못 말리더라. 처자식 모두 버리고 같이 사는데 미치고 싶도록 좋으니 누구도 못 말리더라. 이것이 귀문의 작용이다. 상담할 때도 일지가 귀문에 해당하는 손님이나 귀문관살에 걸리는 일진에는 여러 가지로 신경쓰이는 일이 생기더라.

정신이상을 알아보는 것은 힘이다. 기운이 보통 사람의 5배이다. 또한 미친 사람이 이야기하는 것은 귀담아 들어라. 내성적인 성격에서 많이 걸린다. 신약에서 많이 걸린다. 신약중에서 木火일주가 심약(心弱)하면 걸린다. 木火통명(通明)은 좋고, 木이 적고 火다(多)하면 木이 비회(飛灰)돼서 정신이상이다. 己土일주가 신약하면 정신이다. 여자가 관이 귀문이면 "당신은 서방님 때문에 평생동안 신경써야 한다고 되어 있는데…"라고 해보라. 또는 위치별로 보면 卯申○○이라면 일시지가 귀문이다. "당신은 자식 때문에 평생 신경써야 한다고 했는데 왜 그러죠?" 한다.

수목응결(水木凝結)사주도 자율신경이 마비되니 저능아다.
丙乙○○의 경우 丙火는 혀요 정신인데 子丑水국으로 水극火하니 불
子丑子子
이 꺼진다.

고로 혀가 짧으니 혀 짧은 소리 하고 정신이 모자라서 정신없는 짓만 한다. 수목이 응결된 사주다. 수목응결사주는 신경도 굳었다. 고로 발육부진이다. 키 크는 수술은 신경, 혈관, 근육도 늘려놔야 하는데 참으로 위험성이 많다.

水일주가 수기태왕(水氣太旺)은 청각이 발달되어 있어서 신기(神氣)가 있다. 火일주 화기태왕(火氣太旺)은 시각이 발달되어 있다. 관살태왕도 정신이상인데 가령 丁甲庚戊／卯申申申라면 관살태왕에 卯申귀문이니 정신이상이 될 수 있는 요건이 2개이다. 편관이니 이런 사주는 군인신(軍人神)이 들린다. 金은 관살이니 고조할아버지이다. 고로 고조할아버지 산소가 잘못되어서 정신이상이 온다, 편재가 아버지이니 인수가 할아버지, 상관이 증조할아버지, 관살이 고조할아버지이다.

사주 예(28)

戊 ㉡ 己 甲 곤(坤)
辰 丑 巳 午

이 사주는 己丑일주가 년지午火와 丑午로 귀문관살이 된 중 년상甲木정관 부(夫)가 동림(同臨)하고 있어 유부남과 사랑에 빠져 고민하고 있는 사주다.

巳丑으로 金용신이다. 辰土재고에 비겁이 많고 인수가 병으로 연결되어서 부모덕이 없다. 월에 인수고 신강하니 장녀가 되는데 부모는 무능하고 제가 벌어서 동생들 공부까지 시켜야 하니까 얼마나 고달프겠나?

년주에 甲木서방이 있는데 선조 조상 자리에 있어서 나의 가문으로 보아도 되는데, 가문의 자리에 인수가 있으니 집안 아저씨한테 처녀를 잃었구나. 남자가 甲午일주는 천하의 바람둥이다. 午중己土가 항시 따라다니고 午가 도화이다. 丑午가 원진이고 귀문이다. "잘들 한다. 년놈들이 미쳐 돌아가는구나." 그럼, 같이 도망가서 살 수 있겠는가? 우선 甲木이 바람둥이이니 힘들겠고, 겉으로는 甲己합이고, 지지는 원진에 귀문이니 안 보면 보고 싶은데, 보면은 원수다. 고로 己土 이 여자도 포기하고 마는데 "에라 나도 모르겠다." 하더라.

년상의 甲木에게는 午중己土, 巳중戊, 월상의 己, 일지 丑중의 己, 시주의 戊·辰土 등으로 동서남북에 여자이니 천하의 바람둥이다. 무관다관(無官多官)의 사주로서 甲木서방이 甲己합으로 없어졌으니 동서남북에 남자들이다. 이 사주는 집안 아저씨, 회사 사장, 과장, 계장 등과 모두 연을 맺었다. 결국은 회사에서도 마지막 코너에 몰리자 사표냈다. 戊辰시이니 앞길이 캄캄하다. 넘어도 넘어도 고개이니 저 고개를 언제 넘을까? 丑午탕화이니 자살기도 2번에, 또한 탕화 놓고 있는 사람은 항시 긴 한숨 내쉬고서 "아이구, 이놈의 팔자야, 썩을놈의 세상, 콱 난리나 나 버려라." 한다.

사주 예(29)

戊 ㉛ 乙 戊 곤(坤)
子 酉 丑 子

이 사주는 辛酉일주가 년시 子水로 귀문관살된 가운데, 金水가 냉한하여 불감중이 되었고, 무관성으로 火가 없어 부군을 빼앗기고 산다. 동(冬)丑辰으로 급각살이고 子丑水국이니 사주가 무척 춥다. 酉丑金에 申子辰에 酉가 도화로 녹방도화(祿旁桃花)이니 미모가 뛰어나다. 子酉귀문관살이 2개나 있고 금수쌍청(金水雙淸)이다. 酉丑金국이니 똑똑 여물었는데 지나치게 깨끗해서 결벽증이다. 여자라면 몸이 차가워서 성감이 둔화되어 있다. 酉가 도화지만 냉한해서 도화발동이 되지 않는다. 스님·수녀팔자이다.

乙木은 충으로 날아가고 재관이 없으니 돈도, 명예도 모두 싫고 "나는야 흙에 살리라." 한다. 참으로 깨끗하다. 미모는 예쁘다. 子년이 오면 용신운으로 좋기는 하더라도 신경이 예민해지고 곤두서며 히스테리 작용이 강하니 비위 맞추기가 힘들다. 이 사주를 구획 정리해 보면 金水밖에 없는 것과 같다. 따라서 金水밖에 모른다. 만약 丙이 들어오면 불이 꺼지니 냉방살이 공방실이 팔자이다.

사주 예(30)

乙 ⑭ 乙 戊　　이 사주는 甲木일주가 亥卯子子로 水木이 응결되
亥 子 卯 子　　었고, 火가 일점도 없어 저능아에다 간질(肝疾)까지
　　　　　　　겸하고 있다. 신태강(身太强)사주다. 수목응결이고
음지나무에 무화과(無花果)이다. 꽃火도 없고, 열매金도 없다. 경직되고 굳었다. 태강즉절(太剛則折)이다. 음지나무이니 부러지기 쉽다. 저능아다. 戊土가 아버지인데 날아가 버렸다. 집안 망하려면 이런 사주나오고, 신생아라면 그 집안은 쑥대밭 된다. 火가 들어와야 된다.

4. 탕화살(湯火殺)

• 탕화살 : 寅, 午, 丑

이 탕화살은 사주에서 어디 있든지 한 자만 있어도 해당한다. 3자 모두 있으면 3번 당하고 또는 火국을 이루면 더욱 더 해당한다. 寅午로 火

국을 이루어 일주를 극하면 본인이 탕화살로 인하여 피상(被傷)되고, 따라서 타 육친도 탕화살국에 의하여 피상되면 해당된 육친 또한 같다.

가령 탕화살국에 자손이 피상되면 끓는 물이나 불에 의하여 자손 하나 잃어버리고, 관성이면 부군(夫君), 재성이면 처첩, 부친, 시모에 해당하고 있으며, 다음 탕화살에 충이나 형 등의 타흉살이 병림(倂臨)하면 더욱 흉하게 작용되고 있고, 그 중에서도 丑午는 육해, 원진, 귀문관살 등이 겹치고 있어 다른 것에 비하여 적중률이 높다.

오행 중에서 탕화살과 같이 작용되고 있는 것은 화기태왕(火氣太旺)이나 수기태왕(水氣太旺) 사주가 극과 극으로 탕화살작용이 있다. 여기서 재미있는 것은 사주에서 탕화가 용신이면 불난 집에 이사 가야 부자 된다. 탕화가 나쁘게 작용하면 화재보험 들어놓아야 한다.

탕화살의 작용을 살펴보자. 먼저 음독(飮毒)이다. 다음은 중금속이나 수은중독 등 독망(毒亡)이다. 비관(非觀), 화상(火傷), 화재(火災)다. 불이나 끓는 물에 데인 흉터가 있어야 하고, 만약 없으면 평생동안 불조심하라. 폭발물(暴發物), 화공약품, 총상(銃傷), 파편상(破片傷) 등의 작용이 해당한다.

직업과 연결하면 약사, 독극물 취급, 위험물 취급, 소방관, 소방설비 등에 해당한다. 그리고 이 살은 년·월·일·시 또는 육친 등으로 활용하고 운에서의 작용 또한 같다. 甲午일주가 甲子년에 신수 보러 왔다. 木生火로 자식 되는 午火가 탕화살로 연결되니 "자식 하나 불에 구워 먹는다." 상담시에 미처 그 생각 못 하고 아무 말 안 하니까 '왜 그

게 안 나오냐'고 말하더라. 子午충으로 午火가 탕화로서 아들이 끓는
물에 빠져 죽었단다.

※이석영 선생님의 수제자에게 있었던 일화다. 아줌마가 와서 사주 봐
달라 한다. 한참 말하고 있으려니까 "이 사람은 죽은 사람인데…" 하면
서 망신주더라. 화가 나서 "당신 사주 불러 보시오. 잘 맞추나 못 맞추
나 보게." 하고서 사주 보고 한마디 했더라. "자식 하나 불에다가 구워
먹은 주제에 어디 와서 잘 보네, 못 보네 건방떨고 다니냐?" 그러자 그
아줌마 "너무 가혹한 말을 하시네요." 하더란다. 탕화살 보고서 자식 구
워 먹었다고 하니 눈물 흘리더란다. 즉 자식 되는 글자가 탕화면 이런 말
나온다.
　여기서 죽은 사주라면 역학자는 임기응변을 써라. "죽은 나이에 가면
죽었다고 할 텐데 왜 그렇게 급하쇼?"라고 해라. 이 아줌마는 집에 불나
서 어린 아기가 불에 타서 죽었다.

건물 이름 중에서 '大'가 들어가는 이름은 화재로 한번씩 혼난다. 대
연각, 대명빌딩의 예가 있다. 大자가 들어가거든 "이 건물 불 한번 안
났어요?" 해보라.

○戊甲○
○寅寅寅 의 사주가 있다. 탕화가 셋이고, 살(殺)이 되어서 들어오니, 이
런 팔자는 "약 먹어라, 약 먹어라." 하고 최면에 걸려서 살게 되어, 저도
모르게 약사발 든다. 그러고서도 내가 왜 약사발 들었는지 모르겠단다.
寅년 寅월에 신수 보러 오면, 탕화가 가중되므로 "당신 핸드백 속에 들
어있는 약봉지 내 앞에다 던져!" "죽을 용기 있으면 다시 잘 살아봐. 그
러면 오히려 더 잘 살 거다." 하면 "선생님, 죽는다는 것도 마음대로 못
하겠네요." 하면서 약봉지 내놓더라. 만약 子년이나 丑년에 신수 보러
오면 다가오는 寅년에 약사발 들 것을 예상하고 부적을 써주어라.

오무처무(吾無妻無) 무자무(無子無)

아생처생(我生妻生) 생자생(生子生)

내가 없으면 처도 자식도 없고

내가 살게 되면 마누라도 돌아오고 자식도 돌아온다.

그러니 왜 죽느냐? 이러한 글씨를 써서 여러 겹으로 싸서 주어라.
"항시 이 부적이 몸에서 떨어져서는 안 되고 마지막 길에 도착할 때 펴보시오." 하면 살 수가 있다. 꼭 부적이라고 부적책만 보고서 쓰는 것이 부적은 아니다.

사주 예(31)

壬 ㊉ 辛 庚
寅 寅 巳 午

이 사주는 壬水일주의 庚金인수 모(母)가 午탕화살에 있고 巳午寅午로 탕화살국이요, 또 寅巳로 형(刑)하여 화기가 폭발로 극金인수모(母)하여 그의 모가 종내는 음독자살하였고, 재성 또한 탕화에 일지 처궁 탕화로 그 처도 자살하였다. 火재는 다자무자(多者無者)가 되었다. 木火로 종(從)하는 사주이다.

寅巳형으로 이 불은 인마를 살상하는 불이다. 탕화가 셋인데 火도 탕화로 보면 동서남북이 탕화다. 寅巳午 火국은 마누라인데 형이 되어 있어서 사고내게 되어 있고 역마지살형이니 본인이 인사 사고 내지 않으면 간접적인 사고라도 내게 되어 있다. 여기서 庚辛金은 인수로 어머니이다. 마누라는 火국으로 똑똑하고 어머니는 火 때문에 즉 마누라 때문에 녹아버린다. 어머니는 못나고 마누라는 잘났다.

마누라가 엄마 무시하고 극성부려서, 火극金으로 견디다 못해서 엄마
가 자살했다. 엄마가 하는 말이 "씨앗에다 손가락 넣고서는 견디어도 火
극金은 못 견디겠다." 하더라. 여기서 씨앗은 목화씨 빼는 기계로 나무
로 만든 롤러기계이다. 결국은 약사발 들고 나니 마누라도 정신이 퍼뜩
나서 '나 때문에 시어머니가 돌아가셨으니 내가 무슨 면목으로 살까' 하
고서 약사발 들고 죽고 말더라. 하룻 저녁에 마누라와 엄마 제사가 같다.

대운을 보자.

65	55	45	35	25	15	5	
戊	丁	丙	乙	甲	癸	壬	대
子	亥	戌	酉	申	未	午	운

여기서 甲申대운에서 寅巳申 삼형이 모두 걸린다. 이혼수 걸리고 종
(從)사주에서 인수운이니 피가 거꾸로 솟고 물이 역류되는 운이다. 25~34
살 사이에서 庚子년이 31살이고, 27세가 丙申년이다. 사주 보고 긴 한숨,
짧은 한숨 한번 쉬고서 한마디 하더라. "27살 고비를 어떻게 넘기셨소?"
27살 때 모와 처를 한꺼번에 잃고서 고생 많이 했을 것이 아닌가?

이 사주에서는 申 · 巳가 들어와서 삼형이 걸리면 고비이다. 丙戌대
운이 가장 좋다. 이때 노후대책을 모두 세워 놓아라.

사주 예(32)

甲 ⓘ 甲 癸
寅 寅 寅 亥

이 사주는 戊土일주가 탕화살 寅木을 세 개 만난
중에 寅亥합木국으로 살국하였고, 천간으로 양甲木
이 지지木국에 득근(得根)하여 극 일주함으로써 자

살을 세 번이나 기도하였는데 다행하게도 살아난 것은 寅중丙火가 火生土로 일간을 생한 덕택이다. 이와 같은 경우를 두고 '병 주고 약 준다'고 하며 戊寅일주를 일컫는 말이다. 따라서 자살은 포기하는 것이 현명하다.

戊寅일주는 종(從)을 하지 않는다. 역시 寅중丙火가 생하기 때문이다. 따라서 사주 전체가 재살국으로 연결되어서 木극土로 나를 치고 들어온다. 여기에 탕화가 셋이다. 戊土가 허토(虛土)로서 정신이상에도 해당하고 파격(破格)이다. 남녀 모두 살기가 어렵다. 水生木, 木극土로 들어오니 재생살(財生殺)이다. 창살 없는 감옥에서 산다. 평생 가시밭길 천리의 팔자이다. 지형천리(枳荊千里)팔자라고 한다.

火운을 만나야 한다. 여름 한철 벌어서 일년 먹어야 한다. 戊土가 어디 가더라도 이 많은 木에게 신고해서 木이 길을 열어주어야만 갔다 올 수가 있다. 이 탕화살이 운에서 충 또는 형을 받거나 국을 형성하여 극일주 또는 피상되는 육친을 보아 거기에 따른 재난이나 화재보험에 가입한다면 좋은 효과를 얻을 수 있을 것이다.

5. 낙정관살(落井關殺)

- 일간(日干) : 甲·己 乙·庚 丙·辛 丁·壬 戊·癸
- 낙정관살 : 巳   子   申   戌   卯

이 낙정관살은 甲일이나 己일생이 주중에서 巳를 만났을 때, 乙이나 庚일생이 주중에서 子를 만났을 때, 丙일이나 辛일생이 주중에서 申을 만났을 때, 丁일이나 壬일생이 주중에서 戌을 만났을 때, 戊일이나 癸일생이 주중에서 卯를 만났을 때 각각 이 살이 성립한다.

낙정관살의 작용은 우물, 강물, 맨홀, 인분통, 함정 등에 빠져 보거나 또는 벼랑에서 떨어지고, 위층에서 아래층으로 떨어진다는 흉살이며, 만약에 이 살이 살국으로 형성되어 극일주하면 익사지액(溺死之厄)이 두렵다. 이 살과 같은 작용이 있는데 金水태왕사주가 그렇고 土일주에 水木즉 재살태왕사주도 횡사, 익사에 해당한다. 癸일생이 卯를 만났을 때는 천을귀인이 임하고 있어 그 작용이 반감된다. 이 살을 놓고 있는 자가 金水태왕하면 더욱 가중하고, 급각살 또는 단교관살이 병림하여도 또한 같다.

여기서 己巳, 庚子, 丙申, 壬戌, 癸卯일주는 낙정관살이 걸린다. 낙정관살을 활용하는 법은, "丙·辛일주는 申월달에 물조심해라."고 무당집에만 가면 그런 말을 하더라. 乙·庚일주는 庚子년이 子로서 낙정관살이니 물조심하라. 낙정관살을 신수 볼 때 응용하는 법은 낙정이라고 하지 말고 "함정에 빠지니 주의하시오.", "남에게 속으니 주의하시오." 하면 된다. 낙정관살을 오행으로 연결하면 사주에 金水가 많은 사주는 "항상 물조심하시오." 해라.

6. 백호대살(白虎大殺)

• 戊辰, 丁丑, 丙戌, 乙未, 甲辰, 癸丑, 壬戌

백호는 흰 호랑이요, 대살은 크고 무서운 살이라는 의미이니 옛날에는 백호대살이 호식(虎食) 즉 호랑이 밥이 되어 당하는 것을 의미했다. 이 살은 7종으로서 주중 어느 곳에 있든 관계없이 해당된 육친으로 응용한다. 공통분모는 辰戌丑未의 고장으로서 무덤을 가지고 있는 것이 백호대살이다. "꽃다운 청춘 하나 땅 속에 묻었나요?" 한다.

백호대살이 많은 사주는 한 많은 귀신이 많다고 연결해도 된다. 또 위치별로도 활용한다. 년·월·일·시를 조상·부모·형제·배우자·자손으로, 그리고 초년·중년·중말년·말년으로 각각 응용해서 연결하면 된다. 이 살의 작용은 견혈사고(見血事故) 즉 피 보는 사고, 횡사(橫死), 급사(急死), 수술사(手術死), 급사(急死), 객사(客死) 즉 집 밖에서 죽는 것, 요사(夭死) 즉 일찍 죽는 것, 총상(銃傷), 차액(車厄) 즉 교통사고, 산망(産亡) 등으로 예측할 수 없는 불의의 재난이 발생하는 흉신이다. 여기서 산망의 경우는 이미 기술한 바와 같이 水土일주가 왕(旺)하고, 子未를 모두 가지고 있으면 처산망(妻産亡)이다. 여자가 일주가 약한데 식상이 많을 때는 애 낳다가 죽는다.

주중에 백호대살이 많은 자, 그만큼 조상이 시끄럽다는 말이 되며, 또 戊辰생, 丁丑생, 丙戌생 등은 생년에다 백호대살을 놓고 있으므로 출생되면서부터 이 흉살을 가지고 태어났으며, 또 현실에만 적용되는 것이 아니라 출생되기 전, 그리고 훗날의 가족관계 흉사 여부를 알아내는 데도 응용되고 있다.

백호대살을 없애는 방법은 없을까? 다시 태어나는 방법 이외에는 없지만 변화관계로 다소 그 흉이 삭감되기는 한다. 즉 丙戌이 백호대살인데 午를 만나면 午戌火국으로 戌이 火로 변화되면서 삭감된다. 무당은 굿으로 푼다고 한다.

壬癸乙丙의 여자사주다. 土인 관이 백호대살이다. 4번 과부되는 팔자
戌丑未戌
이다. 이것을 때우는 방법은 있을까? 신체에 이상이 있는 남자에게 시
집가면 때워진다. 곰보도 해당한다. 戊辰은 土로써 土는 멀쩡하지만
辰중乙木과 癸水는 상한다. 이 중에서 제일 약한 것이 상한다. 丁丑은
丁이 심하게 상한다. 즉 丁이 마누라면 마누라가, 자식이라면 자식이
백호대살 작용이다. 또한 丑은 백호에 탕화이니 이 사람은 죽어도 자
살한다. 끓는 물이나 불에 타서 죽는다로 연결해도 된다.

壬水일생 남명(男命)이 주중에서 丁丑을 만나면, 丁火는 정재로 처
요, 丑중己土는 관으로 자손이다. 처자에 모두 백호대살이 임하고 있
어 흉변괴지상(凶變怪之象)인중 丑土 탕화살이 가림(加臨)하여 화마
(火魔)나 음독 있다 하는 것이고, 또 庚金일주 여명(女命)이 주중에 丁
丑을 놓고 있으면 丁火는 극아자(剋我者) 관성으로 부군(夫君)인데 丁
火가 丑土에 회기(晦氣)로 심히 약화되어 부군횡사로 추리하는 것이
며, 다음 언제, 어디서, 어떻게 하는 것은 운을 대조하여 丁火관성이 재
차 몰(沒)하는 년도에다 지적하면 된다. 예를 들면 癸년이 오면 丁癸충
에 관을 죽이고 또 상관년이니 과부되는 운이다. 丁丑백호대살이 서방
님에게 걸렸다. 癸未년을 조심해라. 丙戌은 戌중辛金이 상한다. 재니
까 아버지가 빨리 죽거나 아버지, 형제 계열이다.

○甲乙丙의 사주다. 모두 백호대살이다. 그 중에서 가장 나쁘게 연결
○辰未戌
되는 乙木이 백호대살에 갔다. 형제가 흉사했다. 이런 팔자가 만약 무
당집에 갔다면? "어허 당신보다 먼저 간 형제 하나가 있는데, 항시 배

고프다 울면서 따라다니니 굿해야 한다."고 하게 된다. 만약 시주에 있으면 귀신이 앞을 가로 막고 있다고 한다. 이 집의 마누라도 풍(風) 걸려서 고생했다.

백호대살을 보다 자세히 그 구성과 원리를 분석해 보자. 먼저 백호대살의 구성을 보자. 이 백호대살은 구궁법(九宮法)에 의하여 표출된 것이며, 백호라는 용어는 역경(易經)의 육수(六獸)에서 나온 것인데 甲乙木은 청룡(靑龍)으로 기쁨, 경사, 희열, 인정 등에 해당하고, 丙丁火는 주작(朱雀)으로 구설(口舌), 소란 즉 시끄러운 것, 달변 즉 말 잘하고, 다변 즉 말이 많고, 쟁투요, 戊土는 구진(句陳)으로 오래된 것, 묵은 것, 옛 것, 살찐 것, 구금(拘禁) 등이며, 己土는 등사(騰蛇)로 허경(虛驚) 즉 깜짝깜짝 잘 놀란다. 상상이고 부실(不實)이다. 상상 임신은 己土에서 잘 나온다. 庚·辛金은 백호(白虎)로서 혈광(血光), 숙살(肅殺), 급변(急變), 횡사(橫死), 전쟁, 난리, 사고, 파괴, 재앙 등이며, 壬癸水는 현무(玄武)로서 비밀, 신음, 도실(盜失) 등에 해당하고 있는 데서 기인하였으며, 또 金은 가을로서 숙살지권(肅殺之權)과 병혁지변(兵革之變)을 장악하고 있기 때문이다.

그리고 구궁법은 본래 사주와는 별도로 발전한 학문이며, 심오한 이치가 이 속에도 담겨져 있는데 이사방위 정하는 데서부터 기문(奇門)에 이르기까지 폭넓게 활용되고 있다. 구궁법의 고정위치는 一천록(天祿) 정북(正北) 벼슬과 재수있고, 二안손(眼損) 서남간방(西南間方) 눈병과 손재(損財), 三식신(食神) 정동(正東) 의식풍족, 四징파(徵破) 동남간방(東南間方) 손재, 파괴, 해악, 五귀(鬼) 중앙 병마, 인마살상, 六합식(合食) 서북간방(西北間方) 재산증식, 七진귀(進鬼) 정서(正西) 불상사(不祥事), 관재(官災), 八관인(官印) 동북간방(東北間方) 취직, 승진, 관사길(官事吉), 九퇴식(退食) 정남(正南) 손재, 탈재, 실물(失物)로 되어 있으며

도표로 나타내면

四징파	九퇴식	二안손
三식신	五귀	七진귀
八관인	一천록	六합식

이와 같이 되어 있고, 육십갑자를 육갑순으로 甲子를 一천록에서부터 시작하여 二안손에 乙丑, 三식신에 丙寅, 四징파에 丁卯, 五귀에 임하는 것이 戊辰, 六합식에 己巳식으로 순행시키면 五귀에 임하는 것이 戊辰, 丁丑, 丙戌, 乙未, 甲辰, 癸丑, 壬戌로 모두 백호대살이 되고 있다. 따라서 백호대살은 육수와 구궁중의 五귀를 합쳐서 작용한 흉살이다. 이것이 백호대살의 원리이다.

위의 구궁도는 종(縱)·횡(橫)·사(斜) 할 것 없이 모두 총수가 15로서, 이 구궁은 천(天)·인(人)·지(地) 삼원리를 삼승(三昇)한 것이며, 15는 오행을 삼승한 것이고, 또 모든 이치가 세분하면 구변(九變)으로서 완성된다는 것을 말해주고 있는 것이다. 그리고 이사방위는 남진(男震) 동방(東方), 여곤(女坤) 서남간방(西南間方)으로 시작하여 연령 닿는 데까지 순행하다가 해당 연령을 재차 五귀(鬼) 중궁에 입궁(入宮)시켜 순서대로 다시 九궁을 재배열하면 이사방위가 된다.

가령 남자가 51세라면 진(震) 정동에서 1세로 시작하여 2세는 손(巽)방, 3세는 중궁, 4세는 건(乾)방, 5세는 태(兌)방 식으로 나이대로 진행시키면 51세는 간(艮)방인 八관인에 해당하고, 八관인을 다시 중앙에

서, 九궁의 순서대로 九퇴식은 건방, 一천록은 태방, 二안손은 간방, 三식신은 이방, 四징파는 감방, 五귀는 곤방, 六합식은 진방, 七진귀는 손방으로 결정되니, 현재 살고 있는 집으로 시작하여 五귀방은 곤방, 안손인 간방, 징파인 감방, 진귀인 손방, 퇴식인 건방은 피하여야만 되는 것이다.

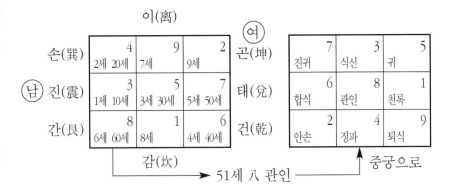

그러나 이것도 나이만 기준하여 정하는 것이기 때문에 너무나 의지하여서는 안 되며, 뒤에서 공부할 용신(用神)을 알고 난 다음 결론을 내려야 된다. 따라서 이사에 관한 내용을 여기서 미리 정리하고자 한다.

※이사(移徙)에 관한 상담자료

• 주거환경을 살펴라.
• 직장과의 거리를 살펴라.
• 앞으로 발전 여부나 전망을 살펴라.
• 용신방(用神方)을 사용하라.
• 먼 곳의 방위는 안 본다.
• 강건너로의 이사는 이사방위 안 본다.

위 두 경우의 이사는 귀신이 못 따라온다.

• 이사 후에 고사는 지내주는 것이 좋다.
• 이사택일은 그 집의 대주(大主) 기준해서 날을 받아줘라.
• 일지와 합이 되면서 용신날이나 용신을 돕는 날 즉 희신날에도 해
  당한다. 여기서 합은 삼합이 제일 좋다.
• 손 없는 날에 이사간다. 여기서 손은 損으로 손해본다의 의미이다.
  음력기준으로 동(東)은 1 · 2일이 손 있는 날, 서(西)는 3 · 4일이 손
  있는 날, 남(南)은 5 · 6일이 손 있는 날, 북(北)은 7 · 8일이 손 있는
  날이다. 따라서 9 · 10, 19 · 20, 29, 30일이 손 없는 날이다. 고로 토
  요일, 일요일이면서 9 · 10일날은 이삿집 센터가 바쁘다.

옛날에는 이 손 있는 날을 강아지 가져오는 날로 사용했다.
무슨 물건이나 사물, 짐승이든지 공짜는 없다. 항상 그 대가를 치
르고 가져와야 한다. 성의표시를 하고서 가져와야 한다. 언젠가는
갚아주어야 한다는 것이다.

• 이삿짐 들어갈 때 바가지나 시루를 하나 바싹 깨고 들어가면 액땜
  이 된다.

• 이사하게 되는 경우
- 일지가 삼합될 때 : 자의(自意)로 이사한다.
- 일지가 형 · 충 될 때 : 타의(他意)로 이사한다. 형 · 충은 잘못 하
                      면 쫓겨난다.
• 이사하는 원인

－인수운에 이사하면 : 부모님 때문에, 학교관계 때문에, 운이 좋을
　　　　　　　　　　　　때 집을 늘리거나, 운이 나쁠 때 집을 줄이는
　　　　　　　　　　　　관계로 이사한다.
－견겁운에 이사하면 : 형제나 친구 때문에 이사한다.
－상식운에 이사하면 : 자식 때문에 이사한다. 학군관계다.
－재년에 이사하면 : 돈 때문에, 마누라 때문에, 처가 때문에 이사한다.
－관년에 이사하면 : 직장관계다.

• 운이 좋을 때 이사하면 : 모두 무난하게 넘어간다.
• 운이 나쁠 때 이사하면, 그리고 일지가 형·충 될 때 이사하는 경
　우에
－인수운에 이사했다면 : 비싸게 샀다.
－견겁운에 이사했다면 : 친구 잘못 만났다, 낭패 본다.
－상식운에 이사했다면 : 직장 떨어진다.
－재운에 이사했다면 : 부부이혼이 걸린다.
－관운에 이사했다면 : 직장 떨어진다. 부부 이혼수 걸린다. 자식에
　　　　　　　　　　　게 나쁜 일이 생긴다.

• 비견겁 일진에 이사하면 귀중품 잃어 먹는다. 천간이 비견겁 일진
　인데 천간이 살아 있으면 작용하고, 죽어 있으면 작용 못 한다. 이
　사수 있어도 매매수가 연결되지 않는 이사수는 세 놓고 가야 한다.
　이사수가 있는데 비견겁년에는 세 놓고 간다.
• 만약 酉일주가 辰년이면 辰酉육합인데, 이사수가 있다고 이사방
　위를 봐 달라고 한다. 그러면 "아니 왜 내년에 이사수가 있는데 벌
　써 이사하려고 해요." 한다. 내년 巳년에 巳酉로 삼합이니 내년이

진짜로 이사수가 되는 것이다. "그렇지 않아도 내년이 진짜 입주하는 년인데 주인이 쓴다고 집을 비워달래요. 그래서 임시로 가는 겁니다." 하더라. 또 丑일주가 辰년이면 丑辰으로 합·충 아무것도 안 걸린다. 내년 巳년이면 巳丑으로 내년이 진짜로 이사수이다. "올해 이사가면 내년에 또 가야 합니다." 해줘라.

- 이사가서 고사 지내주면 감사의 표시로 좋다. 집은 하나의 살아있는 기(氣)이므로 고마운 표시하라.

- 집을 매매시키려고 하면, 밤 子시에 자기소원을 빌어라. 말로 해라. 기도해라. 축원해라.

※대장군방(大將軍方)이란 것이 있다. 대장군방은 3년마다 방향을 고쳐 앉는다는 년신(年神)인데, 亥·子·丑년에는 서(西)대장군, 寅·卯·辰년에는 북(北)대장군, 巳·午·未년에는 동(東)대장군, 申·酉·戌년에는 남(南)대장군이다. 이것은 우리가 살고 있는 집 기준해서 연결한다. 공장 이사면 공장 기준이다. 그 년도에 따라서 다르다. 살고 있는 집 기준해서 대문 내거나 집을 늘리거나 변소를 고치거나 우물 판다거나 하는 등의 이런 짓을 못 하게 하느라고 막아 놓은 것이다. 대장군 방위와 이사방위와는 아무런 상관이 없다. 대장군 방위도 그 해 년도에 기준해서 그 방면이 막혀 있다는 것이지 나를 기준해서 막혀 있다는 것은 아니다.

사주 예(33)

戊 ⑪ 壬 庚
辰 戌 午 申

이 사주는 甲木일주가 화왕당절(火旺當節)인 午월에 출생되어 설기(泄氣)가 태심(太甚)한 중 午戌이 火국하여 화다목분지상(火多木焚之象)인데 다행한 것은 월상의 壬水가 庚申金에 金생水 받아 겨우 명맥을 유지하여

水생木으로 일주를 생하여 주니 대단히 신약하고 있다. 이런 경우 무근지목(無根之木)이라 한다.

부모의 자리에 午로써 탕화요, 戊辰편재 부(父)가 백호대살이요, 또 辰戌로 상충에 재성이 지나치게 왕(旺)하여 다자무자(多者無者)로 그의 부친이 己未독립만세사건에 왜경의 총에 횡사하였다. 그리고 壬水편인 조부 밑에서 성장하였고, 정재 처는 午중己土로 하나이나 戊辰戌로 편재가 당권(當權)하여 정처가 소실에 밀리고 있는 형상이라 해로 못 하였고, 또 첩이 독하여 악처로 고민하였으며, 특이한 것은 己未년에 부친이 돌아가시고 난 다음 출생하였으니 유복자다.

월봉상관(月逢傷官)으로 午가 내 기(氣)를 뺏어간다. 午가 부모 자리에 있어서 원래 월에서 나를 도와줘야 하는데 거꾸로 내가 도와줘야 하니 거꾸로 산다.

그러므로 월에 상관 놓으면 부모 때에 패망(敗亡)했다고 한다. 고로 애가 청개구리처럼 빗나간다. 관은 법이요 정부이니 반항파이다. 많이 재다신약(財多身弱)한 팔자이다.

7. 괴강살(魁罡殺)

```
庚  庚  壬  壬 ⎛戊  戊⎞
辰  戌  辰  戌 ⎝辰  戌⎠
```

이 괴강살은 일주에 있음으로써 더욱 심하게 작용하는데, 타주에 있어도 작용된다. 남명보다는 여명에 한해서 적용시키고 있음은 남자는 양으로 본래 강건함을 위주로 하기 때문에 흠이 될 수 없고, 여명에 괴강살 있으면 지나치게 강하기 때문에 부도(婦道)에 대기(大忌)하다. 특히 壬戌은 백호대살이므로 더욱 강하고 戊辰, 戊戌도 준괴강으로 괴강에 가깝다. 공통분모는 辰, 戌이다.

따라서 여명이 괴강살이 연결되면 부군(夫君)이 납치당하거나 아니면 놀고 먹는 무능력자이다. 가출, 작첩 또는 시댁이 망하며 본인이 가구주 노릇을 하여야 한다. 따라서 성장과정에서도 남자와 같고 남녀공학을 좋아한다. 고로 숙대나 이대를 가라고 하면 시시해서 안 간단다. 이것을 진학상담시에 응용해라.

관이 용신인 여자나 신왕사주에서도 남녀공학이 나온다. 성격도 중성이요 때와 장소를 가릴 것 없이 주동이 되기를 좋아하니 언제든지 여반장이요 직업여성이다. 여군, 여경, 운동선수 등에 많은데 본인이 아니면 군인, 경찰 등에 종사하는 남자와 인연이 있으며 맞벌이 부부에서도 나타나고 있으나 만약에 신왕관왕 또는 재왕하면 이 살에 관계없이 장성부인이요 여걸(女傑)로서 사회에 군림하게 된다. 고로 여군이나 여경이 지나가면 "저기 괴강 하나 가는구나." 하라. 심하면 중성이 된다.

戊庚戊庚 비구니 스님 사주다. "특별한 사주 같은데 어떠나요?" 한다.
寅辰寅辰 퍼뜩 괴강이 생각나더라. "중성아니요?" 맞다고 하더라. 木火용신이다. 괴강도 사주가 좋으면 길격이 된다.
壬庚癸甲 여자 사주다. 서방님이 투스타라고 한다. 酉월의 庚金이 午午戌酉戌 戌火국으로 관이 좋다. 사주 구성만 잘 되어 있으면 좋다.

단, 남자가 이 살을 놓고 있으면 무관으로 입신하게 되고 남녀 공히 전성기를 지나면 재기불능하다는 것이 특이하다. 단, 대운이 좋으면 괜찮다. 항시 대운과 같이 보아야 한다.

괴강은 괴수로서 너무나 크게 일찍 발달하니 한번 쓰러지면 재기하기 어려워서 이 말이 나온다. 가령 20대에 국회의원 한 사람을 나중에 누가 써주려고 하겠는가? 그리고 본래 괴강은 辰은 천강(天罡), 戌은 하괴(河魁)로서 충이 되면 천지(天地)가 절멸되는 것이고, 또 辰은 수지고(水之庫)요, 戌은 화지고(火之庫)가 되어 천충지격(天衝地擊)이 되기 때문에 괴강살로서 군림하고 있는데 남명에는 옛글에 괴강 4일이 최위선(最爲先)인데 첩첩상봉(疊疊相逢)에 장대권(掌大權)이라 하여 오히려 길(吉)로 하고 있다.

여자 사주에 일시에 辰戌 양상충(兩相沖)이면 기취편방독수공(旣娶偏房獨守空)이다 라고 했는데 여자가 일과 시가 辰戌충이면 해로 못한다는 것이다. 기취편방독수공이란 이미 취한 결혼한 여자가 한쪽만 즉 저 혼자서 빈 방을 지키고 있다. 즉 이혼하고 혼자 산다는 것이다. 辰戌은 괴강으로서 강자(强者)끼리 충하므로 해로 못 한다. 남자도 일과시가 충하면 마누라 자식 자리가 흔들려서 해로하기가 어렵다. 일과 시가 충돌하니 중말년인 50대에서 발생한다. 辰은 水의 고장이니 밤이고 음이며, 戌은 火의 고장이니 낮이고 양이니 하늘과 땅이 무너지는 것이 辰戌충이다.

庚庚○○ 의 사주는 남녀 모두 일자(一子)가 익사(溺死)한다. 통계다.
辰辰○○
여자가 최강사주면 그것도 괴강살이다.

사주 예(34)

丙 ⑰ 戊 戊
午 巳 午 戌

여자 사주다. 火土가 많아서 화토중탁(火土重濁) 사주이고 종교인 팔자이다. 염상격인데 방합으로 최강사주이다. 丁火에는 丙火가 항상 앞을 가로막고 있다. 고로 희망이 없다고 생각하면 맞는다. 실제로 자식이 없다. 자식 하나 낳는 게 소원이라고 한다. 자식 되는 글자가 土이니 사주에 자식이 있다고 보는 사람이 헛바람 들여 놓았다. 水가 관살인데 서방이다. 이를 정충으로 보면 水인 정충이 들어가서 증발해 버린다.

자궁의 상태가 정상인지 병원 가서 검진해 보라고 하자. 자궁이 잘못 되어서 수술했단다. 그런데 병원에서는 뭐가 조금 잘못 됐으니 또 다시 하면 애기 낳을 수 있다고 한다더라. 굿도 많이 하고 별짓을 다 했단다. 모든 게 이런식이다. 자식에 눈 멀었으니 무엇인들 못 하겠나? "애당초 자식은 포기하시오." "만약 자식이 없는 팔자인데 낳는다면 불구를 낳게 됩니다." 그러나 꼭 낳고 싶다고 한다. 서방은 사업한다고 하면서 돈만 까먹는다고 한다.

대운을 보자.

51	41	31	21	11	1
壬	癸	甲	乙	丙	丁
子	丑	寅	卯	辰	巳

이다. 41세부터 癸丑대운이 시작된다. 壬子대운에 壬子가 丁火보고 "어디 갔다가 이제 오니?", "너를 기다리느라고 51년이나 걸렸구나." 丁壬합해서 방으로 들어가는데, 이 사주에서는 水가 들어와서 좋은 것

이 하나도 없다. 저만 망가진다. 전우의 시체를 넘고 넘어서이다. 언젠가는 발목 잡힐 것이다. 어찌하오리까이다.

○丁丙辛
○酉申卯 남편 사주다. 시는 모른단다. 부부의 사주를 보면 일지끼리 巳酉합이다. 木火용신이다. 재다신약이다. 무능력이고 조루이다. 申월이라서 아직은 덥다. 남자가 火가 필요하니 이 여자를 절대로 안 봐줄 것이다. "다른 데서는 올해나 내년에 이혼수 있다고 하는데 이혼수 있어요?" 한다. "이혼한다고 할 것이다. 내년이면 辛巳년이니 巳酉金국이 되고, 火극金이고 일지가 삼합이 되고 재다신약이 된다.

일지가 삼합될 때 없는 것은 들어오고, 있는 것은 나가는데 고로 지금 마누라가 있다면 나가게 되니 이혼한다." 그러나 "이혼은 안 된다."고 했다. 왜요? 남자 입장에서는 제일 필요한 火를 가지고 저를 도와주는데 왜 이 남자가 여자를 놓치겠나? 안 놓치니까 이혼 안 된다. 남자는 아기를 못 낳는데 이 여자는 아기를 갖고 싶단다.

8. 음양차착살(陰陽差錯殺)

丙 丁 戊　辛 壬 癸
子 丑 寅　卯 辰 巳

丙 丁 戊　辛 壬 癸
午 未 申　酉 戌 亥

이 차착살은 일주에 놓으면 남녀 공히 외삼촌이 고독하거나 쇠몰(衰沒)하고 여자는 시댁 형제가 불발이요, 부군이 작첩(作妾)한다. 시주에 놓으면 처남이 고독하거나 또는 쇠몰한다는 살인데, 앞으로는 모두가 하나의 자식만 낳는 경향이니 고독하다는 것은 적당하지 않은 것 같고 불발(不發)이라고 하면 가장 적당할 것이다.

그리고 이 살 하나만 가지고 단정짓기 어려우니 항시 육친을 재차 대조하여 외가는 인수, 처가는 재성, 부군과 시댁은 재관을 중심으로 생사관계를 살펴 결론을 내릴 것이며, 양은 양차살, 음은 음착살로서 음착살이 양차살보다 더욱 강하게 작용되고 있다. 이 살의 구성은 진신(進神)에서 연유된 것인데 진신 12일 외에 있다 하여 타가문으로 간주, 처가·외가·시댁형제로 응용하고 있는 것이다.

음양차착살을 특성 위주로 정리해 보면 丙子는 밤에만 왔다 가는 남자다. 丁丑은 앉은 자리에 재고이니 시어머니가 여럿이다. 그러나 실컷 돈 한번 쓰고 죽겠다. 戊寅은 병 주고 약 준다. 丙午는 양인에 간여지동(干與支同)이고 칼 차고 있다. 악질여사다. 丁未는 음인살에, 인수고로 어머니의 한이며, 바람둥이다. 戊申은 고란살이고 고독하다. 당사주에서도 申이 천고성(天孤星)이다.

辛卯는 신묘(神妙)하게 생겼다. 바늘구멍에 실 꿰고 있는 재봉사고 우산지목(牛山之木)이다. 壬辰은 괴강이요 앉은 자리에 자기 고장이고, 土극水 받고 있고, 형제의 집합이다. 癸巳는 巳중戊土와 戊癸암합이다. 재관쌍립이고 구름 타고 있고 바꾸기 좋아한다. 辛酉는 앉은 자리에 녹근이고 녹방도화이니 양귀비의 미모이다. 壬戌은 괴강·백호에 재고이다. 癸亥는 간여지동에 바닷물이다. 음에서 시작해서 양으로 끝난다. 亥중의 甲木이 있어서 壬子보다 훨씬 좋다.

여기서 나온 음양차착살이 12개, 괴강살 6개, 백호대살 7개 하면 25개이니 여기에 몇 개 더하면 약 30개가 되니 육십갑자의 절반에 가깝다. 그러므로 여성들의 1/2 정도는 부부해로 하기가 힘들다는 것이다.

9. 고란살(孤鸞殺)

이 고란살은 고독살이다. 짝을 잃고 혼자 있다. 란(鸞)은 난조새를 말한다. 짐승들 중에서 부부금슬이 제일 좋은 새들이 난조새이다. 잉꼬, 원앙새, 기러기와 같은 새다. 옛날에는 신랑이 장가갈 때는 기러기를 안고 갔다. 고로 택일하는 데 존안길일(尊雁吉日)이라고 한다. "나도 기러기처럼 평생토록 마누라를 사랑하겠습니다."이다.

甲 乙 丁 戊 辛
寅 巳 巳 申 亥

가 고란살이다. 이 고란살은 일주에 국한되어 있고, 또 여자에게만 해당하고 있다고 원서에서는 말하고 있으나 년·월·일·시 어느 곳에 있든 작용되고 또는 육친으로도 활용되고 있다. 이 일주에 해당한 여자는 부군이 작첩(作妾) 또는 이별하며 일명 신음살(呻吟殺), 공방살(空房殺)이라고도 칭하고 있는데, 대개 혼자 살고 시집갈 생각을 하지 않고 독신주의이며, 결혼에 실패하면 재가(再嫁)하지 않겠다고 마음 굳게 다짐하는 것이 특징이며, 어렸을 때는 문학소녀가 많다. 남자도 많다.

이 살의 구성은 일지 즉 배우자의 자리에 견겁 또는 상식이 있어서 작용되는데 견겁은 탈부(奪夫)요 관성의 절지로 부군이 의지할 곳 없고 상식은 극관(剋官)으로 부군이 피상되기 때문이다. 甲寅일주의 서방은 金인데, 일지에 木이니 남편을 쫓아낸다. 乙巳일주의 서방도 金인데 일지의 火가 火극金으로 金남편을 쫓는다. 丁巳일주의 서방은 壬인데 일지에 丙이 있어서 들어가지 못한다. 戊申일주의 서방은 乙木인데 일지의 申이 金극木으로 쫓아낸다. 辛亥일주의 서방은 丙인데 일지의 壬이 水극火로 쫓아낸다. 이것이 고란살의 원리이다. 이 중 戊申일주는 천고성(天孤星)이 가미되니 더 가중치가 된다.

참고로 원서에는 고란살을 다음과 같이 기술하고 있다.
- 목화사무서(木火蛇無婿) : 甲乙丙丁에서 巳는 신랑이 없다. 乙巳, 丁巳이다.
- 금저기유랑(金猪豈有朗) : 辛亥는 어찌 신랑이 있겠는가? 돼지 저(猪), 어찌 기(豈)
- 목호정거상(木虎定居孀) : 甲乙에 寅은 과부로 살라고 정해 놓았다. 甲寅이다. 과부 상(孀)
- 토후상독와(土猴常獨臥) : 戊申은 항상 홀로 누워 있다. 원숭이 후(猴), 누울 와(臥)

이 고란살을 육친으로 연결하면 상관이 많은 팔자, 견겁이 많은 팔자도 고란살과 같다. 그러므로 고란살에 이런 경우가 가미되면 그 가중치가 많아진다. 또 본명일주 뿐만 아니라 육친도 응용하는데, 딸 되는 간지가 고란살이면 딸이 시집 안 가려 하고 아들 되는 글자가 고란살이면 아들이 장가 안 가려 하고, 고모 되는 간지가 고란살이면 "고모한 분이 이혼했네요." 한다.

故 박정희 전 대통령의 사주를 보자.

戊(庚)辛丁
寅申亥巳
이다. 丁巳가 고란살이다. 자식이 고란살이니 박근혜 전 대통령이 혼자다. 모두 고란살로 너무 고독한 제왕이었다. 庚申도 고란살로 보아도 된다. 申은 천고성이다.

○壬丁
○子巳
의 사주에서 丁巳는 재이다. 아버지 또는 아버지 계열의 고모니까 "혼자 사는 고모 한 분 계시네요." 해보라.

여자 사주에서 관살이 잘 구성되어 있으면 이 살에 해당이 되지 않는다. 이 살에 관계없이 부부해로하고 출세시키며 화목한다. 가령
○甲辛○
○寅酉○
의 여자다. 일주가 甲寅고란살이지만 辛酉가 좋은 남편이니까 고란살 작용이 안 나온다.

10. 상처살·상부살(喪妻殺·喪夫殺)

생년(生年 · 띠)	상부살(喪夫殺)	상처살(喪妻殺)
寅, 卯, 辰	丑	巳
巳, 午, 未	辰	申
申, 酉, 戌	未	亥
亥, 子, 丑	戌	寅

이 살은 상처하고 상부한다는 살로서 경(輕)할 때는 이별에도 해당하고 있는데 처녀에 상부살이 있고, 총각에 상처살이 있을 때는 상쇄가 됨으로 흠이 없다라고 하고 있으나 역시 작용은 해당한다. 이 살의 구성은 생년을 기준으로 방합전(方合前)이 상부살, 과부살이요, 방합후(方合後)가 상처살, 홀아비살이다.

寅·卯·辰생은 木국으로 木을 기준할 때 丑은 관고이고 巳중戊土재가 木왕에 피상되니 상부·상처가 된다 하였고, 巳·午·未생은 火국으로 火를 기준할 때 辰은 관고이고 申중庚金재가 火왕에 피상되니 상부·상처가 되고, 申·酉·戌생은 金국으로 金을 기준할 때 未는 未중 丁火관이 金다(多)에 화식(火息)되고, 亥중甲木재가 金왕에 피상되니 상부·상처가 되고, 亥·子·丑생은 水국으로 水를 기준할 때 戌은 土관고가 되고, 寅중丙火재가 水왕에 피상되어 상부·상처가 된다고 하였다.

그러나 이 살은 일주가 아닌 띠로만 기준하고 있어 사주명리학으로 발전되기 전의 것으로 추정되기 때문에 오히려 일간을 기준하여 관고를 상부살, 재고를 상처살로 규정함이 타당하다고 본다.

여자가 관고를 놓고 있으면 남자를 무서워하지 않는다. 어떤 남자든지 자기 앞에 무릎을 꿇릴 수 있는 그런 자신을 가지고 사는 게 관고의 작용이다. "당신은 나에게 꼼짝 못할 것이다." 남자가 재고를 놓고 있으면 어떤 여자든지 자기 마음대로 해야만 직성이 풀린다. 여기서 중요한 것은 상처살이라도 재를 생해주면 그 작용이 안 나오고 과부살이라도 관을 생해주면 그 작용이 안 나온다.

가령 ○王○○의 경우 亥子丑생의 寅이 홀아비살인데 이 사주에서는
　　午寅子亥
해당되지 않는다. 火인 재를 寅木인 상처살이 木생火로 살려주고 있다.

○辛○○의 경우도 申酉戌생의 亥는 상처살인데 金극木 들어가는 것을
寅亥酉申
金생水, 水생木으로 상처살이 오히려 재를 도와준다. 언제든지 생극제화를 우선시 해라.

이 살을 운에다가 연결하면 여자 巳午未띠가 辰년이면 과부되는 운이다. 안 그러면 남편이 아프거나 해서 떼우고 넘어간다.

여자 사주에서 일주를 기준으로 관고는 상부살이니 년월에 관이 있고, 관 밑에 관고 놓고 있으면 혼전과부이다. 즉 결혼 전에 남자가 잘못된다. ○○戊○乙 ○戊○未 의 경우다. 戊의 정관이 乙木인데 乙未로 木의 고 위에 있다.

또 이 살 외에도 남명에 견겁다봉(多逢)이면 극재하니 상처살이고 재성다봉이면 다자무자(多者無者)로 상처살 작용이 나온다. 여명의 경우도 상식다봉이면 극관하니 상부살이고 관살다봉도 다자무자로 상부살 작용이 나온다. 이것을 응용하면 남자는 비겁년에, 여자는 상관년에 이별수 있다고 보고, 대운에서 상처살이 10년간 지배하거나 관고가 10년간 지배하면 잘 살펴볼 필요가 있다.

11. 양인살(羊刃殺)

- 일간(日干) : 甲 乙 丙 戊 丁 己 庚 辛 壬 癸
- 양 인 살 : 卯 辰 午　未　酉 戌 子 丑

이 양인살은 정록(正祿)의 바로 앞자리가 되며, 양일주의 비겁이 양인살이 되고 있다. 포태법으로는 왕궁(旺宮)이고, 12신살로는 장성살(將星殺)이 양인살이다. 따라서 음일주 즉 乙일에 辰, 丁己일에 未, 辛일에 戌, 癸일에 丑은 양인살로서 작용이 되지 않는다. 단, 丁未일, 己未일, 癸丑일과 같이 일주에 직접 놓고 있으면 해당하며 실은 양일주의 비겁이 양인살이 되므로 천간의 비겁도 작용이 같으며, 또 戊일주의 午는 인수가 되어 인수양인이라 하고, 午中己土가 戊의 양인이니 未

도 戊의 양인이 된다. 월에 양인을 놓고 있으면 양인격이요, 일에 양인을 놓고 있으면 일인격이다. 양인이 둘이면 쌍칼팔자다.

이 살을 놓은 자, 자연 신주(身主)가 왕하여지므로 재성이 파괴되기 때문에 극부(剋父), 극처(剋妻), 탈재(奪財), 탈부(奪夫)된다. 양인이라는 것은 비겁이므로 극재(剋財)한다. 재는 아버지요 마누라 돈이 되니 이것이 모두 박살난다. 극부하니 아버지를 꺾는다. 아버지를 무시한다. 극처하니 마누라를 무시하고 구박한다. 탈재되니 돈 뺏기고 마누라도 뺏긴다. 아버지도 뺏긴다. 이런 경우는 양인의 팔자 낳고서 아버지가 바람났다. 탈부된다. 여자가 신태강(身太强) 하니 "똑똑한 년 잘 살아봐라. 난 간다."

또 조달남아(早達男兒)다. 원래 인간은 늦된다. 그러나 조달남아라면 출세를 빨리 하는 것도 좋지만 나중이 문제다. 천재도 운이 가면 둔재로 살더라. 동년배와 대화가 안 되니 조로증이 와서 빨리 가더라. 이 조달남아에서 소년가장, 소녀가장이 나온다. 장남·장녀에 해당하고, 임전무퇴이다. 고로 전사, 횡사한다. 그리고 매우 강하여 방종하기 쉽다. 제멋대로 논다. 30대도 안된 것이 코밑에 수염 기르고 있으면, 저놈 "양인 있구나." 하라. 눈은 크고 구레나룻 수염이 나고 잔인하다. 뻑하면 총·칼·무기를 들먹거린다. 무섭다. 지나치면 즉 양인이 너무 많으면 불구된다.

○丙庚甲
○午午午의 경우, 양인이 너무 많아서 건조하다. 사주가 너무 건조하면 불구가 된다. 교통사고로 하반신이 불구된 사주이다. 통뼈이다. 뼈가 하나로 기운이 좋다. 왼손잡이이다. 왼손잡이는 고집 있다. 꺼꾸리

이다. 다리부터 나오는 경우다. 상관이 많은 팔자도 이것들과 동일하다. 그 외에 심하면 고용살이하고 고기잡이가 되나 중화를 잘 이루고 있으면 의사, 군인, 경찰로서 입신하고 몸에 수술을 받아 보아야 한다.

다음 이 양인을 충하는 자, 비인(飛刃)이라 하여 양인살이 해소된다. 가령 ○甲○○/酉○卯○의 경우, 甲木이 월령에서 卯를 만나 득령했으니 안하무인이다. 그런데 木을 죽이는 것이 金이고 酉가 정관이다. 甲木이 기세 등등하게 길을 가는데 金이 부르더니 "너, 나한테 한번 맞아볼래?" 하더라. 甲木은 卯인 양인의 칼·총을 믿고서 까불다가 卯酉충 한방 당하고서 甲이 가지고 있는 卯 총칼을 뺏겨 버리더라. 즉 金극木으로 양인을 치고 들어오더라. 양인을 충하니까 "무기여 잘 있거라."로 양인을 충해서 해소한다.

양인은 총·칼과 같아 잘만 사용하면 국가를 구출하나 잘못 사용하면 인마를 살상하는 데 편관이 있으면 양인을 극제(剋制)하기 때문에 오히려 길(吉)이 되고 있다. 이것이 양인합살(羊刃合殺)이다.

예를 들어보자.

일간 甲木이 卯木양인이 있으면 甲의 양인 卯중乙木이 있고, 편관은 庚이다. 이 庚이 乙庚합으로 양인을 묶는다. 또한 金극木으로 꺾는다. 丙火가 午火를 만나면 丙의 양인午중 丁火가 있고, 편관은 壬이다. 이 壬水가 丁壬합으로 양인을 묶는다. 庚金의 양인은 酉이고 편관은 丙이다. 酉중 辛金양인을 丙火가 丙辛합으로 묶는다. 壬의 양인은 子이고 편관은 戊이다. 戊土가 壬의 양인 子중癸水를 戊癸합으로 묶는다. 戊의 양인은 午중己土이고 편관은 甲木이다. 甲木이 戊의 양인 己土를

甲己합으로 묶는다.

여기서 양인을 무기로 보고 편관을 장수로 보면 무기를 쓸 수 있는 장수가 사주에 있다고 하면 이 무기는 빛이 난다. 그러나 양인만 있고 장수가 없으면 이때는 양인이 흉기로 변화되니 인마살상 하는 무기가 된다. 따라서 양인이 있는 곳에는 편관이 있어야 하고, 편관이 있는 곳에는 양인이 있어야 장수와 무기가 조화를 잘 이룰 수 있다.

또 일지에 양인을 놓은 자 일인(日刃)이라고 하여 더욱 흉한데 丙午일, 戊午일, 壬子일이다. 단 예외가 되는 것은 일주가 약할 때에는 오히려 길로서 작용되고 있으니 혼동해서는 안 된다. 또 양인이 있는 자는 수술받아 본다. 그렇지 않으면 몸에 흉터가 있어야 한다. 그래서 양인의 운에서는 수술도 연결되고 교통사고도 해당된다. 이 양인살은 신약이면 길이고, 나의 뿌리가 되고, 내 편이 된다. 신왕이면 흉이다. 겁재가 되어서 나쁘다.

양인운에는 수술수 있다. 차사고, 교통사고 주의해라. 각별히 주의해야 한다. 사정없이 연결된다. 도적수도 있다. 배신도 당한다. 모략으로 연결되고 눈뜨고 도둑 맞는다. 비밀이 노출된다. 평소에 잘 지내던 친한 친구도 양인운에서는 경쟁자가 되더라. 나를 꺾으려면 비밀 노출 시키고 모략해야 하니까 그렇다. 이혼수도 온다. 양인해에 부친상 많이 당한다. 재가 피상되기 때문이다. 비겁운도 같은 맥락이다.

양인을 너무 많이 놓고 있으면 신체상에 이상이 있다. 이것은 태강즉절(太剛則折)의 원리인데 너무나 강하면 부러지는데 수족(手足)에 이상이 있다. 단, 아무리 신태강 사주라도 태강즉절은 아무때나 적용되는 것이 아니라 사주 자체가 조후가 안 되어 있을 때에만 한해서이다. 조후가 되어 있으면 태강즉절로 안 본다. 차이는 거기에 있다.

가령 乙⑪乙戊 / 亥子卯寅 사주의 경우, 卯가 양인인데 子卯형살이 있으니 칼이지만 보검이 아니라 흉기로 보아야 한다. 조후가 안 되어 있어서이다. 성질이 더러워서 매맞아 죽었던 팔자이다. 태강즉절이다. 죽어도 오라이이다. 火가 없어서 조절 못 한다. 수목응결(水木凝結)로 사주가 버려졌다. 卯월의 강풍에 꽃도 열매도 없고 모두 날아가 버렸다. 卯월의 乙木, 卯木으로 바람 불고 子水로 비가 온다. 태풍으로 날아가 버렸다. 배다른 형제가 있고 부모 꺾는다. 만약 卯년이면? 양인년이라서 수술 받고 아버지 꺾고 이혼수이다.

12. 순중공망(旬中空亡)

甲子순중(旬中) 戌亥공(空)   甲午순중(旬中) 辰巳공(空)
甲戌순중(旬中) 申酉공(空)   甲辰순중(旬中) 寅卯공(空)
甲申순중(旬中) 午未공(空)   甲寅순중(旬中) 子丑공(空)

이 순중공망(旬中空亡)은 순(旬)은 십(十)을 말하고, 공망(空亡)은 비었다, 없다, 빠지다, 망하다, 정지되다, 파괴되다, 피상되다 등으로 응용되고 있는데 甲子에서 癸酉까지가 열이요, 이 속에는 戌亥가 없고, 甲戌에서 癸未까지가 열인데 이 속에는 申酉가, 甲申에서 癸巳까지는 午未, 甲午에서 癸卯까지는 辰巳, 甲辰에서 癸丑까지는 寅卯, 甲寅에서 癸亥까지는 子丑이 각각 빠지고 없다 하여 공망살(空亡殺)이 성립되는 것이다.

다음 공망여부를 살피는 방법은 먼저 일주를 기준하여 년·월·시를 살피고, 년주를 기준해서는 월·일·시를 살필 것이며, 이 공망을 빨리 알아낼 수 있는 방법은 년주든 일주든 육십갑자를 순행으로 진행하다가 천간이 癸로 끝나고 그 다음에 해당하는 지지의 두 자가 공망이 된다. 가령 일주가 壬申이라면 壬申, 癸酉로 끝나고 甲戌, 乙亥가 되는데 지지 戌과 亥가 壬申일주의 공망이 되는 것이고, 주중(柱中)에 戌이나 亥가 있으면 공망이 되는 것이다. 만약 戌과 亥가 없으면 공망이 없으며, 운도 한번 대조해 볼 만하다.

그리고 지지가 공망이면 천간도 역시 공망이다. 예를들면 甲壬癸庚의 午辰未辰의 경우 午가 공망이면 천간의 甲도 공망작용이 나온다는 것이다. 주의할 것은 공망이라 하여도 왕자(旺者)는 물공(勿空)인데, 태강한 세력을 약화시키기 때문으로 공망으로 안 본다. 쇠자(衰者)는 진공(眞空)으로 약한 자는 진짜 공망이 된다. 즉 공망의 작용이 배가되며 충 또는 형 등 흉살이 병림하여도 또한 같다. 그리고 길신의 공망은 흉이 되고, 흉신의 공망은 더 흉이 된다. 백호, 탕화, 급각살 등이 공망이면 더욱 가중된다. 가중치가 되어서 더욱 나쁘다.

그러나 생극제화(生剋制化)의 원리에는 뒤지고 있으니 가감하는 것이 원칙이며, 옛글에 木이 공(空)을 맞으면 즉 나무가 공망이면 부러진다. 목공즉절(木空則折)이다. 火가 공을 맞으면 더 잘 탄다. 불타는 곳에 속이 비면 더 잘탄다. 화공즉열(火空則熱)이다. 土가 공을 맞으면 붕괴된다. 흙이 공망이면 허물어진다. 토공즉붕(土空則崩)이다. 金이 공을 맞으면 소리가 더 잘 난다. 금이 공망 맞고 있으면 목소리 하나는 백만불짜리다. 금공즉명(金空則鳴)이고 금실무성(金實無聲)이다. 水에는 공망이 없다 하였으니 수공물공(水空勿空)이다.

　다음 응용에 있어서는 년주공망은 선조, 족보, 가문 등을 잃어버리고 즉 이씨라는 것은 확실하나 몇대손이며 어느 곳에 친척이 많이 살고 있는지 모르고, 월지공망은 부모와 형제의 덕이 없음은 물론 고향 떠나 살고, 일지공망은 부부궁 부실에 공방(空房)을 지켜야 되며, 매사가 뜻대로 안 되고, 시지공망은 자손에 흠이 있는데, 무자되기 쉬우며, 또 년주공망은 초년에 고생하며, 월주공망은 중년, 일주공망은 중말년,시주공망은 말년에 고생한다.

　다음 육친으로도 인수공망은 조별양친(早別兩親)에 부모덕 없으며, 학업중단에 계획이 부실하고 지구력과 인내력이 없으며, 재성공망은 처덕이 없음은 물론 금전이 모이지를 않고, 심하면 상처(喪妻)요, 상식공망은 자손과 수하(手下)의 덕이 없으며, 관성공망은 직장의 변화가 많고 여자는 부군(夫君), 남자는 자손에 흠이 있고, 견겁에 공망은 형제·자매간에 이상이 있다고 추명한다.

13. 절로공망(絕路空亡)

- 일간(日干) ： 甲·己　　乙·庚　　丙·辛　丁·壬　　戊·癸
- 절로(시주) ： 申酉공(空)　午未공　辰巳공　寅卯공　子丑공
  공망
  $$\begin{pmatrix} 壬癸 \\ 申酉 \end{pmatrix} \begin{pmatrix} 壬癸 \\ 午未 \end{pmatrix} \begin{pmatrix} 壬癸 \\ 辰巳 \end{pmatrix} \begin{pmatrix} 壬癸 \\ 寅卯 \end{pmatrix} \begin{pmatrix} 壬癸, 壬癸 \\ 子丑, 戌亥 \end{pmatrix}$$

이 절로공망은 시주(時柱) 천간에 壬癸水가 자리하고 있어 앞길에 강물이 있는 것과 같아 매사가 막힌다는 흉살이다. 水를 바다·강으로 보아서 길이 끊어졌다는 의미로 보았다. 그러나 만약에 천간의 水가 용신이라면 그래도 길이 끊어졌다고 할 것인가? 水가 용신이라면 절로공망이 아니다. 고로 사주에서 시주천간에 흉신이 있다면 그게 모두 절로공망이다.

가령 壬㋑甲丙 의 경우, 신왕관왕사주이다. 고로 절로공망이 아니다.
　　　辰申午寅

乙㋙○○ 의 경우, 己土가 乙木亥卯木국의 밀림지대를 통과해야 한다.
　　　亥卯巳○

하늘도 안 보이고 방향감각이 상실되었다. 편관이라서 금방이라도 호랑이가 나와서 잡아 먹을것 같다. 절로공망이다. 시에 기신(忌神)이 있으면 절로공망으로 보라. "당신은 어찌해서 맨날 하는 일이 항상 허덕거리게 되고 막히고 가시밭길 천리를 살아가고 항시 오르막길을 올라가야 하니 이 노릇을 어찌하나요?"라고 상담한다.

14. 천전살(天轉殺)

- 춘생(春生) 乙卯　　• 하생(夏生) 丙午
- 추생(秋生) 辛酉　　• 동생(冬生) 壬子

이 천전살은 寅·卯·辰월에 乙卯일생, 巳·午·未월에 丙午일생, 申·酉·戌월에 辛酉일생, 亥·子·丑월에 壬子일생으로 구성되는데 일정한 직업이 없이 동서남북 전전하며 안 해본 것이 없다는 흉살이다.

15. 지전살(地轉殺)

- 춘생(春生) 辛卯
- 하생(夏生) 戊午
- 추생(秋生) 癸酉
- 동생(冬生) 丙子

이 지전살은 寅·卯·辰월생이 辛卯일, 巳·午·未월생이 戊午일, 申·酉·戌월생이 癸酉일, 亥·子·丑월생이 丙子일로 구성되는데 이 살을 놓은 자는 사사건건 혼미하고 조성모파(朝成暮破)에 낭비가 심하며, 발달이 늦고 불의의 지재(地災)로 실패가 많아 직업에 변화가 번다한 흉살인데

구성은, 춘절(春節)은 木인데 辛卯는 납음(納音)으로 木이 되고(庚寅, 辛卯송백松柏木), 하절(夏節)은 火인데 戊午는 납음으로 火가 되며(戊午, 己未천상天上火), 추절(秋節)은 金이요, 癸酉는 납음으로 金이 되고(壬申, 癸酉검봉劍鋒金), 동절(冬節)은 水요 丙子는 납음오행으로 水가 되어(丙子, 丁丑윤하潤下水) 구성되고 있는데 알고보면 천전지전살 모두가 견겁태왕에 태강즉절(太剛則折)에 해당하고 조후가 안 되어 있고 방합국으로 형성되어 있다는 것이다.

특히 이 지전살은 납음오행을 응용했으니 쓰지 마라, 맞지가 않는다. 가령 ○辛○○ (未卯寅午)의 경우 종재살격으로 길격(吉格)이다. 지전살이 아니다. ○癸○○ (丑酉酉巳)의 경우, 종인수격으로 학자로 들어간다. 또 ○丙○○ (申子子申)의 경우 종살격으로 길격이다.

16. 부벽살(斧劈殺)

• 子午卯酉월생 : 巳　• 寅申巳亥월생 : 酉　• 辰戌丑未월생 : 丑

이 부벽살은 子·午·卯·酉월생이 봉(逢)巳, 즉 巳火를 주중에 만나면, 寅·申·巳·亥월생이 봉酉, 辰·戌·丑·未월생이 봉丑을 만남으로써 성립되는데 이 살의 작용은 도끼 부(斧), 쪼갤 벽(劈) 도끼로 모든 것을 쪼개듯이 분산되어 버린다. 즉 파재(破財), 낭비, 분재(分財) 등으로 고생한다는 흉살이다.

이 살의 원리를 보면, 子午卯酉사왕지국, 寅申巳亥사생지국, 辰戌丑未사고지국으로 볼 때 첫 자는 생하고, 두 번째는 일어나며, 셋째는 왕하고, 넷째는 끝으로 종(終)이 되는데 모두가 두 번째 일어나라고 하는 곳에 비겁으로 방해가 된다 하여 작용하고 있는 것이다. 즉 子午卯酉에는 巳火가 午火를 방해하고 寅申巳亥에는 酉金이 申金을, 辰戌丑未에는 丑土가 戌土를 각각 방해하고 있기 때문이다.

이 원리로 본다면 주중의 견겁다봉(肩劫多逢)이 부벽살과 동일하며 따라서 천전, 지전, 부벽살이 모두 견겁태왕에서 작용되는 것과 같은 작용이 나오는 것이라고 생각하면 된다.

여기서 견겁태왕격의 작용을 정리하고 가자. 견겁이 태왕하면 재관이 몰(沒)한다. 고로 극부(剋父), 극처(剋妻), 극재(剋財)한다. 직업에 변화가 많다. 안 해본 것이 없이 다 해 보았다. 세상 살아가는 데 방해자, 경쟁자가 많다. 낭비가 심하다. 항시 묏돈이 푼돈이 된다.

사업한다고 마누라에게 빚 얻어오라고 하더라. 마누라 입장에서 보면 남자가 비겁이 많으니 그 고집을 못 꺾을 것이고 겁이 많아서 똑똑하고 믿음직스러워서 빚 얻어 주었더니 맨날 보석 사다 주고 잘해 주더라. 그런데 나중에 알고 보니 자기가 빚 얻어 준 돈 가지고서 인심 썼구나. 즉 제살 깎아 먹는다. 나중에 빚쟁이들이 몰려오더라. 깜짝 놀라서 추적해보니 자기가 얻어준 돈 가지고서 펑펑 쓰고 다녔더라. 매사가 이런 식이다.

17. 효신살(梟神殺)

- 일주(日柱) : 甲子, 乙亥, 丙寅, 丁卯, 戊午, 己巳, 庚辰, 庚戌, 辛丑, 辛未, 壬申, 癸酉

이 효신살은 일지에 인수를 놓고 있는 자가 되며, 작용은 모친과 인연이 없거나 또는 생모가 아닌 다른 어머니가 있으며, 모처가 불합(不合)한다는 살이며, 주의할 것은 주중의 인수를 잘 살펴서 결론을 내려야 한다. 관상학적으로는 머리 뒤에 제비추리가 있는 사람과 쌍가마 있는 사람이 효신살 놓고 있는 팔자와 같아서 어머니 속 썩이는 팔자이다.

또 이 효조(梟鳥)는 올빼미로서 어머새를 잡아 먹는다는 흉조로 옛날부터 동방지불인지조(東方之不仁之鳥)라고 하여 왔다. 따라서 유념할 것은 집안에 부엉이나 올빼미 같은 조류가 있거나 하다 못해 그림이 있으면 어머니의 신상에 좋지 않은 일이 발생하게 됨을 주의하여야 한다.

일지에 인수가 있는 경우, 효신살 작용 외에 좀더 구체적인 추명자료를 더하면, 부모를 모신다. 친정부모도 해당한다. 중말년에 친정 앞으로 가는 경우도 해당된다. 물론 여자의 경우다. 친정으로 되돌아온다는 것이다. 일지가 마누라 자리인데 어머니가 차지하고 있으니 모처불합(母妻不合)이다. 교육자와 인연이다. 본인이 선생이 아니면 마누라가 선생이다. 만약 마누라도 선생이 아니라면 어머니가 선생이다. "가족 중에 교육자가 있는데 누구요?" 하고 상담에 응용해라.

유실자모(幼失慈母) 즉 어렸을 때 부모를 잃어버린다. 어머니가 둘이다. 양모(兩母)다. 그런데 이 경우는 인수 하나만 가지고 추명하면 잘 안 맞는다. 항상 다른 요소와 병행해서 추리해야 한다. 가령 $\frac{辛戊辛辛}{酉午卯丑}$의 경우, 일지에 인수다. 유실자모로서 어렸을 때 어머니가 도망가 버린 사주이다. 巳酉丑에 午가 도화이다. 자식보다 서방이 더 좋다. 이처럼 일지에 인수 하나만 가지고 결론내지는 말고 다른 요소도 병행 추리해라.

이외에도 많은 길·흉신이 수도없이 많으나 이것만으로는 사주의 진수(眞髓)를 알 수 없기 때문에 이상의 것으로 신살론을 마무리 하고자 한다.

사주 예(35)

```
甲 壬 壬 甲 곤(坤)
辰 寅 申 申
```

申월의 壬水로 일지 寅이 탕화고, 추(秋)생 寅戌로서 급각살이다. 甲辰은 백호살이요 申월에 辰은 단교관살이다. 문곡(文曲), 문창(文昌)은 인수와 상식이다. 가장 허약한 것은 년상의 甲木과 시지의 辰土이다. 辰이 관으로 서방이다. 壬水가 申월에 출생하고 월상壬水 년지申金이 있고, 시지와는 申辰水국이 되니 신강하고 스테미너 끝

내주고 기(氣)가 너무 강하니 土인 관(官)이 존재하기 어렵다.

寅辰木국이 식신, 자궁이 되니 어떤 남자든지 이 여자와 관계하면 辰이 木으로 인해서 소멸되니 제 수명에 못 산다. 辰이 남편되는 관인데 백호대살에 걸리고 寅辰木국으로 변화되니 남편이 자식 낳고 세상 떠난다. 아이가 8살 정도 되었을 때 백호에 단교관살로 辰이 水의 고(庫)이니 수영한다고 물에 들어가더니 안 나온다. 木인 식신과 辰인 남편이 같이 있으니 자식이 아버지가 죽는 것을 보았다고 하더라.

년상의 甲木이 첫 자식인데 金극木으로 날아갔으니 첫 자식은 실패다. 두 번째 자식은 寅辰木국으로 좋다. 이 물은 순류로서 흘러보내야 한다. 고로 살살 달래서 꼬셔야 한다. 이 여자는 여장부이지만 항시 자식을 최우선시 하므로 무슨 일을 성사시키려면 자식을 개입시키면 된다.

재복은 있다. 木생火 해올 수 있으니 큰 부자는 못 되어도 먹고 살 만하다. 장녀이다. 월상의 壬水는 양수니까 오빠이다. 金이 병(病)이고 寅申충이니 친정과는 멀리해야 한다. 인수가 나쁘게 작용하니까 그렇다. 寅木이 식신으로 자식인데 탕화에 연결되니까 자식 키울 때 불조심 시키고, 끓는 물에 데이기 쉬우니 항상 주의하라.

申년 巳년에는 항상 운전 조심하고 새 차는 사지 말라. 寅申충에 寅巳형으로 자식에 대한 근심걱정이고 본인도 근심걱정이다. 巳가 재(財)로써 형살에 걸렸으니 돈 받고 싶으면 송사해야 받고, 역마지살에 연결되니 좋으면 길거리에서 돈 줍고 나쁘게 작용하면 길거리에서 망신이니 "길거리에서 망신수 있네요." 한다.

올해가 庚子년이라면, 木火가 용신인데 金生水로 金水가 자꾸 강해지니 흉하다. 인수로 들어와서 나를 도와주니 나는 배고파 죽겠는데 남들은 배부르다고 한다. "빛 좋은 개살구입니다." 편인운이므로 자꾸 생각지도 않았던 일이 터진다. 편(偏)은 생각지도 않았던 일이나 급하게 편되게 일이 생긴다. 얼마나 미치겠나? 인수는 소식이니, 답답한 소식이 될 수밖에 없다. 식신을 꺼꾸러뜨리니 도식(倒食)의 운이 된다. 혈압만 높아지고 쓸데없이 물만 많아지니 살만 찐다.

년지월지가 申子삼합으로 동했으니 조상 때문에 부모·형제 때문에 돈 쓸 일이 생긴다. 甲庚충으로 얻어 맞으니 심하면 자식이 이혼수가 들어온다. 金이 와서 죽이니까 내 팔자에서 자식에 대한 교통사고가 나온다. 金생水로 소식이 오기는 했는데 비겁에서 소식이 왔다. 형제나 친구가 돈 빌려 달라 하고 죽겠으니 도와달란다. 나도 힘든데 거절할 수도 없고 잠도 오질 않는다. 미치겠다.

역마지살이 많고 水일주니까 "국제적으로 노시네요." 木은 강하고 火가 약하니 담대심소(膽大心小)다. 간땡이는 큰데 심장이 작으니까 일은 잘 벌리는데 나중에 혼날까봐서 가슴이 벌렁거린다.

水는 지혜다. 상식 또한 지혜다. 따라서 지혜+지혜=천재이다. "당신은 참모격이요. 기획실에 알맞소." 상식이 많거나 신왕사주는 남편을 무시한다. 본인은 안 그런다고 하지만 상대방은 그렇게 느끼는 것이다.

사주에 관이 없거나, 신왕한테 관이 약할 때는 항상 남편 생각을 하지 않는다. 여자 사주에서 金水가 많은 팔자는 남에게 이야기 못 하는 숨은 걱정이 많고 눈물도 많고 긴 한숨을 쉬었다 말았다가 한다. 水일주니까 火가 재이다. 일어날 때는 불티 나듯이 많은 돈이 생기는데 없어질 때는 불난 뒤의 재처럼 흔적없이 사라진다. 水일주니까 시작의 명수이다. 선발대이다. 항상 개척의 경향으로 간다.

이 사주의 진로를 보자. 인수가 병이니까 어머니가 옆에 있으면 공부 안 한다. 고로 환경만 만들어 주고서 간섭하지 말라. 역마지살에 인수니까 문과(文科)이다. 영문학과, 불문학과, 金생水로 배워서 水생木으로 써먹어야 하니까 선생으로 키워라. 이대(梨大)냐? 서울대냐? 신강사주이고 양팔통사주니까 남녀공학 간다. 이대는 시시해서 안 간다고 한다. 고로 서울대 갈 것이다. 인수 하나에 상식이 2~3개면 뒷글로 배워도 말글로 풀어 먹는다. 金水가 많은 사주는 숨은 걱정이 많다. 火가 너무 많은 사주도 겉으로는 명랑한 척하지만 숨은 걱정이 많다.

水일주는 집안에 가둬 놓으면 없는 병도 생긴다. 주중왕자(柱中旺者)에 병이면 백약이 무효다. 이 사주가 신장에 병이 오면 약이 없다. 水가 많으면 약발이 안 받는다. 水가 왕(旺)하면 긴 병 앓다가 죽는다.
丙이 재로써 시어머니고 辰이 남편이니 남편보다도 시어머니가 더 좋은 팔자이다. 壬水가 金생水 받고 있고, 성욕이 너무 강하니 水생木으로 자궁이 잘 발달되어 있어서 혼자는 못 산다. 만약 이런 사주를 독신으로 살라고 하면 상기(上氣)가 될 때는 누가 다쳐도 다쳐야 한다.

木火가 용신이고 金水는 기신(忌神)이다. 未戌은 길이고 丑, 辰은 흉이다. 따라서 丑, 辰년에 남자 사귀면 좋지를 않다. 특히 辰년은 水의 고장이니 이 남자 사귀면 내가 골병들고 申辰水국이 비겁이 되니 내 돈이 나간다.

사주 예(36)

丙 ⓛ 壬 壬
戌 卯 寅 戌

이 사주는 乙木일주가 寅월에 득령하고 卯일로 득
지하여 木국을 이루고 뿌리가 튼튼하니 큰나무이고
신왕하고 있는데 시상 丙火가 寅戌火국에 득근(得
根)이라, 비유하건대 정월나무에 꽃이 만발하였고, 일지도화살 있어 인
품이 준수하고 멋쟁이가 되어 인기있는 남아이나 金이 있어야 열매가
되는데, 金이 없으니 열매가 없고 결실을 못 하는 것이 서운하다. 열매
가 없으니 항상 70%의 완성도에서 손을 떼라. 이것이 욕심의 한계이다.

따라서 본인의 웅지(雄志)는 후세(後世)가 결실을 하게 되어 있고,
목화통명(木火通明)으로 지모(智謀)는 좋으나 사주가 깨끗하여 사장
을 만드는 기계는 될지언정 본인이 사장 노릇 하기는 어려우니 사업하
지 말고 후세를 위하여 두뇌를 제공하면 그 이름 길이 빛나게 될 것이
다.

비록 戌土재가 있으나 조토(燥土)이니 모래성 쌓기라 거부(巨富) 되
기는 어렵고, 卯戌합이니 돈은 들어오는데 항시 卯형제가 지키고 있다
가 "어이구 우리 형님 돈 들어오네." 한다. 고로 돈을 나누어줘야 한다.
따라서 돈 모으는 방법은 부동산에 투자하여야 남는 것이 있게 된다.

화개살이 중봉(重逢)이라 신앙에 독실하고 단교관살에 주중에 金이
없어 치아와 기관지가 부실하며 재성 戌중 戊土가 백호대살에 연결되
어 부친이 횡사하셨는데, 또 戌중辛金이 관으로 자손인데 자손 하나가
흉사하였다. 乙木이 丙戌시이면 자식이 연애자금 달라는데 안 주었더
니 죽고 말더라. "자식 하나가 갔네요." 한다. 통계적으로 그렇다.

본래 木일주는 인정이 있고, 또다시 木生火로 설기(洩氣)를 잘하고 있어 인정은 한없이 많으나 金이 없어 의리가 부족하고, 인수 · 상식이 조화를 잘 이루고 있어 문장력, 추리력, 응용력, 표현력 등이 뛰어나고 항시 약자편에서 처리함이 특징이다. 또 신왕사주로 木일주이니 간땡이가 크고, 손도 크고, 쩨쩨하지 않으며, 거기에 丙火상관까지 있으니 배짱도 있어서 할 소리 다한다. 또한 수덕(手德)있다.

　木이니까 선(線)을 긋는 데는 확실하다. 水生木에 木生火이니 말이 청산유수이다. 고로 안 넘어가는 여자가 없다. 여자 戌土입장에서는 火生土로 자기만 위해주는 것처럼 느껴지니 홀랑 넘어가서 卯戌합으로 슬그머니 밑으로 손잡아와도 그냥 못 이긴 체 넘어가고 말더라.

편저자

이탁감(李卓鑑)
- 연세대학교 행정학 석사
- 전 공기업 사장
- 전 N토건 부회장
- 현 TG미래예측연구원장
- H·P : 010–3710–0272

이민지(李玟知)
- 연세대학교 이학석사
- 연세대학교 이학박사

四柱命理學正解 **I**

명리학 입문 총론

2022年 6月 2日 초판 발행

편 저 이탁감 · 이민지

발행처 ㈜이화문화출판사

발행인 이 홍 연 · 이 선 화
등록번호 제300-2001-230
주소 서울시 종로구 인사동길 12, 310호(대일빌딩)
전화 02-732-7091~3 (도서 주문처)
　　　02-738-9880 (본사)
FAX 02-725-5153
홈페이지 www.makebook.net

값 28,000원